ANDREAS SCHMIDT

Probleme der Kriminalität geisteskranker Täter

KRIMINOLOGISCHE FORSCHUNGEN

Herausgegeben von Professor Dr. Hellmuth Mayer

Band 8

Probleme der Kriminalität geisteskranker Täter

dargestellt am Krankengut des Landes Schleswig - Holstein

Von

Dr. jur. Andreas Schmidt

DUNCKER & HUMBLOT / BERLIN

Gedruckt 1970 bei Buchdruckerei Bruno Luck, Berlin 65
Printed in Germany

Inhaltsverzeichnis

Dritter Teil

Die Rückschlüsse aus der Symptomatik der einzelnen Geisteskrankheiten auf Verbrechensneigung nach gerichtsmedizinischer Praxis und an Hand des eigenen Untersuchungsmaterials

Einleitung

„Psychische Störungen bringen Unheil über den Betroffenen, seine Angehörigen, die Gemeinschaft." — Mit diesem Satz, den der Berner Jurist und Psychiater Wyrsch an den Anfang seiner Untersuchung über Gesellschaft, Kultur und psychische Störungen gestellt hat[1], ist das komplexe Phänomen der geistigen Erkrankung gekennzeichnet; komplex deswegen, weil jede Psychose den Betroffenen aus seinem normalen Lebenslauf, seiner Lebenserwartung, seiner Position in Familie, Beruf, Gemeinschaft herausreißt und ihn in eine fremde, pathologische Welt stößt, aus der heraus er dem sozialen Wettbewerb, aber auch den Regeln des Zusammenlebens, die eine komplizierte Gesellschaftsordnung verlangt, oft nicht mehr gewachsen ist.

In der Folge dieses psychopathologisch bedingten Auseinanderbrechens der natürlichen Verbundenheit des Menschen mit seiner Umwelt entstehen viele soziale Probleme; eines davon, sicher das extremste, ist die Kriminalität des Geisteskranken.

Aus vielerlei Gründen ist das heutige Bild des Geisteskranken, auch das der „Irrenanstalten" und schließlich die Vorstellung über die Kriminalität der Psychotiker — nicht selten gestützt durch unbedachte oder irreführende Mitteilungen der Tagespresse[2] — immer noch mehr von fragwürdigen Emotionen als von sachlichem Wissen bestimmt.

Eine Klärung der Verhältnisse und der Begriffe erscheint daher notwendig. Die nachfolgende Untersuchung hat sich die Aufgabe ge-

---

1 Vgl. *Wyrsch* S. 1.

2 Vgl. „Neue Illustrierte" v. 11. 4. 1965, die unter dem Titel „Gewürgt, geschlagen, eingesperrt" Enthüllungen über die Verbringung „Unschuldiger" in Irrenanstalten ankündigte, jedoch nur wenige Fälle mitteilen konnte. Vgl. auch die Darstellung im „Stern" v. 7. 2. 1965 über den Fall des „Sozialanwalts" Dr. Weigand unter dem Titel „Schnell kommt man in Münster ins Irrenhaus". Vgl. ferner beispielsweise den Fall des an paranoider Schizophrenie erkrankten W. Seifert, der am 11. 6. 1964 mit einem Flammenwerfer auf die Kinder der Köln-Volkhovener Schule losging und die Berichte darüber in: „Neue Illustrierte" v. 28. 6. 64 („Anatomie eines Teufels"), „Bunte Illustrierte" v. 24. 6. 64 („Der Blutrausch des Amokläufers") und in „Kieler Nachrichten" v. 12. 6. 64 S. 1 („Mit Flammenwerfer gegen Schulkinder" — wohl der sachlichste Bericht). Unsachlich und geradezu verantwortungslos erscheint es dagegen, wenn die „Schleswig-Holsteinische Landeszeitung" in Rendsburg v. 22. 10. 58 den bei den eigenen Erhebungen gefundenen Fall des schizophrenen Mörders Ernst P. zum Gegenstand nimmt, die Wiedereinführung der Todesstrafe zu fordern.

stellt, die Phänomenologie und die statistische Häufigkeit der mit Strafe bedrohten Handlungen geisteskranker Täter darzustellen. Außer Betracht bleibt dabei die rechtsphilosophische Frage, inwieweit der Psychotiker im juristischen Sinne überhaupt handlungsfähig ist[3]. Auch die Frage, was mit dem in der Strafhaft geisteskrank gewordenen Verbrecher zu geschehen hat, kann hier nicht beantwortet werden[4]. Die Untersuchung bemüht sich, auch eine kriminologische in dem Sinne zu sein, als Kriminologie sich mit den realen Erscheinungsformen des Verbrechens, also auch mit dem „Crimen sine culpa", zu beschäftigen hat[5]. Da sich die Untersuchung auf das kleine Land Schleswig-Holstein ohne die Großstadt Hamburg und zudem lediglich auf den Zeitraum der Jahre 1956 bis 1962 erstreckt, kommt den statistisch gefundenen Ergebnissen nur ein bescheidener Wert zu. Sie dürfen folglich weder überschätzt werden noch für das Ganze gelten. Wesentlich ist daher weniger das Ergebnis als vielmehr die methodische Absicht der Arbeit, die darin besteht, sich um alle in Betracht kommenden Fragestellungen beim Problem der Kriminalität Geisteskranker zu bemühen.

Die Darstellung gliedert sich in einen Ersten Teil über die gesetzlichen Grundlagen der Irrenverwahrung, in einen Zweiten Teil über den Begriff der Geisteskrankheit und die statistische Häufigkeit der Straftaten geisteskranker Täter. Im Dritten Teil wird abschließend versucht, an Hand des eigenen Materials einen Beitrag zur Tat- und Täterphänomenologie des psychotisch bedingten Verbrechens zu liefern.

Den Untersuchungen wurden außerdem nur Erhebungen des Statistischen Landesamtes Schleswig-Holstein zugrunde gelegt und die statistisch ermittelten Zahlen in Übersichten (Anhang), Tabellen und graphischen Darstellungen verarbeitet. Das erforderliche Aktenmaterial wurde bei den Staatsanwaltschaften der vier Landgerichtsbezirke Schleswig-Holsteins eingesehen.

Für die vielen sachlichen Ratschläge und die großzügige Hilfe bei der Beschaffung des Aktenmaterials sei Herrn Professor Dr. Völkel und Herrn Oberarzt Dr. Grahmann (Kieler Nervenklinik) sowie Herrn Oberstaatsanwalt Manglowski (StA am LG Itzehoe) an dieser Stelle besonders gedankt.

---

[3] Vgl. dazu die Untersuchungen von *Domnig* und *Alexander*.

[4] Vgl. dazu die Untersuchung von *Hirsch*.

[5] Vgl. *Seelig* S. 20, 179.

Erster Teil

Die derzeitig geltenden Rechtsgrundlagen für die Verwahrung von Geisteskranken

Als Ausgangspunkt für eine tatsächliche Betrachtung der Kriminalität und Unterbringung geisteskranker Täter sollen vorerst die geltenden Rechtsgrundlagen dargestellt werden, die sich mit der Internierung Geisteskranker beschäftigen. Historisch betrachtet ist dabei zunächst nicht der Geisteskranke schlechthin Gegenstand der gesetzlichen Regelung gewesen, sondern ein ganz bestimmter Typ des Psychotikers, nämlich der „gefährliche" Geisteskranke.

I. Die historische Entwicklung der Irrenverwahrung bis zur heutigen gesetzlichen Regelung

Schon das Recht aller Naturvölker machte einen Unterschied zwischen geisteskranken und gesunden Tätern, wenn auch zum Teil in verschiedener Weise.

Auch in den Kodifikationen des Mittelalters fand der Unterschied zwischen Normal und Abnorm in der geistig-seelischen Beschaffenheit des Täters gesetzgeberische Beachtung[1]. Bereits frühzeitig begann man, geisteskranke Verbrecher nicht mehr zu verurteilen.

1.

Schon der *Sachsenspiegel* von 1220 erklärte (33): „Über rechten Toren und über sinnlosen Mann soll man nicht richten."

2.

Und die *PGO* aus dem Jahre 1507 verwies bezüglich des Täters, „der jugent oder anderer gebrechlichceyt halben, wissentlich seiner Synn nit hett", auf den Rat der Sachverständigen[2].

3.

In ähnlicher Form sah auch die *CCC* Karls V. von 1532 in den Art. 179, 219 für den „Übelthäthter" — der „wissentlich seiner synn nit hett" —, den Rat der Sachverständigen vor, ohne sich auf eine nähere

[1] Vgl. *Hellenthal* S. 1.

[2] Vgl. zum Ganzen: *Hirsch* S. 4.

Phänomenologie der Psychose einzulassen[3]. Mindestens seit diesem Zeitpunkt hat sich die unterschiedliche Behandlung von normalen und geisteskranken Verbrechern — jedenfalls als juristische Maxime — durchgesetzt.

In diesem Zusammenhang sei darauf hingewiesen, daß neben der juristischen Differenzierung auch eine Verbesserung der allgemeinen Irrenpflege zu beobachten war. Die Geschichte der Psychiatrie kennt verschiedene Ereignisse, die dafür bezeichnend sind:

In England wurden im Jahre 1320 die ersten Irrenanstalten gebaut, — ebenso in der Türkei und in anderen Ländern.

Im Rahmen der sozialen Entwicklung zu Beginn des 19. Jh. befreite der französische Arzt Pinel 1792 im Bicétre-Hospital in Paris 50 Patienten von ihren früheren Ketten[4]. In Frankreich begann man mit der Errichtung von Sonderanstalten für Geisteskranke[5].

Zugleich wurde damit Mitte des 19. Jh. die wissenschaftliche Periode der Psychiatrie eingeleitet. Die einsetzende Orientierung gipfelte in der Erkenntnis: Wahnsinn ist Krankheit, nicht „Besessenheit", genauer: ist Symptomatik von Gehirnkrankheiten[6].

4.

Neben der rein strafrechtlichen Exkulpierung Geisteskranker tauchte indessen ein Problem auf: Wenn der geisteskranke Verbrecher vor der Strafjustiz verschont blieb, so bildete er — in Freiheit gelassen — dennoch eine Gefahr, die abzuwenden der Polizeistaat des aufgeklärten Absolutismus für seine Pflicht hielt. So begann die Irrenverwahrung Gegenstand gesetzlicher Regelung zu werden, die materiell nicht mehr ins Strafrecht, sondern bestenfalls in den Bereich des Polizeirechts gehörte.

In diesem Sinne hat das *preuß. ALR* von 1794 in § 341 II 18 i. V. m. § 13 II 18 die Polizei für zuständig erklärt, Wahn- und Blödsinnige unter ständiger Aufsicht zu halten[7], so daß sie weder sich noch anderen

---

[3] Vgl. dazu u. a. *Schipkowensky* I S. 2. Sachsenspiegel und CCC galten als subsidiäre Rechtsquellen hinter den Partikularrechten auch im früheren Herzogtum Holstein. Nach dem sog. Bordesholmer Vergleich v. 10. Aug. 1522 sollte „im Hertogdom tho Holsten ... ok na dem Sachsenspiegel gericht und geordelet werden". Die CCC als Reichsgesetz galt in Holstein als Teil des Deutschen Reichs. — Vgl. hierzu *Kähler* S. 18, 19.

[4] Vgl. *Kolle* I S. 79; *Kolle* II S. 372.

[5] *Kolle* I S. 79: Die Zeit, in der die Irren jahrhundertelang auf das unwürdigste versorgt wurden, war endgültig vorbei. „Der oft an ein Gefängnis erinnernde Stil des alten Tollhauses war (in den neuen Anstalten) gänzlich vermieden." Sie wurden zum ersten Male „Heil- und Pflegeanstalten" an Stelle der „Siechenhäuser für Unheilbare".

[6] Vgl. dazu *Hoff* LB I S. 5—7 u. *Kolle* II S. 372.

[7] Ein Anwendungsfall der General-Klausel des § 10 II 17 ALR.

schaden konnten[8]. Der Richter hatte mit Sachverständigen lediglich zu entscheiden, wer wahn- oder blödsinnig war[9].

Die endgültige Entscheidung über den weiteren Verbleib eines zwangsweise Untergebrachten, die ursprünglich n. § 13 II 18 ALR dem Richter oblag, wurde im Laufe der Zeit ebenfalls der Polizei überlassen, die damit nicht mehr nur auf die Vorbereitung und Ausführung der Unterbringung beschränkt wurde[10].

5.

Diese weite polizeiliche Zuständigkeit in der Irrenverwahrung wurde durch die §§ 14, 15 PVG[11] vom 1. 6. 1931 nicht geändert.

6.

Erst das Gewohnheitsverbrechergesetz v. 21. 11. 1933[12] begründete durch den eingefügten § 42 b StGB neben der Polizei auch die Zuständigkeit des Strafrichters für die Unterbringung gefährlicher Geisteskranker. Seit dem Zeitpunkt bestand eine doppelte Möglichkeit zur Unterbringung, nämlich:

nach dem Polizeirecht unter den Voraussetzungen des § 14 PVG und nach § 42 b StGB durch den Strafrichter bei Vorliegen einer mit Strafe bedrohten Handlung.

7.

Nach 1949 wurde mit dem Inkrafttreten des *Bonner Grundgesetzes* durch Art. 104 Abs. II eine neue Rechtslage geschaffen.

---

8 Dabei war es mangels anderer Unterbringungsmöglichkeit n. § 344 II 18 ALR Aufgabe des Staates, den Geisteskranken in einer öffentlichen Anstalt in Verwahrung zu nehmen.

9 Das preuß. Gesetz zur pers. Freiheit v. 19. 2. 1850 änderte nichts an diesem Verfahren; vgl. OVG 65/257; 51/223 ff.

10 Vgl. Minister-Erlaß v. 8. 7. 1867: „... die Fürsorge für gemeingefährliche Geisteskranke ist ausschließlich Sache der Polizeibehörden."

Das ALR hat in Schleswig-Holstein nach der Vereinigung mit der preuß. Monarchie durch Gesetz v. 24. 12. 1866 (GS. S. 875) zumindest gewohnheitsrechtlich gegolten. Im Besitzpatent v. 12. 1. 1867 (GS. S. 129, 131) war in Abs. 7 bestimmt, daß die Gesetze der Herzogtümer nur in Kraft bleiben, soweit sie nicht der Einheit und den Interessen des Staates „Eintrag thun". Das Polizeirecht, das erstmals durch das ALR umfassend kodifiziert worden war, nahm aber innerhalb der „Interessen des Staates" eine Vorrangstellung ein. Darüber hinaus war in der VO ü. d. Polizeiverwaltung i. d. neu erworbenen Landesteilen v. 20. 9. 1867 (GS. S. 1570 ff.) in § 13 bestimmt, daß örtliche Polizeivorschriften, soweit sie gem. § 6 den Schutz von Personen, Eigentum, Leben und Gesundheit betrafen, den Gesetzen oder Verordnungen einer höheren Instanz nicht widersprechen durften. Als solche Vorschriften kamen aber die polizeirechtlichen Bestimmungen des ALR und v. a. der oben zitierte Minister-Erlaß v. 8. 7. 1867 in Betracht. Vgl. i. ü. *Kähler* S. 36, 38.

11 Gesetzsamml. 1931, S. 77.

12 RGBl. I 1933 S. 995.

Soweit die Zuständigkeit n. § 14, 15 PVG bestehen blieb — und sie wurde zunächst lediglich auf die Ordnungsbehörde übertragen[13] — wurde sie durch Art. 104 II GG dadurch eingeschränkt, daß infolge der verfassungsmäßigen Garantie ausschließlich der Richter die Freiheitsentziehung anzuordnen hatte.

Streitig war dabei nur, ob der Verwaltungsrichter oder der Richter des FGG hierfür zuständig sein sollte.

8.

Mangels einer bundesgesetzlichen Regelung haben die meisten Bundesländer von ihrer Gesetzgebungskompetenz n. Art. 74 Ziff. 17 GG Gebrauch gemacht, im Zeitraum von 1952—1959 eigene *Unterbringungsgesetze* geschaffen und dabei die Zuständigkeit des FGG-Richters zur Einweisung Geisteskranker auf Antrag der Ordnungsbehörden festgelegt[14]. Mit der Kompetenzbegründung für den FGG-Richter sind die Länder der Ansicht des BGH gefolgt, daß die ordentlichen Gerichte für die Unterbringung Geisteskranker zuständig seien. Denn die zwangsweise Unterbringung in einer Heilanstalt habe hauptsächlich den Charakter einer fürsorgerechtlichen Maßnahme und falle deshalb in einen Aufgabenbereich, der den ordentlichen Gerichten nicht fremd sei[15].

Schleswig-Holstein hat im Jahre 1958 ein eigenes *Gesetz über dic Unterbringung von psychisch Kranken und Süchtigen* geschaffen[16], nachdem bis dahin im wesentlichen die Bestimmungen der §§ 14, 15 PVG unter Einschränkung d. Art. 104 II GG gegolten hatten[17].

Nach der heutigen Rechtslage besteht für Schleswig-Holstein wiederum eine doppelte Möglichkeit zur Unterbringung gefährlicher Geisteskranker, nämlich:

nach dem Unterbringungsgesetz von 1958 durch den FGG-Richter, nach § 42 b StGB durch den Strafrichter.

---

13 Einrichtung der Ordnungsbehörden durch VO d. brit.MilitärRg.

14 Bayer.Verwahr. G v. 30. 4. 52, Niedersächs. SOG v. 23. 4. 1955, Baden-Württ. UG v. 26. 7. 1957, Nordrh.-Westf. UG v. 26. 7. 57, Hess. FEG v. 15. 5. 58, Bad. UG v. 5. 6. 58, Rheinl.-Pf. UG v. 19. 2. 59, Schlesw.-Holst. UG v. 26. 8. 58 u. a.

15 Vgl. u. a. BGH v. 4. 2. 52 in Verw.Rspr. IV S. 548; *Bachof*: Freiheitsentziehung n. Art. 104 GG in DÖV 1952 S. 393.

16 GVBl. 1958 Ausg. A Nr. 25 S. 271; Gesetz v. 26. 8. 1958.

17 Runderl. d. Inn.-Min. Schlesw.-Holst. v. 16. 8. 1952, vgl. Amtsblatt f. Schlesw.-Holst. 1952 S. 321. Danach war der FGG-Richter für die Einweisung zuständig. Sie erfolgte durch Urteil, für das ein ärztliches Gutachten und der ordnungsbehördliche Einweisungsantrag urteilsvorbereitende Maßnahmen waren.

II. Die gesetzlichen Voraussetzungen der Irrenverwahrung

1. *Die Unterbringung Geisteskranker im allgemeinen*

Während sowohl das schleswig-holsteinische Unterbringungsgesetz als auch die §§ 42 b StGB, 429 a StPO die *zwangsweise* Unterbringung, also die Verwahrung *ohne* oder *gegen den Willen* des Betroffenen, regeln, besteht nach dem heutigen Stand der Rechtsordnung noch die Möglichkeit der sogenannten *freiwilligen* Unterbringung. Ihrer Erwähnung bedarf es deswegen, weil auch sie Geisteskranke in Anstaltsbehandlung oder -pflege bringen kann, die sonst gefährlich wären. In älterer Zeit bestand die Schwierigkeit nicht darin, daß man keine Zwangseinweisungsbefugnis hatte, sondern darin, daß die Kostenfrage nicht ausreichend geregelt war. Dies ist heute, v. a. auch hinsichtlich der sogenannten freiwilligen Unterbringung, durch das Bundessozialhilfegesetz vom 30. Juni 1961[18], aber auch durch andere Gesetze ganz allgemein der Fall. Das Bundessozialhilfegesetz regelt an verschiedenen Stellen die Gewährung von Sozialhilfe auch an Geisteskranke und Schwachsinnige. So kann nach den §§ 21, 27, 37, 40 i. V. m. § 100 I BSHG für geisteskranke, schwachsinnige und alte Menschen die sogenannte Hilfe in besonderen Lebenslagen gewährt werden, die eine ärztliche Behandlung in einer Anstalt oder einem geeigneten Heim umfaßt. Da insoweit die Kostenfrage einer Anstaltsbehandlung geregelt ist, kann davon ausgegangen werden, daß die freiwillige Unterbringung im Wege der Sozialhilfe heute die wichtigste Form der Irrenverwahrung darstellt, — allerdings mit der Einschränkung, daß vom Empfänger der Sozialhilfe oder von seinen unterhaltspflichtigen Angehörigen in gewissem Umfang Kostenersatz vom Träger der Sozialhilfe verlangt werden kann.

Ausgehend von dem Grundsatz der Nachrangigkeit der Sozialhilfe — § 2 BSHG — wird gem. § 28 BSHG Hilfe in besonderen Lebenslagen nur gewährt, soweit dem Hilfesuchenden oder seinen Angehörigen die Aufbringung der Mittel aus dem Einkommen und Vermögen nicht zuzumuten ist. Im Gegensatz zur Hilfe zum Lebensunterhalt (vgl. § 11 BSHG) wird jedoch hier der Einsatz des Einkommens nicht in vollem Umfang, sondern erst ab einer bestimmten Einkommensgrenze gefordert, deren Errechnung § 79 BSHG im einzelnen vorschreibt. Auch bestimmte Vermögensteile bleiben n. § 88 BSHG vom Einsatz ausgenommen. Ist Hilfe in besonderen Lebenslagen bereits geleistet worden, so besteht ein Regreßanspruch des Sozialhilfeträgers auch nur in beschränktem Umfang. So ist bei Gewährung von Hilfe in besonderen Lebenslagen n. § 92 Abs. II BSHG zum Kostenersatz nur verpflichtet, wer die Gewährung der Hilfe an sich oder seine Angehörige vorsätzlich oder grob fahrlässig herbeigeführt hat (weitergehend dagegen bei Hilfe zum Lebensunterhalt — vgl. § 91 III BSHG). Ein Kostenrückgriff des Sozialhilfeträgers gegen unterhaltspflichtige Angehörige ist

[18] BGBl. Teil I 1961 S. 815 ff.

gem. §§ 90, 91 BSHG möglich, jedoch n. § 91 Abs. I BSHG nur in dem Umfange, in dem ein Hilfeempfänger nach den §§ 76 ff., insb. 79 und 88 BSHG, sein Einkommen und Vermögen einzusetzen hätte[19].

2. *Die Voraussetzungen der Irrenverwahrung nach dem schleswig-holsteinischen Unterbringungsgesetz*

Nach § 1 I UG ist eine Unterbringung unter folgenden Voraussetzungen zulässig:

„Geisteskranke, geistesschwache, rauschgift- oder alkoholsüchtige Personen können ohne ihren Willen in einer geeigneten Krankenanstalt untergebracht werden, wenn von ihnen ein durch ihren Zustand bedingtes Verhalten zu erwarten ist, das ihr Leben oder ihre Gesundheit oder Rechtsgüter anderer ernstlich gefährdet. Eine Unterbringung ist nicht zulässig, wenn die Gefahr auf andere Weise abgewendet werden kann."

Zu dem betroffenen Personenkreis gehören also die hier interessierenden Geisteskranken und Schwachsinnigen. Ferner muß von den psychisch Kranken als Voraussetzung für ihre Unterbringung ein durch ihren *pathologischen Zustand bedingtes Verhalten* erwartet werden, das für die *Kranken selbst* oder für *andere* gefährlich werden kann. Das Gesetz spricht ausdrücklich nicht von „Gemeingefährlichkeit", um den Geisteskranken vor allem nicht mit dem Werturteil des § 20 a StGB zu belasten. Dafür hat es *zwei* aequivalente Gefährdungstatbestände geschaffen:

die Selbstgefährdung des Kranken und die Gefährdung Dritter.

Das will besagen, daß dem Gesetz der Selbstschutz des Kranken ebenso wichtig erscheint, wie der Schutz der Allgemeinheit; — der fürsorgerechtliche Charakter dieser Vorschrift wird infolge dieses Umstandes schwerlich in Zweifel gezogen werden können.

§ 1 I UG hat die polizeiliche Generalklausel[20] aufgelöst und durch eine nähere Definition der schutzwürdigen Interessen[12] engere Voraussetzungen für die Internierung geschaffen.

Ein Vergleich mit dem Wortlaut des § 1 I Schlesw.-Hol. PolG. macht deutlich, daß eine bloße Gefährdung der öffentlichen Ordnung i. S. eines „gedeihlichen Zusammenlebens" nach dem UG zur Einweisung Geisteskranker nicht mehr ausreicht, solange nicht auch eine Verletzung der öffentlichen Sicherheit (im polizeilichen Sinne) gegeben ist[22]. Auf derselben Linie liegt es, wenn der § 1 I UG nicht nur von einer Gefährdung der aufgezählten Rechtsgüter spricht, — wenn also dem zu erwartenden Verhalten nach

---

[19] Vgl. zum Ganzen *Gottschick*, § 28 Anm. 1, § 76 Vorbem. 1, § 79 Anm. 2, § 91 Anm. 2.

[20] Vgl. § 14 I, 15 PVG; § 1 I, § 4 Schlesw.-Holst. PolG.

[21] Leben und Gesundheit des Kranken, Rechtsgüter anderer.

[22] Vgl. v. a. *Böning* in Schlesw.-Holst. A. Teil A 1958 S. 253 ff., insb. S. 255.

verständigem Ermessen mit hoher Wahrscheinlichkeit alsbald ein Schaden nachfolgen müßte —, sondern schließlich eine *ernstliche* Gefährdung i. S. einer erheblichen Rechtsgütergefährdung verlangt. Damit sollen Gefahren kleinerer Art und solche, die jedermann gelegentlich überwinden muß, aus dem Kreis der Unterbringungsvoraussetzungen ausgeschlossen werden[23].

Auf die übrigen Verfahrensregeln sei nur kurz hingewiesen.

Nach § 2 I UG i. V. m. Art. 104 II GG wird die Unterbringung durch den Amtsrichter nach den Verfahrensregeln des FGG (§ 3 UG) angeordnet. Verfahrensvorausetzung ist n. § 4 I, II UG ein schriftlicher Antrag der zuständigen Ordnungsbehörde, dem ein psychiatrisches Gutachten über die Psychose beizufügen ist, in dem sich der Gutachter über die Gefährlichkeit des Kranken äußern soll — § 5 I UG. Auch für den Richter ist die Anhörung eines ärztlichen Sachverständigen n. § 7 UG obligatorisch. In den §§ 6 und 8 UG wird der Grundsatz des „rechtlichen Gehörs"[24] — eingeschränkt durch sachlich gerechtfertigte Ausnahmen[25] — für den Betroffenen und dem Betroffenen nahestehenden Personen geregelt. Die richterliche Entscheidung lautet auf Ablehnung oder Anordnung der Unterbringung und ergeht durch *Beschluß* — § 9 UG —, in welchem der Tag zu bezeichnen ist, bis zu dem über die Fortdauer oder die Aufhebung der Unterbringung zu entscheiden ist, der — anders als in den §§ 42 b, 42 f StGB — bei Geisteskranken nicht länger als 2 Jahre entfernt sein darf — § 10 UG. Gegen die Entscheidung des *Amtsrichters* ist die *sofortige Beschwerde* zulässig — § 12 I UG[26]. Trotz des Rechtsbehelfs kann aber das Gericht n. § 13 I 2 UG den sofortigen Vollzug anordnen. Die Unterbringung selbst wird durch die Verwaltungsbehörde (Ordnungsbehörde) vollzogen — § 13 II UG.

Die *Aufhebung* der Unterbringung wird von amtswegen oder auf Antrag der Beteiligten (§ 11 UG) vom Gericht des ersten Rechtszuges angeordnet, wenn die Gründe für die Unterbringung weggefallen sind — § 14 I, II UG[27] —, im übrigen ist über die Fortdauer der Unterbringung von amtswegen zu entscheiden — § 15 I UG. Unter bestimmten Voraussetzungen kann das Gericht n. § 16 I UG den Betroffenen aus der Anstalt *beurlauben*. Bis zu 2 Wochen kann dies n. § 16 III UG sogar der Anstaltsleiter.

Im Rahmen des § 17 UG kann das Gericht eine *einstweilige Unterbringung* für längstens 6 Wochen anordnen. Nach § 21 UG steht in den

---

[23] Vgl. dazu *Böning* i. Schlesw.-Holst. A. Teil A 1958 S. 280 ff.

[24] Vgl. Art. 103 I GG.

[25] Etwa, wenn nach ärztlichem Gutachten die Anhörung für den Gesundheitszustand des Betroffenen nachteilig oder eine Verständigung mit ihm nicht möglich ist — § 6 II, III UG; vgl. auch § 8 II UG.

[26] Über den Beschwerdeführer vgl. weiter § 12 II—V UG.

[27] Gegen die aufhebende Entscheidung steht das Recht der Beschwerde nur der Verwaltungsbehörde zu — § 14 IV UG.

Grenzen des Art. 104 II GG das Recht der vorläufigen Unterbringung auch der Ordnungsbehörde zu.

Die Einschränkung bestimmter Grundrechte findet sich in § 28 UG[28].

3. Die Voraussetzungen der Irrenverwahrung nach den Vorschriften des StGB und der StPO

Das Maßnahmenrecht in den §§ 42 a ff. StGB umfaßt auch das Recht der Unterbringung Geisteskranker in einer Heil- und Pflegeanstalt.

Einleitend sei bemerkt, daß die Irrenverwahrung, wie sie etwa im Institut der § 42 a Nr. 1, § 42 b i. V. m. §§ 51, 55 StGB gesetzlich geregelt wurde, streng genommen ihrer Idee nach nicht zum Funktionsbereich des Strafrechts gehört, das als „jus poenale" alle diejenigen Rechtsnormen in sich vereinigt, die an eine begangene Tat die *Strafe* als Rechtsfolge knüpfen. Das heutige Strafrecht aber hat den Rahmen seiner sprachlichen Bezeichnung gesprengt[29] und beschäftigt sich nicht nur mit der Rechtsfolge der Strafe, sondern auch mit (strafrechtlichen) Maßnahmen, die möglicherweise nicht mehr Strafe im echten Sinne sind, aber auch an eine begangene Tat anknüpfen: mit den „Maßnahmen der Sicherung und Besserung"[30]. Die Einführung des § 42 b StGB durch Ges. v. 24. 11. 1933 — und v. a. auch die Sicherheits- und Unterbringungsgesetze der Länder — stellen einen zweiten Weg dar, um Angriffen auf den Rechtsfrieden entgegenzuwirken. Ihr rechtspolitischer Zweck dient dem Schutz der Allgemeinheit vor dem als gefährlich erkannten Geisteskranken durch Maßnahmen, bei denen der Gedanke von Schuld und Sühne zurückgetreten ist[31].

Das StGB regelt die Unterbringung gefährlicher Geisteskranker in den §§ 42 a Nr. 1, 42 b wie folgt:

„Hat jemand eine mit Strafe bedrohte Handlung im Zustand der Zurechnungsunfähigkeit (§ 51 I, § 55 I) oder der verminderten Zurechnungsfähigkeit (§ 51 II, § 55 II) begangen, so ordnet das Gericht seine Unterbringung in einer Heil- und Pflegeanstalt an, wenn die öffentliche Sicherheit es erfordert. Dies gilt nicht bei Übertretungen.

Bei vermindert Zurechnungsfähigen tritt die Unterbringung neben die Strafe."

Der Zweck dieser im Bereich des Maßnahmerechts geregelten Institution ist — auf eine kurze Formel gebracht: Sicherung der Rechtsgemeinschaft vor Tätern, die entweder i. S. d. § 51 I gar nicht oder i. S. d. § 51 II nur milder bestraft werden[32]. Es handelt sich also um einen

---

[28] V. a. das Grundrecht auf körperliche Unversehrtheit n. Art. 2 II 1 GG, der Freiheit der Person n. Art. 2 II 2 GG.

[29] Vgl. *Welzel* § 4, 1.

[30] Zur Problematik der „Zweispurigkeit im Strafrecht", wie sie Ende des 19. Jh. durch das Maßnahmenrecht C. Stooß' begründet wurde, soll hier nicht näher eingegangen werden. — Vgl. dazu u. a. *Mezger* § 109.

[31] Vgl. *Schönke*-Kom.: Vorbem. z. §§ 42 a ff., Anm. 1.

[32] *Baumann*: Anm. § 44 II 1 a.

strafrichterlichen Schutz vor gefährlichen Kranken, der grundsätzlich unabhängig von anderen Unterbringungsvorschriften erfolgt, insoweit die Voraussetzungen des § 42 b gegeben sind[33]. Da der Schutz der Allgemeinheit nach § 42 b ganz im Vordergrund steht, kommt es auf die *Heil-* und *Pflegebedürftigkeit* des unterzubringenden Geisteskranken nicht an. Das Gesetz ist lediglich bereit, neben dem Gemeinschaftsschutz auch der Heil- und Pflegebedürftigkeit Rechnung zu tragen[34]. In erster Linie — und das begründet sachlich die Zuständigkeit des Strafrichters — muß n. § 42 b StGB eine mit Strafe bedrohte Handlung vorliegen, jedoch nur in der Form eines Verbrechens oder Vergehens im Sinne des § 1 StGB, denn Übertretungen reichen n. § 42 b I 2 zur Unterbringung nicht aus; eine gewisse Verhältnismäßigkeit zwischen Rechtsgutverletzung und Unterbringung als einer erheblichen Beeinträchtigung der persönlichen Freiheit des Betroffenen (Art. 2 GG) muß gewahrt bleiben[35]. Ebensowenig dürfen rechtlich erhebliche Rechtfertigungs-, Schuldausschließungsgründe oder Irrtümer i. S. d. § 59 StGB vorhanden sein, — es sei denn, letztere sind gerade durch die psychotische Wesensänderung verursacht[36]. Die Frage, ob bei Vergehen, die nur auf Antrag verfolgt werden, ein Strafantrag gestellt sein muß, ist umstritten. Während die Rechtsprechung des Reichsgerichts und ein Teil des Schrifttums das Vorliegen des Antrags für erforderlich halten[37], geht der BGH[38] überzeugend davon aus, daß dies für das Sicherungsverfahren[39] nach § 429 a StPO entbehrlich sei.

Nach Ansicht des Bundesgerichtshofs geht es bei dem Verfahren nach § 429 a StPO nicht um die Bestrafung des Täters wegen der Tat, sondern ausschließlich um den Schutz der Allgemeinheit vor Gefahren, die ihr in Zukunft von dem Täter drohen. Insoweit ist ein öffentliches Interesse immer gegeben und von größerem Gewicht als mögliche gegenteilige Interessen des Verletzten oder sonst Antragsberechtigten. Daher kann der Schutz der Allgemeinheit nicht allein vom Willen einer Privatperson abhängig sein[40].

---

[33] Vgl. *Schönke*-Kom. § 42 b Anm. 1 u. BGHStr. 19/348; *in der Beeck* in NJW 1963 S. 2358.

[34] Vgl. *Schönke*-Kom. § 42 b Anm. 1. Einen anderen Standpunkt nehmen dagegen die Unterbringungsgesetze der Länder ein.

[35] Vgl. dazu: *Schönke*-Kom. § 42 b Anm. 13. Bagatelldelikte und bloße Belästigungen genügen demnach nicht. Vgl. auch *Baumann:* § 44 II 1 c und OLG Schlesw. in SchlHA 1958 S. 344. Auf d. Schwere d. Schadens kommt es allerdings nicht an. BGHStr. 5/140.

[36] Vgl. dazu *Baumann* § 44 II 1 c.

[37] Vgl. RGStr. 71/218; 73/156; *Schönke*-Kom.: § 42 b Anm. 8; LK: § 42 b Anm. A I 2.

[38] Vgl. BGHStr. 5/140 ff.; u. *Bruns* in JZ 1954 S. 731.

[39] Bei Einleitung eines normalen Strafverfahrens stellt sich die Frage nicht.

[40] Vgl. ausführl. BGHStr. 5/141.

Ferner muß nach § 42 b Zurechnungsunfähigkeit bzw. beschränkte Zurechnungsfähigkeit i. S. d. § 51 gegeben sein, also ein Fall von Geisteskrankheit oder Geistesschwäche, für die die kriminelle Verhaltensweise *symptomatisch* ist, darüber hinaus „symptomatisch für einen Zustand von *nicht lediglich vorübergehender Natur,* der eine ungünstige Prognose zu begründen geeignet ist"[41]. Der Geisteskranke muß weiter durch sein kriminelles Verhalten eine *Gefahr* für die öffentliche Sicherheit darstellen, die gegeben ist, „wenn die Begehung weiterer nicht unerheblicher mit Strafe bedrohter Handlungen mit Wahrscheinlichkeit vom Unterzubringenden zu erwarten ist ..."[42]. Bei der Beurteilung der Gefahrenlage ist nicht erforderlich, daß diejenige Handlung, die Anlaß der Unterbringung ist, die Allgemeinheit gefährdet. Es genügt, daß sie Ausfluß einer Geisteskrankheit ist, die die Wahrscheinlichkeit begründet, der Täter werde künftig Taten begehen, die ihn für die Allgemeinheit gefährlich erscheinen lassen. Das ergibt sich sowohl aus dem vorbeugenden Charakter als auch aus dem Wortlaut des § 42 b StGB, der im Gegensatz zu § 20 a StGB die Gefährlichkeit des Täters nicht nach den bereits begangenen *Taten* beurteilt[43]. Schließlich muß die öffentliche Sicherheit die Unterbringung *erfordern,* was anzunehmen ist, wenn „eine Abhilfe zur Aufrechterhaltung der Rechtsordnung geboten und auf andere Weise nicht zu erreichen ist"[44], es sei denn, es ständen zur Gefahrabwendung andere Mittel, etwa freiwillige Behandlung, Beaufsichtigung durch Verwandte, Entmündigung, auch landesgesetzliche Unterbringung[45] u. a. m., zur Verfügung[46].

„Ob die öffentliche Sicherheit die Unterbringung — in diesem Sinne — erfordert, ist eine vom Tatrichter in freier Beweiswürdigung zu entscheidende Tatfrage[47]."

Prozessual wird die Unterbringung nach § 260 I 2 StPO durch Urteil ausgesprochen, nachdem in der Hauptverhandlung n. § 246 a StPO ein ärztlicher Sachverständiger über den geistigen Zustand des Angeklagten gehört worden ist. Für die sachliche Zuständigkeit gelten die allgemeinen Regeln des GVG, für die Rechtsmittel die §§ 312 ff., 333 ff. StPO.

---

[41] *Exner:* S. 297; *Schönke*-Kom. § 42 b Anm. 12; zur Problematik der „Bewußtseinsstörung", überhaupt der Koppelung v. § 42 b und § 51 wird später diskutiert werden.

[42] So *Schönke*-Kom. § 42 b Anm. 10. Nur „latente" Gefahr und allgemeine Wiederholungs*möglichkeit* reichen nicht aus, so BGH in NJW 1952 S. 836; LK *(Jagusch)* § 42 b Anm. II 1, 3.

[43] Vgl. dazu BGHStr. 5/140, 142, 143.

[44] So *Schönke*-Kom. § 42 b Anm. 10 u. BGH in NJW 1951 S. 450.

[45] Vgl. *In der Beeck* in NJW 1963 S. 2358.

[46] *Schönke*-Kom. § 42 b Anm. 4 und 15; BGH in NJW 1960 S. 394.

[47] *Schönke*-Kom. § 42 b Anm. 11.

Nach § 42 f I StGB dauert die Unterbringung so lange, wie ihr Zweck es erfordert. Insbesondere ist — anders als in den Unterbringungsgesetzen der Länder — die Unterbringung in einer Heil- und Pflegeanstalt nach § 42 f III 1 StGB an keine Frist gebunden[48]. Allerdings hat n. § 42 f III 3, 4 das Gericht innerhalb einer 3jährigen Frist zu überprüfen, ob die Unterbringung noch gerechtfertigt ist. Unbeschadet dessen kann das Gericht auf Antrag des Eingewiesenen oder der StA (§ 462 II i. V. m. § 463 a I StPO) n. § 42 f IV StGB auch innerhalb der Frist überprüfen, ob der Zweck der Unterbringung erreicht ist. Alle diese Entscheidungen ergehen n. § 462 I i. V. m. § 463 a I StPO durch Beschluß, der mit der sofortigen Beschwerde angegriffen werden kann — § 462 IV, 463 a I StPO. Ist der Zweck der Unterbringung erreicht, so kann das Gericht die Entlassung aussprechen. Sie ist jedoch innerhalb der Vollstreckungsverjährung des § 70 II 1 StGB nur eine bedingte Aussetzung der Unterbringung und kann jederzeit bei Erforderlichkeit widerrufen werden — § 42 b I 3 StGB.

Hinzuweisen ist ferner auf das Sicherungsverfahren nach § 429 a StPO, das die StA bei Evidenz der Zurechnungsunfähigkeit i. S. d. § 51 I statt des Strafverfahrens beantragen kann — § 429 b Abs. I—III StPO, und wonach die dafür zuständige Strafkammer — § 429 b III StPO — lediglich die Unterbringung in einer Heil- und Pflegeanstalt im Urteil ausspricht — § 260 I 2, § 429 b I StPO[49].

---

[48] Die Vorschrift trägt der Tatsache Rechnung, daß sich die Zeit für eine Heilung von Psychosen oder mindestens für eine Resozialisierung der Kranken bei Neutralisierung der psychotischen Symptomatik praktisch nicht vorherbestimmen läßt.

[49] Vgl. dazu *Schönke*-Kom. § 42 b Anm. 20. Gegen vermindert Zurechnungsfähige ist das Verfahren unzulässig.

Zweiter Teil

Die absolute Zahl der Psychosen und die Kriminalität der Geisteskranken nach Auswertung in Schleswig-Holstein ermittelten Zahlenmaterials

Nach Erörterung der gesetzlichen Grundlagen für die Unterbringung „gefährlicher “ Geisteskranker, geht es jetzt darum, die kriminologische Bedeutung des psychotisch bedingten Verbrechens darzulegen.

Dabei reicht es nicht aus, wollte man nur die Belastung der *Kriminellen* mit Geisteskrankheiten untersuchen[1]. Da es um die *Kriminalität der Geisteskranken* geht, muß zunächst nach der Verbreitung der Psychosen in der Durchschnittsbevölkerung gefragt werden. Erst dann kann man im Wege der Gegenüberstellung die Frage nach der praktischen Bedeutung und der Phänomenologie des psychotischen Verbrechens, also die Frage nach der „Gefährlichkeit der Geisteskranken“, endgültig beantworten. Schließlich muß man die gefundenen Ergebnisse mit den analogen Erscheinungen in der Durchschnittsbevölkerung vergleichen, um das gesamte Bild abzurunden[2].

Erster Abschnitt

Die absolute Zahl der Geisteskranken in Schleswig-Holstein

I. Allgemeines über die statistischen Materialien

Den zahlenmäßigen Anteil der Geisteskranken an der Gesamtbevölkerung, die Zahl der kriminellen Psychotiker, ihr Verhältnis zur Ge-

---

1 Die Belastung der Kriminellen mit Geisteskrankheiten ist übrigens klein. Sie schwankt nach *Exner*, S. 117 zwischen 0 und 5,9 %. Vgl. dazu auch die Angaben verschiedener Autoren und die Aufgliederung nach „Einmaligen“ und „Rückfälligen“ bei *Exner*, Tabelle auf Seite 117. *Aschaffenburg* ermittelte für die Zeit um 1920 in Deutschland unter den männlichen Gefangenen der Zuchthäuser und Gefängnisse einen Anteil der Geisteskranken in Höhe von 1,4 % bzw. 0,4 %. Auf Grund von Stichproben im Strafgefängnis Halle/S. fand er unter 405 Gefangenen 8, die als Imbezille, fast als Idioten, bezeichnet werden konnten, und unter 200 Sittlichkeitsverbrechern 44 v. a. Schwachsinnige und Demente, die in eine Heilanstalt gehört hätten (vgl. *Aschaffenburg* II S. 202, 210—215, mit weit. Hinweisen, auch über Zählungen v. Vorbestraften in den Krankenanstalten, die zwischen 9,7 % u. 50 % der Aufnahmen schwanken).

2 Vgl. dazu *Exner* S. 116.

samtzahl der Geisteskranken, den Anteil der Geisteskranken an der Gesamtkriminalität und die möglicherweise typische Phänomenologie des psychotisch bedingten Verbrechens könnte man mit Hilfe der *Statistik* deutlich zueinander ins Verhältnis setzen.

Eine eigens für diesen Zweck geschaffene Statistik über die absolute Zahl der Geisteskranken und über ihre Kriminalität ist jedoch nicht vorhanden, — weil die Geisteskrankheit (im Gegensatz zu den Geschlechtskrankheiten, der Tbc. und dergl.) nicht meldepflichtig ist[3].

Die statistischen Möglichkeiten zur Erfassung sind also nur gering, und es bleibt zu beachten, daß viele Fragen gar nicht oder zumindest nur annähernd beantwortet werden können[4].

II. Der Begriff der „Geisteskrankheit“ und ihre Einteilung in verschiedene Bilder

Die statistischen Probleme sind nicht zuletzt mit den *psychodiagnostischen Schwierigkeiten* belastet, denen man bei der Definition der „psychotischen Erkrankung“ auch heute noch gegenübersteht.

Von der gesetzlichen Fixierung in § 51 I StGB auszugehen wäre unvollkommen, da die Definition der Zurechnungsunfähigkeit — falls man überhaupt von einer Definition und nicht von einem Definitionsversuch[5] i. S. einer kasuistischen Aufzählung bestimmter psychisch abnormer Zustände sprechen will — eben keine Definition der Geisteskrankheit ist. Daher deckt sich die gesetzlich definierte Zurechnungsunfähigkeit nur teilweise mit dem psychiatrischen Begriff der Psychose[6].

---

[3] Aus eigener Erfahrung bei der Durchsicht des Aktenmaterials sei mitgeteilt, daß gerade von den Justizbehörden das Fehlen einer systematischen Geisteskrankenstatistik immer wieder bedauert wurde.

[4] Die medizinische Praxis betrachtet den Geisteskranken vorwiegend nur als Einzelfall und versucht nicht — auch schon in Rücksicht auf die ärztliche Schweigepflicht — das vorhandene Material auszuwerten. Vgl. dazu W. *Scheid* in: Psych. d. Geg. Bd. II S. 447 hinsichtl. d. Psychosen bei Infektionskrankheiten. — Vgl. z. Problematik d. Geisteskrankenstatistik auch *Essen-Möller* S. 204.

[5] Die Kompliziertheit des Problems läßt eine endgültige klare Definition eigentlich gar nicht zu. Vgl. *Hellenthal* S. 6.

[6] Vgl. dazu v. a. *Hellenthal* S. 8—15. Eine gewisse Übereinstimmung von Zurechnungsunfähigkeit und psychiatrischem Krankheitsbegriff besteht nur insoweit und solange, als bei der Definition der Zurechnungsunfähigkeit ausschließlich von der biologischen Methode ausgegangen wird. Dies aber ist in § 51 StGB eben nur zum Teil der Fall. Der gesetzliche Begriff der Geisteskrankheit ist also grundsätzlich weiter als der psychiatrische. — Vgl. ferner ausführlich: RGStr. 3/121, BGH in MDR 1955 S. 368: „Unter diesen (dem gesetzlichen) Begriff fallen nicht nur Geisteskrankheiten i. S. der ärztlichen Wissenschaft, sondern alle Störungen, die die bei einem normalen und geistig reifen Menschen vorhandenen, zur Willensbildung befähigenden Vorstellung und Gefühle beeinträchtigen.“ — Vgl. auch BGH in NJW 1955 S. 1726. — Die

Der psychiatrische Krankheitsbegriff ist indessen nicht weniger problematisch, denn einerseits sind „gesund“, „abnorm“ und „krankhaft“ schwer definierbare Wertbegriffe[7], zum anderen lassen sich die psychiatrischen Krankheitsbilder in der Psychodiagnostik auch heute noch nicht klar voneinander abgrenzen. Aus diesem Grunde sind alle statistischen Angaben mit Unsicherheit belastet[8]. Das gilt vorwiegend für die Problematik der sog. „endogenen Psychosen“, die etwa 80 % aller geistigen Störungen ausmachen. Bei ihnen gibt es beim gegenwärtigen Stand des Wissens kein neurologisches Syndrom wie bei dem Anfallsleiden der Epilepsie[9]. Sie werden als Psychosen ohne bekannte körperliche Ursache den psychotischen Erkrankungen bei körperlichen Grundleiden (sog. symptomatischen Psychosen) gegenübergestellt[10]. Gerade darin besteht die definitive und differentialdiagnostische Schwierigkeit, daß bei den endogenen Psychosen somatologisch kein charakteristischer Befund bemerkbar ist[11]. Daher machen die Mediziner primär die Erbanlage für die Entstehung der endogenen Psychosen verantwortlich[12], obgleich selbst über den Erbgang noch wenig bekannt ist[13]. Durch organische Befunde einwandfrei diagnostizierbar ist heute die progressive Paralyse[14]. Von allen anderen psychiatrischen Krankheitsformen kann man das nicht behaupten[15].

Diskrepanz wird insbesondere bei der „Bewußtseinsstörung“ des § 51 I StGB deutlich, die nicht das Ergebnis eines im medizinischen Sinne „pathologischen Zustandes“ zu sein braucht, dies sogar i. d. R. auch nicht ist (so etwa der einfache Alkoholrausch).

7 Vgl. *Hellenthal* S. 15.

8 Vgl. *Wyrsch* i. Psych. d. Geg. Bd. II S. 4: „Die heutigen Abgrenzungen in der Psychodiagnostik sind kaum definitiv.“ — Vgl. *Seelig* S. 179: „Die Grenzen des Krankheitsbegriffs ... sind in der Psychiatrie sehr bestritten.“ Vgl. auch *Bleuler* S. 104; *Schneider* I S. 5. Es besteht Streit um den Begriff der „Krankheit“, um die „Einheitspsychose“ oder die Möglichkeit einer Einteilung der psychotischen Bilder in einzelne Gruppen (so *Wyrsch* a.a.O.).

9 Vgl. *Mezger* II S. 7.

10 — lassen also keinen krankhaften Organbefund erkennen, so *Lemke* S. 304.

11 Vgl. *Lemke* S. 204; *Hoff* Bd. I S. 58, 433; *Kolle* II S. 376. Ein pathologischer Prozeß kann heute nur vermutet werden, — so *Hoff* Bd. I S. 433; *Mezger* II S. 7. Vgl. auch *Seelig* S. 183.

12 Vgl. *Kolle* I S. 54; *Lemke* S. 304; *Hoff* Bd. I S. 435; *Ewald* S. 258, 259; *Hoff* Bd. I S. 15, *Bleuler* S. 277.

13 Vgl. dazu *Weitbrecht* in Psych. d. Geg. Bd. II S. 102; *Ewald* S. 259 u. *Bleuler* S. 117.

14 *Hoff* Bd. I S. 118, Anatomische Pathologie vgl. S. 126.

15 Vgl. zu der Abgrenzungsproblematik bei den Alterspsychosen: *Bumke* S. 783: eine scharfe Trennung zwischen normalen Alterserscheinungen, senilen Erkrankungen, klimakterischen und präsenilen Psychosen ist praktisch nicht möglich, ebensowenig das Verhältnis von seniler und arteriosklerotischer Demenz. — *Langelüddeke* S. 324: „Eine scharfe Grenze zwischen normal und bereits krank fehlt.“ Vgl. zum Abgrenzungsproblem beim manischdepressiven Irresein: *Langelüddeke* S. 379. — Vgl. zum Abgrenzungsproblem bei der Schizophrenie: *Kolle* II S. 168. — Vgl. zum Abgrenzungsproblem bei

Ein besonderes Problem ist der „Schwachsinn". Und das nicht nur, weil es weitgehend eine Frage der Übereinkunft ist, von welchem Intelligenzquotienten an man im allgemeinen von Schwachsinn sprechen möchte oder nur von „physiologischer Dummheit"[16], sondern weil man sich nicht darüber einig ist, ob „Schwachsinn" eine echte Geistes*krankheit* oder nur eine abnorme Variation der Durchschnittsbreite, eine seelisch-intellektuelle Abnormität als Spielart normalen seelischen Wesens darstellt[17].

Bei den „Psychopatien" besteht ebenfalls keine Einmütigkeit darüber, ob sie als abnorme Spielarten der menschlichen Psyche, also nicht als Krankheitsprozesse im psychiatrischen Sinne zu gelten haben[18] und lediglich die Grenzen infolge der noch unvollkommenen Diagnoseverfahren äußerst schwer zu finden sind[19], oder ob man mit Kretschmer annehmen soll, daß Psychopathien auf der gleichen Grundlage beruhen wie die Psychosen und sich von einander nur dem Grade nach unterscheiden[20]. Gleichgültig welcher Lehre man folgt, die differentialdiagnostischen Unsicherheiten werden keineswegs geringer.

Um die kriminogenen Wirkungen der verschiedenen psychotischen Zustände im einzelnen zu untersuchen, ist eine *Einteilung* der Geisteskrankheiten in *Gruppen* erforderlich. Indessen gibt es hier kein Diagnoseschema, das nicht unbestritten wäre, da die Vielfalt der psychopathologischen Phänomene gewaltig ist und ein bestimmtes psychopathologisches Erscheinungsbild verschiedene Ursachen haben kann[21].

---

der Epilepsie: *Schorsch* in Psych. d. Geg. Bd. II S. 369. — Vgl. zur Problematik der traumatisch bedingten Psychosen: *Langelüddeke* S. 311. und *Tönnis* in Rehwald: „Das Hirntrauma", S. 257 u. *Leonhardt* in Rehwald: „Das Hirntrauma" S. 499.

16 Vgl. *Ewald* S. 283; *Wechsler* S. 62; *Langelüddeke* S. 303 und *Bleuler* S. 411: Die Krankheitsgruppe hat keine Grenzen gegen die Norm.

17 Aus der reichhaltigen Literatur vgl.: *Ewald* S. 259, 264: der angeborene Schwachsinn ist eine endogene Psychose — also Krankheit. — A. A.: *Wyrsch* S. 8: Schwachsinn ist ein abnormer gleichbleibend unverändert dauernder *Zustand* und kein Krankheits*prozeß*. — *Lemke* S. 243: Angeborene und erworbene Schwachsinnszustände gehören als „Abweichungen im Verstand" zu den „abnormen Personen". Ähnl. *Schneider* I S. 10; *Mezger* II S. 6, 22.

18 Vgl. dazu u. a.: *Schneider* I S. 10, 11, 13; *Schneider* II S. 2, 3, 12, 13, 42, 48; *Mezger* II S. 6, 23, 24; *Hellenthal* S. 55; *Kolle* II S. 74, 189.

19 Vgl. dazu *Seelig* S. 179 mit weiteren Lit.hinweisen.

20 Vgl. *Kolle* I S. 74. Er zitiert ausführlich Kretschmers Lehre von den fließenden Übergängen (mit weiterer Lit.). Für fließende Übergänge beim manisch-depressiven Irresein auch *Langelüddeke* S. 379.

21 Infolgedessen meint *Bleuler* S. 93: „Es erweist sich als unmöglich, die Vielfalt der krankhaften seelischen Erscheinungen in einheitliche Krankheitsbilder aufzulösen." Jedoch macht *Hoff* I S. 8 darauf aufmerksam, daß Ende des 19. Anfang 20 Jh. die klinisch-deskriptive Psychiatrie die Idee der „Einheitspsychose" aufgab und durch die grundlegenden Forschungen Kahlbaums und Kraepelins zur Aufstellung von Krankheitseinheiten überging. Vgl. dazu *Kolle* I S. 11, 54.

Unsere Darstellung kann aber auf eine Systematisierung der einzelnen Psychosen nicht verzichten. Denn es ist einzusehen, daß etwa das Sittlichkeitsdelikt eines Schizophrenen kriminologisch ganz anders aussehen dürfte als das eines Schwachsinnigen. Die Frage ist lediglich, welcher Systematisierung man den Vorrang geben sollte. Die differentialdiagnostischen Einteilungsversuche sind vielgestaltig[22].

Der eigene Einteilungsversuch bewegt sich etwa zwischen der gesetzlichen und der psychiatrischen Systematisierung der verschiedenen psychotischen Erscheinungen. Er muß die gesetzlichen Voraussetzungen des § 51 I StGB berücksichtigen, weil es letztlich um die Darstellung der Kriminalität Geisteskranker geht. Zum anderen kann er die medizinische Phänomenologie nicht unbeachtet lassen. Er ist keineswegs unanfechtbar, jedoch allein auf den Zweck der vorliegenden Untersuchung ausgerichtet. Seine Aufgabe besteht darin, ätiologisch verschiedenartige aber *kriminologisch vergleichbare* Krankheitserscheinungen zu gemeinsamen Gruppen zusammenzufassen. Aus praktischen Gründen soll daher von folgender Systematisierung der Geisteskrankheiten ausgegangen werden, die sich an die Reihenfolge der kriminellen Häufigkeit anlehnt und die zwischen Hauptgruppen und fortlaufend numerierten Einzelgruppen unterscheidet:

A. Oligophrenien

I. Angeborener Schwachsinn (= Oligophrenie)

II. Erworbener Schwachsinn (= Demenz):

1. Frühtraumatisch (i. d. R. geburtstraumatisch) bedingter Schwachsinn
2. Hirntraumatisch bedingter Schwachsinn bei Schädelverletzungen nach dem 6. Lebensjahr
3. Exogen bedingter Schwachsinn infolge von Hirnerkrankungen oder körperlicher Allgemeinerkrankung (Encephalitis, Englische Krankheit).

B. Psychosen im eigentlichen Sinne

III. Endogene Psychosen und deren Folgezustände bei unbekannten körperlichen Grundleiden:

1. Schizophrener Formenkreis
2. Pfropfschizophrenie
3. Zyklothymie (manisch-depressives Irresein)
4. Genuine Epilepsie.

---

[22] Zu den Einteilungsschemata vgl. den knappen Entwurf von *Schneider* I S. 10; ähnl. *Mezger* II S. 6, 21—23; *Seelig* S. 183, 184; *Ewald* S. 259. Ferner: Diagnosetabelle des Deutschen Vereins für Psychiatrie aus dem Jahre 1933, abgedruckt bei *Kolle* I S. 18—22 und die Gliederung von *Kolle* I S. 22. Ähnl. *Lemke* S. 243. Vgl. zusammenfassend die Arbeit v. *Meyer* II über diagnostische Einteilung und Diagnoseschemata in der Psychiatrie, einschl. Entwurf zu einem neuen internat. psychiatr. Diagnoseschema in Psych. d. Gegenwart Bd. III S. 130 ff., v. a. S. 144—146.

IV. Alterspsychosen: Psychosyndrome bei altersbedingten organischen Hirnkrankheiten (pathologische Abbauerscheinungen):

1. Cerebralarteriosclerose
2. Senile Demenz, einschl. präseniler „Pickscher" und „Alzheimerscher" Hirnatrophie.

V. Exogene (symptomatische) Psychosen und deren Folgezustände bei bekannten körperlichen Grundleiden:

1. Progressive Paralyse
2. Traumatische Epilepsie
3. Sonstige Erkrankungen
   a) Buergersche Krankheit (cerebrale Form)
   b) Athetose double.

C. Suchten

Psychische Krankheiten bei Intoxikationen durch chemisch definierte Gifte:

VI. Sonstige Gifte (Kombinationen von Morphiumderivaten, Betäubungsmitteln, Stimulantia, Weckaminen)

VII. Opiumalkaloide und -präparate.

In der dieser Untersuchung zugrunde gelegten Gliederung der Geisteskrankheiten erhielt der Schwachsinn unter A. seine eigene Hauptgruppe, — und dies in Übereinstimmung mit § 51 I StGB und ohne Rücksicht auf den psychiatrischen Streit um den Krankheitswert der Oligophrenien.

Die abnormen Persönlichkeiten (Psychopathien) haben keine Aufnahme gefunden. Obgleich sie in der nervenärztlichen Praxis bei weitem alle übrigen psychischen Erkrankungen überwiegen[23], nach Schätzung verschiedener Autoren die nicht unerhebliche Zahl von 7—10 % der Durchschnittsbevölkerung ausmachen[24] und schließlich ihr Anteil an der Kriminalität als groß gilt[25], bleiben sie hier dennoch unberücksichtigt. Und zwar weniger wegen der Meinungsverschiedenheit

---

[23] Vgl. ausführlich *Kolle* II S. 68; *Lemke* S. 243.

[24] Vgl. *Hirsch* S. 8; *Lemke* S. 245. Eine genaue zahlenmäßige Fixierung ist unmöglich. *Langelüddeke* erklärt mit Recht S. 328: „Es kommt darauf an, wie weit wir die Durchschnittsbreite der als normal gedachten menschlichen Persönlichkeit ansetzen wollen. Sobald wir das versuchen, werden wir uns bewußt, daß die Grenze, die wir zwischen normal und abnorm gedanklich ziehen können, in der Wirklichkeit ganz von dem subjektiven Ermessen des Beurteilenden abhängt. Sie ist durchaus *willkürlich*", — eben weil es sich um Zustände handelt, die nicht Krankheit sind. Vgl. auch S. 327.

[25] *Lemke* S. 250, *Kolle* II S. 81, *Hirsch* S. 11: ausgeprägte Psychopathen machen mindestens 5 % der Verbrecher aus. — *Birnbaum* S. 5, 6: psychologische Entartungserscheinungen sind bei Kriminellen häufig. *Exner* S. 119 mit Tab. 6: Danach schwankt die Belastung von einmaligen und rückfälligen Verbrechern mit Psychopathie zwischen 1 % und 31 %.

über ihren Krankheitswert[26], sondern weil nach fast einhelliger Ansicht psychopathische Verbrecher in der Regel *zurechnungsfähig* sind, damit nicht unter § 51 I StGB und nur in sehr begrenzten Ausnahmen unter die beschränkte Zurechnungsfähigkeit des § 51 II StGB fallen[27]. Ebensowenig gehören sie in eine Heil- und Pflegeanstalt, da sie weder heil- noch pflegebedürftig sind und den Krankenhausbetrieb einer psychiatrischen Klinik nur stören würden[28]. Sachlich und statistisch müssen sie also von den geisteskranken — einschließlich schwachsinnigen — Tätern unterschieden werden und sind demzufolge, da sie zahlenmäßig weder unter § 51 noch unter § 42 b StGB auftauchen dürften, nicht Gegenstand dieser Darstellung.

Abweichend von verschiedenen anderen medizinischen Einteilungsversuchen sind die Alterspsychosen, obgleich verschiedener Ätiologie, aus Gründen kriminologischer Gemeinsamkeit zu einer Gruppe (IV) zusammengefaßt und der Hauptgruppe B eingegliedert worden. Das gleiche gilt von den exogenen Psychosen (Gruppe V). Ob die Suchten (Hauptgruppe C) als echte Geisteskrankheiten zu betrachten sind, ist durchaus streitig. Indessen ist ihre statistische Beteiligung an § 51, § 42 b StGB erheblich, so daß sie berücksichtigt werden mußten.

Den endogenen Psychosen der Gruppe III (Hauptgruppe B) ist vorwiegend ihre unbekannte Genese, also der Mangel eines pathologischen Hirn- oder Allgemeinbefundes gemeinsam. Die ihnen zugrunde liegenden Krankheitsprozesse sind zur Zeit noch unbekannt.

Schließlich bleibt zu beachten, daß die hier verwendete Systematik nur solche geistigen Erkrankungen umfaßt, die in dem der Untersuchung zugrunde liegenden Material *kriminell* in Erscheinung getreten sind; jedoch handelt es sich dabei um die häufigsten Geisteskrankheiten, wie die nachfolgenden statistischen Erhebungen zeigen werden. Auf eine Beschreibung der verschiedenen Psychosen wird zunächst verzichtet. Ihre ausführliche Darstellung bleibt aus Gründen des besseren Zusammenhangs dem Dritten Teil vorbehalten.

III. Die statistisch ermittelte absolute Zahl der Geisteskrankheiten in Schleswig-Holstein

(bei weitgehender Berücksichtigung der zu II entwickelten Systematik)

1. Die Zahl der einzelnen Psychosen

Das zahlenmäßige Verhältnis der Geisteskrankheiten zur Gesamtbevölkerung genau zu fixieren dürfte infolge der statistischen Schwie-

---

[26] Vgl. die frühere Darstellung unter S. 25.

[27] Vgl. *Lemke* S. 250. — Aber v. a.: *Seelig* S. 250; *Schneider* I S. 22, 23; *Mezger* II S. 23, 24; *Hellenthal* S. 89—91, S. 55; *Bleuler* S. 433, 434.

[28] Vgl. *Bruns* in JZ 1954 S. 732 u. BGHStr. 5/313.

rigkeiten kaum möglich sein. Immerhin ist folgender Versuch unternommen worden:

Nach Erhebungen des Statistischen Landesamtes und des Sozialministeriums Schleswig-Holstein befanden sich

im Jahre 1959: 7.625
im Jahre 1960: 8.064 und
im Jahre 1961: 7.931

„Geisteskranke" in ärztlicher Behandlung bzw. Familienfürsorge (vgl. dazu insbes. in bezug auf Einzelheiten Übersicht I).

Danach entfallen im Lande Schleswig-Holstein:

Tabelle 1

im Jahre	bei einer Einwohnerzahl v. rd.	auf je Einwohner rd.	Geistes-kranker rd.	= % der Bevölkerung rd.
1959	2.280.000	300	1	0,34 %
1960	2.300.000	284	1	0,35 %
1961	2.320.000	290	1	0,34 %

Danach beträgt also die Belastung der Durchschnittsbevölkerung mit Psychosen annähernd gleichbleibend rund 0,34—0,35 %.

Diese statistischen Erhebungen dürften aber in verschiedener Hinsicht unvollständig sein. Erstens handelt es sich bei den in Heil- und Pflegeanstalten für Geisteskranke (Punkt a der Übersicht I), in den besonderen Abteilungen der Krankenhäuser (Punkt b der Übersicht I) und in den Kommunalheimen (Punkt c der Übersicht I) erhobenen Zahlen um jährliche *Stichtags*zählungen. Dagegen konnte die Durchlaufgeschwindigkeit in den Anstalten nicht ermittelt werden. Zweitens aber: die in den Kommunalheimen der Land- und Stadtkreise und in der Familienpflege befindlichen Geisteskranken (vgl. Übersicht I) werden vom Sozialministerium nur insoweit statistisch erfaßt, als für sie das Land Kostenträger ist. Unberücksichtigt blieb also ein sicherlich erheblicher Teil der Insassen, bei denen dies nicht der Fall war.

Drittens zeigt sich gerade hier der Unterschied zwischen Schwachsinnigen und Psychotikern in der Weise, daß Schwachsinnige sich nur dann in einer Anstalt befinden, wenn sie praktisch lebensunfähig und damit auch praktisch deliktsunfähig sind. Die Anstaltszählungen erfassen also nur einen kleinen Teil der Schwachsinnigen. Bei den Psychosen wiederum ist zu trennen zwischen dem präpsychotischen Zustand, der in Gang befindlichen Psychose und dem postpsychotischen Zustand. In der Regel befinden sich in den Anstalten aber nur Kranke mit akuten Verläufen oder mit therapeutisch nicht mehr beeinflußbaren chronischen Zuständen, nicht jedoch sozial rehabilitierte Postpsychotiker. Ihre Zahl ließe sich nur ermitteln, wenn die Behandlungsdauer in den Anstalten bekannt wäre. Problematisch sind die Präpsychotiker, weil ihre Zahl nicht zu ermitteln ist und zweifelhaft bleibt, von welchem Augenblick an man sie bereits als krank bezeichnen kann. Andererseits müssen sie berücksichtigt werden, denn — wie sich später zeigen wird — sind die meisten geisteskranken Täter diejenigen, deren Psychose sich manifestiert, so daß aus der Reihe der Präpsychotiker praktisch die kriminellen Geisteskranken kommen.

Viertens ist die Zahl der Kranken überhaupt nicht bekannt, die sich in Behandlung einer Kassenpraxis, in Privatbehandlung oder in Familienpflege befinden, wobei die Länder nicht Kostenträger sind. Über die Ziffer der nicht behandelten oder gar nicht erkannten Psychosen aber kann auch nicht annähernd etwas ausgesagt werden.

Fünftens kommt noch hinzu, daß allein schon, wie bereits gezeigt wurde, der Begriff der Geisteskrankheit in der Psychiatrie nicht eindeutig festgelegt ist, zum anderen sich in der medizinischen Praxis die Diagnose bei Geisteskrankheiten schwierig gestaltet.

Die zur Verfügung stehenden statistischen Quellen genügen folglich kaum, um die Belastung der Durchschnittsbevölkerung mit Geisteskrankheiten annähernd richtig zu fixieren. Statistisch steht nur fest, daß im Jahre 1961 mit Sicherheit *mindestens* 7 931 Geisteskranke vorhanden waren. Aber diese Zahl ist viel zu niedrig.

Die statistische Methode für sich allein reicht also zur Bestimmung der absoluten Zahl der Geisteskranken nicht aus. Man wird demzufolge die von den verschiedenen Autoren angestellten *Schätzungen* über die Verbreitung der Geisteskrankheiten heranziehen müssen, — nicht weil man sich mit ihnen auf sicherem Boden befände, sondern weil sie nicht übergangen werden können. Die Zuverlässigkeit dieser Schätzwerte kann hier nicht diskutiert werden, das wäre Aufgabe der psychiatrischen Forschung. Für unsere Zwecke genügt jedoch die Tatsache, daß diese Schätzungen in der wissenschaftlichen Literatur als Annahmewerte gelten. Hinzu kommt noch, daß die statistische Methode keinerlei Möglichkeiten bietet, zwischen den einzelnen Psychosen zu differenzieren. Sie kann die Frage nicht beantworten, ob es nun mehr Schwachsinnige oder Schizophrene oder weniger Zyklothyme oder Paralytiker in der Durchschnittsbevölkerung gibt. Darauf wird es aber gerade bei der Untersuchung der Kriminalität Geisteskranker ankommen.

Von den verschiedenen Autoren werden — mehr oder weniger vollständig — folgende Schätzwerte angegeben:

In Tab. 2 finden sich zunächst unterschiedliche Schätzwerte über Schwachsinn und die endogenen Psychosen (Schizophrenie, Zyklo-

Tabelle 2

FN	Einzelne Autoren	Schätzwerte Erkrankungshäufigkeit der Durchschnittsbevölkerung in %				
		Schwachsinn	Schizophrenie	Zyklothymie	Epilepsie	Alterspsychosen
29	*Lemke*	5,0—7,0	0,8	0,6	—	—
30	*Langelüddeke*	—	0,5—1,0	0,4	0,3	—
31	*Ewald*	—	—	0,3—0,4	—	—
32	*Hoff*	—	0,8—1,0	—	0,5	0,07—0,09
33	*Essen-Möller*	—	0,9	0,4	0,3	—
34	*Weitbrecht*	—	—	0,4	—	—
35	*Schorsch*	—	—	—	0,3—0,5	—
36	*Wyrsch*	—	0,8	0,4	—	—
37	*Kolle*	—	0,8	—	0,4	—
38	*Bleuler*	0,3—2,0	0,9	0,4	0,3	—
39	*Seelig*	1,0	—	—	—	—
40	*Exner*	1,0—2,0	—	—	—	—
41	*Wechsler*	2,2—3,0	—	—	—	—

thymie, genuine Epilepsie). Da es sich bei letzteren um Erbkrankheiten handelt, sind die Zahlen weitgehend den Ergebnissen der empirischen Erbforschung Rüdins und Luxenburgers entnommen[42]. Ferner ist die Belastung der Durchschnittsbevölkerung mit Alterspsychosen in Höhe von 0,07—0,09 % in dieser Form bei Hoff nicht erwähnt. Er gibt an Hand seines umfangreichen Materials an, daß im Jahre 1951 in Wien etwa 0,47 % aller Menschen über 65 Jahre wegen einer Alterspsychose interniert waren[43]. Aber auch er vermag nicht zu sagen, wie hoch die Zahl der nicht in Anstalten oder Krankenhäusern behandelten oder unerkannten Alterspsychosen ist.

Die Ergebnisse Hoffs wurden auf die Gesamteinwohnerzahl Schleswig-Holsteins umgerechnet und dürften sicher nicht genau, aber als Mindestsatz doch im Bereich der Norm liegen.

---

[29] Vgl. *Lemke* S. 338, 307, 271.
[30] Vgl. *Langelüddeke* S. 379, 366, 367.
[31] Vgl. *Ewald* S. 349.
[32] Vgl. *Hoff* I S. 432, 422, 240, 132.
[33] Vgl. *Essen-Möller* S. 205 (Tab. 107).
[34] Vgl. *Weitbrecht* i. Psych. d. Geg. Bd. II S. 709.
[35] Vgl. *Schorsch* i. Psych. d. Geg. Bd. II S. 709.
[36] Vgl. *Wyrsch* S. 65.
[37] Vgl. *Kolle* II S. 188, 212.
[38] Vgl. *Bleuler* S. 270, 316, 338, 424.
[39] Vgl. *Seelig* S. 183.
[40] Vgl. *Exner* S. 161, 164.
[41] Vgl. *Wechsler* S. 52 (Tab. 4).
[42] Vgl. v. a. die Hinweise und Quellen bei *Essen-Möller* S. 205 ff.; dazu *Rüdin* II S. 459; *Rüdin* III S. 271; *Luxenburger* S. 131.
[43] Vgl. in einzelnen: *Hoff* I S. 132.

In Tab. 2 wurde ferner nicht erwähnt die Erkrankungswahrscheinlichkeit an progressiver Paralyse. Jedoch besteht eine begrenzte Möglichkeit, ihre Verbreitung zu berechnen. Die progressive Paralyse — eine der wichtigsten Infektionen des Schädelinhalts[44] — „ist eine durch Lues-Spirochäten hervorgerufene chronische Meningoenzephalitis besonders in Stirn- und Temporalhirn mit folgendem Hirnschwund“[45], also eine echte Enzephalitis *syphilitischer Genese*[46]. Da die syphilitische Grundlage für die progressive Paralyse erwiesen ist[47], könnte man — von der Syphilis ausgehend — zu einer Fixierung auch der Erkrankungswahrscheinlichkeit an progressiver Paralyse gelangen. Die verschiedenen Autoren geben fast einhellig an, daß etwa 5 % aller Syphilitiker an Paralyse erkranken[48]. Da die Zahl der Lueskranken bekannt ist — es handelt sich um eine meldepflichtige Krankheit — könnte man demzufolge auch auf die Zahl der Paralytiker schließen. Allerdings ist zu beachten, daß die Inkubationszeit, also das Latenzstadium der Krankheit, etwa 10—15 Jahre von der syphilitischen Infektion an beträgt[49]. Maßgebend sind demnach nicht die Lueskrankenzählungen von heute, sondern aus der Zeit vor etwa 10—15 Jahren. Die Ermittlungen des statistischen Landesamtes Schleswig-Holstein wurden in Tab. 3 zusammengefaßt:

Tabelle 3:
Lueskranke in Schleswig-Holstein

Jahr	Lueskranke insgesamt	davon männl.	davon weibl.
1950	1.033	Keine Angaben	
1951	1.070		
1952	642		
1953	530		
1954	keine Angaben		
1955	239		
1956	221	106	115
1957	199	95	104
1958	195	98	97
1959	180	104	76
1960	202	118	84
1961	230	128	102
1962	194	124	70
1963	288	170	118

[44] Vgl. *Bleuler* S. 175.
[45] So *Lemke* S. 283.
[46] Vgl. *Bleuler* S. 183.
[47] Vgl. *Langelüddeke* S. 313; *Kolle* I S. 38. Zur patholog. Anatomie u. der „Wassermann-Reaktion“ zum Nachweis der Lues in Blut u. Liquor *Kolle* II S. 223.
[48] Vgl. *Kolle* II S. 217; *Lemke* S. 283; *Ewald* S. 428.
[49] Vgl. *Bleuler* S. 184; *Hoff* I S. 102; *Langelüddeke* S. 313; *Lemke* S. 283.

Der aus den — außerordentlich schwankenden — Zahlen errechnete Jahresdurchschnitt an Syphilitikern für den Zeitraum 1950—1955 beträgt rund: 586 Erkrankungsfälle, davon 5 % ergibt:

rund 29 Erkrankungsfälle an progressiver Paralyse.

Diese Zahl ist jedoch nicht genau; erstens, weil das Alter der Syphilis-Kranken, zweitens inzwischen eingetretene Todesfälle nicht bekannt sind. Drittens ist sie rein rechnerisch zu hoch, da die Zahl von 586 sowohl männliche als auch weibliche Lues-Kranke umfaßt, die progressive Paralyse bei Frauen indessen seltener ist[50]. Jedoch wird keine Gefährdungsziffer genannt. Man kann davon ausgehen, daß die Lueserkrankungen sich für den Zeitraum 1950—1955 annähernd gleich auf die Geschlechter verteilen[51].

Praktisch allerdings wird die gefundene Zahl sogar zu klein sein, da die Dunkelziffer bei Syphilis-Erkrankung sicherlich hoch ist. Hinzu kommt außerdem, daß über die Erkrankungshäufigkeit an sog. Juveniler Paralyse — eine konnatal erworbene syphilitische Hirnerkrankung mit paralytischer Symptomatik, die sich etwa im 10.—15. Lebensjahr zeigt[52] — nichts bekannt ist. Man wird aber — infolge verschiedener Unsicherheitsfaktoren jedoch mit größter Vorsicht — davon ausgehen können, daß z. Z. in Schleswig-Holstein etwa 30 Erkrankungsfälle an progressiver Paralyse vorhanden sind. Möglicherweise ist diese Zahl noch zu niedrig.

In jeder Hinsicht statistisch problematisch dürften die exogenen Psychosen sein.

Ätiologisch werden darunter psychische Störungen zusammengefaßt, die als Begleitsymptom im Rahmen somatischer Erkrankungen auftreten[53]. Insofern gehört die progressive Paralyse ebenfalls dazu[54], ferner noch die Encephalitis[55], psychische Störungen bei oder nach

---

[50] Vgl. *Bleuler* S. 185; *Langelüddeke* S. 313; *Hoff* I S. 100, 101.

[51] Für die Jahre 1955—63 besteht für die Lueserkrankung ein rechn. Durchschnittsverhältnis zwischen „männl." u. „weibl." von 6 : 5. Die Zahlen aus den Jahren 1955 u. 1956 deuten darauf hin, daß sich dieses Verhältnis für einen früheren Zeitraum zu Ungunsten des weiblichen Geschlechts verschiebt.

[52] Vgl. *Lemke* S. 287; *Ewald* S. 423; *Bleuler* S. 185; *Langelüddeke* S. 319; *Hoff* I S. 108, 115.

[53] Sog. körperlich (somatisch) begründbare, daher „exogene", auch „symptomatische" Psychosen; vgl. dazu *Scheid* i. Psych. d. Geg. II S. 440, 441. Als Somatosen kommen in Betracht: verschiedene Infektionskrankheiten, Erkrankungen der inneren Organe, endokrine Störungen, Hirnerkrankungen u. -verletzungen (Entzündungen, Tumor, Commotio u. Contusio cerebri, Schädelschüsse) u. a.; vgl. dazu *Langelüddeke* S. 307, 331, 334; *Bleuler* S. 248; *Ewald* S. 436; *Conrad* i. Psych. d. Geg. II S. 418, 437; *Scheid* i. Psych. d. Geg. II S. 440; *Rehwald* S. 138; *Lemke* S. 279, 280, 293, 294, 296.

[54] Vgl. *Scheid* i. Psych. d. Geg. II S. 441.

[55] — eine auch als Kopfgrippe bezeichnete Hirnhautentzündung mit nachfolgenden psychischen Störungen.

Englischer Krankheit, nach Schädeltrauma — entweder als „Hirnleistungsschwäche" oder traumatisch bedingte Epilepsie —, als Folge einer Buergerschen Krankheit[56] oder einer Athetose Double[57]. Jedoch wurden diese einzelnen Formen exogener Psychosen weitgehend nach *symptomatischen* Gesichtspunkten gegliedert, so daß nach dem der Arbeit zugrunde liegenden Diagnoseschema die postencephalitischen Zustände sowie solche nach Englischer Krankheit und die traumatisch bedingte „Hirnleistungsschwäche" den Schwachsinnsformen eingereiht wurden[58], während die progressive Paralyse, die traumatische Epilepsie[59] und die psychotischen Erkrankungen bei Athetose double und der Buergerschen Krankheit in Gruppe V (exogene Psychosen) zu finden sind.

Rein systematisch gehören zu den exogenen Psychosen noch psychotische Begleitzustände bei einer Vielzahl somatischer Erkrankungen[60]. Indessen werden diese Formen hier nicht näher behandelt, weil sie in unserem Material kriminell nicht in Erscheinung getreten sind.

Allen exogenen Psychosen — gleichgültig, ob sie nun in einer einheitlichen Gruppe zusammengefaßt oder ob sie ganz oder zum Teil auf verschiedene Gliederungsgruppen aufgeteilt werden — ist eines gemeinsam: die zahlenmäßige Fixierung ihrer Verbreitung ist praktisch unmöglich[61].

Indessen ist — wie sich zeigen wird — die forensische Bedeutung der exogenen Psychosen nicht groß. Während psychotische Erkrankungen nach Englischer Krankheit, Athetose double und Buergerscher Krankheit nur ganz sporadisch auftreten, sind lediglich die Paralyse, die Encephalitis und das Hirntrauma von gewisser Bedeutung. Im Falle der Hirnhautentzündung sind psychiatrisch und forensisch lediglich die postencephalitischen Zustände interessant, die je nach Lage des Falles ein pseudopsychopathisches oder überwiegend geistesschwaches Gepräge haben. Bei den kriminellen Postencephalitikern war vorwiegend letzteres der Fall, weswegen sie auch dem erworbenen Schwachsinn (Hauptgruppe A) eingegliedert wurden.

---

[56] Buergersche Krankheit, cerebale Form — oder Thrombangitis obliterans — ist eine Erkrankung der cerebralen Arterienwandungen.

[57] Athetose double — Erkrankung des Stammhirns.

[58] Es sei aber ausdrücklich darauf hingewiesen, daß Hirntraumatikerpsychosen schwierig zu beurteilen und im übrigen nicht Geisteskrankheit oder Geistesschwäche im üblichen Sinne sind. Vgl. dazu: *Elsässer* bei Rehwald „Das Hirntrauma" S. 232; *Costa* bei Rehwald „Das Hirntrauma" S. 512.

[59] Symptomatologisch besteht zwar Vergleichbarkeit mit der genuinen Epilepsie, jedoch sollte hier die grundsätzliche Differenzierung zwischen endogenen und exogenen Psychosen beibehalten werden.

[60] Vgl. dazu v. a. *Ewald* S. 436, 437; *Lemke* S. 280; *Bleuler* S. 248, 260; *Langelüddeke* S. 331, 334—336.

[61] Vgl. *Conrad* i. Psych. d. Geg. II S. 369, — mit Hinweis auf den von Bonhoeffer geprägten Begriff des „exogenen Reaktionstyps". — Vgl. ferner *Scheid* i. Psych. d. Geg. II S. 447; Zahlen seien nicht vorhanden, da das Krankengut nicht ausgewertet sei. „Nur ein verhältnismäßig kleiner Teil der Psychosen bei Infektionskrankheiten gelangt in die Nervenklinik." — Ähnl. *Faust* i. Psych. d. Geg. II S. 564.

Beim Hirntrauma sind forensisch interessant nur die *chronischen* Defektzustände, die den Läsionsvorgang überdauern und dann als Persönlichkeitsveränderung bestehen bleiben. Grob phänomenologisch unterscheidet man zwei Psychosyndrome: die Hirnleistungsschwäche und die traumatische Epilepsie. Ihre Häufigkeit allgemein und im Verhältnis zueinander ist nicht zu fixieren. In der Literatur wird jedoch darauf hingewiesen, daß massive exogene Psychosen nach Hirntrauma nur ausnahmsweise zu erwarten sind[62].

In ähnlicher Weise wie bei den exogenen Psychosen kann auch über die Verbreitung der *Suchten* wenig gesagt werden; zum Teil stehen statistische Erhebungen, zum Teil nur Schätzwerte zur Verfügung. Abgrenzend sei darauf hingewiesen, daß hier von den Suchten die Alkoholintoxikationen getrennt wurden, da sie i. S. d. § 42 b StGB nicht in Erscheinung getreten sind, wegen der Sondervorschrift des § 42 a Nr. 2, § 42 c StGB auch nicht hierher gehören[63]. Untersucht werden lediglich Suchten infolge Mißbrauchs von Opiumalkaloiden, opiumverwandten und anderen Giften.

Langelüddeke[64] macht auf die Zählungen von Rauschgiftsüchtigen im Bundesgebiet einschließlich Westberlin aufmerksam. Danach waren gemeldet:

im Jahre 1953:	4 374 Süchtige
im Jahre 1955:	5 378 Süchtige

Mit Hinweis auf das Material von Linz schätzt Langelüddeke[65]:

auf 10 000 der Gesamtbevölkerung: 1 Süchtigen.

Für Schleswig-Holstein wäre danach etwa mit 200—230 Rauschgiftsüchtigen zu rechnen. Indessen ist diese Zahl wahrscheinlich zu hoch, weil die Rauschgiftsucht starke regionale Schwankungen aufweisen dürfte.

Hinsichtlich der Gegenüberstellung von absoluter Zahl der Süchtigen und Anzahl der kriminellen Süchtigen ergibt sich eine Besonderheit: Süchtige können allein schon dadurch strafbar werden, daß sie sich das durch das Opiumgesetz[66] verbotene Narkotikum beschaffen. Jedoch ist das keine

---

[62] Vgl. dazu v. a. *Elsässer* bei Rehwald „Das Hirntrauma" S. 233; *Lindenberg* bei Rehwald „Das Hirntrauma" S. 510, 511 (von 187 zu begutachtenden Traumapsychotikern sprach sich der Autor nur in 9 Fällen für die Anwendung des § 51 I StGB aus). Vgl. ferner *Faust* i. Psych. d. Geg. II S. 560, 620; *Langelüddeke* S. 308. — Eine ähnliche Auskunft wurde auf Befragen auch von der Versorgungsärztlichen Untersuchungsstelle des LVA Neumünster erteilt: vermutlich fänden sich ausgeprägte Psychosen nur zu 0,5 % bei Hirntraumatikern.

[63] Echte Alkoholpsychosen — z. B. Delirium tremens, Alkoholhalluzinose u. a. — kommen vor. Jedoch sind sie forensisch im Rahmen des § 42 b uninteressant; vgl. näher *Langelüddeke* S. 341; *Wyss* i. Psych. d. Geg. II S. 265 ff.

[64] Vgl. *Langelüddeke* S. 358.

[65] Vgl. *Langelüddeke* S. 349.

[66] Vgl. RGBl. I 1929 S. 215, Gesetz v. 10. 12. 1929.

Kriminalität im Sinne der Gefährlichkeit für andere Menschen. Davon kann erst die Rede sein, wenn Diebstahl, Betrug oder Rezeptfälschung hinzukommen. Im übrigen ist anzunehmen, daß der größere Teil der Süchtigen rauscherzeugende Medikamente bevorzugt, die nicht dem Opiumgesetz unterfallen, weil solche Mittel einfach leichter zu beschaffen sind[67].

Im *Ergebnis* geht es jetzt darum, aus den bei den verschiedenen Autoren gefundenen Schätzungen über die Verbreitung der einzelnen Psychosen einen geeigneten Mittelwert herauszufinden. Dieser ist weitgehend willkürlich: ein rechnerischer Mittelwert kann praktisch falsch, ein empirischer richtig sein und umgekehrt. Hier soll — und das ist lediglich Sache der Vereinbarung — von einem Mittelwert mit Tendenz zur minimalen Höhe ausgegangen werden, um überhöhte Zahlen zu vermeiden.

Danach werden für die einzelnen Psychosen folgende Schätzwerte in Ansatz gebracht:

Tabelle 4:
Durchschnittliche Schätzwerte über die Erkrankungswahrscheinlichkeit der Bevölkerung an den einzelnen Psychosen

Einzelne Geisteskrankheiten	Schätzwerte in % der Bevölkerung rd.	Absol. Zahlen f. Schleswig-Holstein f. d. J. 1962 (Einwohnerzahl: 2.340.000) rd.
Schwachsinn, insg.:	1,0 —2,0	23.400—46.800
Schizophrenie:	0,6 —0,8	14.040—18,720
Zyklothymie:	0,4 —0,5	9.360—11.700
Genuine Epilepsie:	0,3 —0,4	7.020— 9.360
Alterspsychosen:	0,07 —0,08	1.638— 1.872
Progress. Paralyse:	0,002—0,004	40— 80
Suchten:	0,009—0,012	200— 240
Insg.:	2,381—3,796	55.698—88.772
rund:	2,4 —3,8	55.700—88.800

Reduziert auf die drei großen Hauptgruppen[68] ergibt sich folgendes Bild:

Tabelle 5:
Zusammenfassung der Schätzwerte

Geisteskrankheiten Hauptgruppen	Schätzwerte in % der Bevölkerung rd.	Absol. Zahlen f. Schleswig-Holstein 1962 (Einwohnerzahl: 2.340.000) rd.
A Schwachsinn:	1,0 —2,0	23.400—46.800
B Psychosen i. e. S.:	1,372—1,784	32.098—41.732
C Suchten:	0,009—0,012	200— 240
Insg.:	rd. 2,4 —3,8	55.700—88.800

[67] Vgl. *Langelüddeke* S. 358.

[68] Diese Gliederung ist aus folgendem Grund notwendig: Die Zahl der

Eine Gegenüberstellung der statistisch erhobenen Zahl der Geisteskranken und der durchschnittlichen Schätzwerte über die Belastung der Bevölkerung mit Psychosen ergibt folgende Zahlen (vgl. auch Tab. 1):

Tabelle 6

Jahr	Belastung der Durchschnittsbevölkerung mit Geisteskrankheiten insgesamt, absolute Zahlen: nach Schätzwerten rd.	nach statistischen Erhebungen rd.
1959	54.300—86.500	7.625
1960	54.700—87.300	8.064
1961	55.200—88.000	7.931
Also entfallen durchschnittlich auf rd. 300 Einwohner:	7—11 = 2,4—3,8 %	1 = 0,35 %
Geisteskranke.		

Die Diskrepanz zwischen den Zahlen der Schätzwerte und den statistischen Erhebungen tritt offen zutage. Die Schätzwerte liegen um etwa 7—11 mal höher als die statistisch gefundenen Zahlen.

Im wesentlichen wird man für den Fortgang der Untersuchung von den gefundenen Schätzwerten ausgehen müssen. Sie sind selbstverständlich nur vorläufig. Von einer genauen Fixierung der Belastung der Durchschnittsbevölkerung mit Geisteskrankheiten ist man noch weit entfernt, — nicht zuletzt infolge der diagnostischen Schwierigkeiten. Indessen kommen die Schätzwerte den realen Gegebenheiten wohl noch am nächsten, da mit ihnen der Versuch unternommen wurde, auch die Sachverhalte zu erfassen, die auf dem statistischen Wege nicht zu ermitteln sind. Dabei blieben — von der progressiven Paralyse abgesehen — die exogenen Psychosen mangels jeglichen Zahlenmaterials unberücksichtigt.

Als *Ergebnis* kann festgehalten werden, daß mit Hilfe der statistischen Möglichkeiten, v. a. aber auf Grund relativ übereinstimmender Schätzwerte eine *durchschnittliche Belastung der Bevölkerung mit Geisteskrankheiten* — i. S. der hier gebrauchten Definition — *in Höhe von* 2,4—3,8 % besteht. Für Schleswig-Holstein kann danach im Jahre 1962 bei einer Einwohnerzahl von rd. 2.340.000 mit einer Zahl von etwa 55.700 bis 88.800 Geisteskranken gerechnet werden, wobei aus praktischen Gründen der Schwachsinn mit zu den Psychosen gezählt wurde.

---

eigentlichen Psychotiker läßt sich noch einigermaßen erfassen, die der Schwachsinnigen dagegen nicht. Die Diagnose Schwachsinn ist eine reine Bewertungsfrage. Die Sucht ist ein Sonderfall.

2. Die Streuung der einzelnen Psychosen in der Durchschnittsbevölkerung

Das Material, das in Übersicht I zusammengestellt ist, differenziert nicht zwischen den einzelnen psychotischen Erkrankungen. Dagegen gehen die in der psychiatrischen Literatur gefundenen Schätzwerte von einer derartigen, für die kriminologische Untersuchung aber unentbehrlichen Differenzierung aus (vgl. Tab. 4 u. 5). Danach ist der Schwachsinn mit etwa 50—53 % die am weitesten verbreitete psychische Störung. Ihm folgt der schizophrene Formenkreis mit etwa 23 %. Faßt man die eigentlichen Psychosen zusammen (vgl. Tab. 5) so bilden sie neben dem Schwachsinn mit insges. etwa 46—50 % die größte Gruppe der psychotischen Erkrankungen, innerhalb der die Schizophrenie mit etwa 45 % den stärksten Beteiligungsgrad aufweist.

Hinsichtlich des Verteilungsverhältnisses von Schizophrenie, Zyklothymie und genuiner Epilepsie (endogene Psychosen) ist Kretschmer auf ganz anderem Wege zu ähnlichen Ergebnissen gelangt. Ausgehend von der Theorie einer nachweisbaren Affinität zwischen Körperbautypus und seelischer Anlage des Menschen stellte er fest: „Es gibt einen statistischen Zusammenhang zwischen Geisteskrankheit und Körperbau[69].“

Unter 4.243 Psychotikern fand Kretschmer folgende Verteilung der einzelnen Körperbauformen[70]:

	Zyklothymie 981 Fälle	Schizophrenie 3.262 Fälle
1. Pyknisch:	66,7 %	12,8 %
2. Leptosom u. athletisch:	23,6 %	66,0 %
3. Dysplastisch:	0,4 %	11,3 %
4. Atypisch:	9,3 %	9,9 %

Westphal[71] stellte an insges. 8.099 Fällen mit Einschluß der Epileptiker ähnliche Verteilungsverhältnisse fest. Obgleich es sich nur um eine allgemeine Regel handelt, die weitgehend abhängig ist von der Abgrenzung der verschiedenen endogenen Formenkreise[72], konvergieren die Untersuchungen doch in vier Punkten[73] (vgl. Abb. 1):

---

[69] Vgl. *Kretschmer* S. 24—32, 38, 41.

[70] Vgl. *Kretschmer* S. 39 (Tab. 7).

[71] Wiedergegeben bei *Kretschmer* a.a.O.

[72] Vgl. *Kretschmer* S. 40; *Kolle* I S. 47.

[73] Vgl. *Kretschmer* S. 40; *Seelig* S. 168—176.

1. dem starken Überwiegen der leptosomen Gruppe über die pyknische bei den Schizophrenen,
2. dem starken Vorwiegen der pyknischen Gruppe über die leptosom-athletische bei den Zirkulären,
3. der Häufigkeit von Athletikern und Dysplastikern bei den Epileptikern,
4. der verschwindenden Seltenheit von Dysplastikern bei den Zirkulären[74].

Soweit die Konstitutionstypenverteilung in der Durchschnittsbevölkerung bekannt ist, kann man daraus auf die anteilmäßige Verbreitung der endogenen Psychosen schließen. Zwar gibt es darüber keine Statistik. Indessen hat v. Rohden[75] errechnet, daß in der Gesamtbevölkerung Europas ein Durchschnittsverhältnis von Leptosomen, Athletikern und Pyknikern von rd. 50 % : 30 % : 20 % besteht[76]. Zahlenmäßig übertreffen die Leptosomen die anderen Konstitutionstypen erheblich.

In Norddeutschland dürfte der leptosome Habitus mit entsprechender Charakterveranlagung vergleichsweise viel häufiger anzutreffen sein als in Süddeutschland[77]. Demzufolge wird man in Schleswig-Holstein weit mehr mit schizophrenen Erkrankungen rechnen können als im süddeutschen Raum und sehr viel weniger mit Psychosen des zyklothymen Formenkreises[78].

Anteilmäßig steht also der Schwachsinn an erster Stelle, gefolgt von der Gruppe der endogenen Psychosen. Innerhalb dieser ist primär mit psychotischen Bildern des schizophrenen Formenkreises zu rechnen. Verglichen damit tritt die psychiatrische und — wie sich später zeigen wird — auch die forensische Bedeutung der anderen Psychosen oder Psychosegruppen zurück.

Die psychiatrische Literatur hat im wesentlichen diese Ergebnisse bestätigt. Danach dürfte dem Schwachsinn zahlenmäßig die größte Bedeutung zukommen[79]. An Häufigkeit dem Schwachsinn gleichrangig sind die sog. endogenen Psychosen[80]. Innerhalb dieser Gruppe steht der schizophrene Formenkreis an erster Stelle[81]. Dagegen treten die Zyklothymie und die

---

[74] Vgl. aus der übrigen Lit. u. a.: *Lemke* S. 307, 333, 339; *Langelüddeke* S. 363, 376, 382; *Hoff* I S. 378, 422; *Weitbrecht* i. Psych. d. Geg. II S. 95—100.

[75] Zitiert bei *Seelig* S. 176.

[76] Vgl. *Kretschmer* S. 159 ff. u. 352.

[77] Vgl. *Ewald* S. 260.

[78] So *Ewald* S. 349; *Weitbrecht* i. Psych. d. Geg. II S. 107.

[79] So *Kolle* II S. 134; *Ewald* S. 284 — schätzt allein an angeborenem Schwachsinn ca. 2 000 000 Fälle in Deutschland; vgl. auch *Seelig* S. 382.

[80] So v. a. *Bleuler* S. 101, 316; vgl. zur Zyklothymie *Ewald* S. 349 u. zur Epilepsie *Hoff* I S. 239, 277.

[81] Vgl. *Bleuler* S. 316: „In unserer Klinik bilden die Schizophrenien ungefähr 1/4 bis höchstens 1/2 aller Aufnahmen ...“; ähnl. *Langelüddeke* S. 367 u. 370: der Krankenbestand der Anstalten besteht zu ca. 40 % aus Schizophrenen; vgl. *Hoff* I S. 422; *Ewald* S. 372: „Man hat berechnet, daß auf etwa 100 Menschen ein Schizophrener kommt.“ „Die Großzahl der geistigen Ruinen, die sich in Heil- und Pflegeanstalten befinden, sind schizophrene Endzustände.“

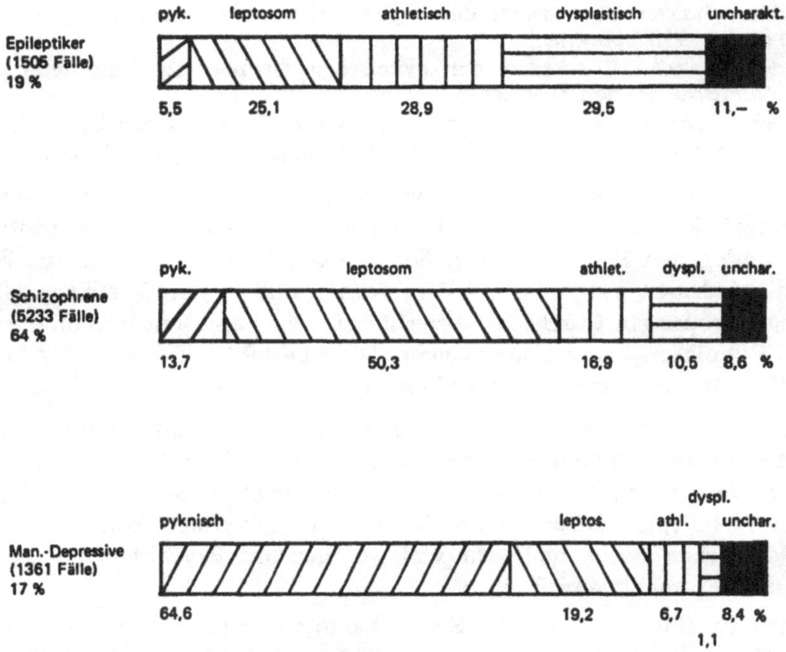

Abb. 1. Häufigkeitsverteilung von Körperbautypus, präpsychotischer Charakterveranlagung und endogenen Psychosen (nach Westphal).

genuine Epilepsie zahlenmäßig weit zurück[82]. An Hand eigener Untersuchungen an einem umfangreichen Material hat Essen-Möller[83] innerhalb der Gruppe der endogenen Psychosen ein Verteilungsverhältnis von:

Schizophrenie:	56 %
Zyklothymie:	25 %
Genuine Epilepsie:	19 %

gefunden. Die zahlenmäßige Bedeutung der Schizophrenie ist damit unbestritten.

Infolge der zunehmenden Überalterung haben die Alterspsychosen gewisse Bedeutung erlangt, obgleich sie zahlenmäßig weit hinter den endogenen Psychosen zurückstehen[84].

Auch auf die Bedeutung der Suchten[85] — v. a. infolge des Mißbrauchs von Morphium und Polamidon[86] — ist hingewiesen worden. Dagegen ist die

---

[82] Über das Verhältnis Schizophrenie—Zyklothymie vgl. *Weitbrecht* i. Psych. d. Geg. II S. 107 (70 % : 23 %). *Kretschmer* S. 12 fand an der Tübinger Klinik unter 260 Psychotikern: 175 = ca. 67 % Schizophrene
85 = ca. 33 % Zyklothyme.
S. 39: Unter 4243 Psychotikern fanden sich:
3262 = $^2/_3$ Schizophrene,
981 = $^1/_3$ Zyklothyme.

[83] Vgl. *Essen-Möller* S. 205 (Tab. 107), S. 206—209.

[84] Vgl. v. a. *Hoff* I S. 130, 131: 1950 machten die Alterspsychosen ca. 29 % d. Aufnahmen d. Wiener Anstalt aus.

[85] *Kolle* II verzeichnet auf S. 271 eine Statistik aus der Zeit v. 1945—53

progressive Paralyse durch die energische Behandlung der Syphilis selten geworden[87]. Über die sog. exogenen Psychosen ist zahlenmäßig so gut wie nichts bekannt[88], weil noch ungeklärt ist, warum nur ein sehr kleiner Teil aller somatischen Erkrankungen symptomatische Psychosen zeigt[89].

Nach alldem kann als Ergebnis festgehalten werden: Der Schwachsinn und die endogenen Psychosen, innerhalb dieser Gruppe die Schizophrenie, sind weitaus die häufigsten Geisteskrankheiten.

3. Der Anteil von Männern und Frauen unter den Geisteskranken

Die Prädisposition zu psychischen Krankheiten — sei es auf Grund des Erbgangs, sei es in der exogen bedingten Lebenserwartung — ist bei den Geschlechtern zum Teil unterschiedlich. Verwertbare statistische Erhebungen sind allerdings nicht vorhanden. Man kann auch in dieser Frage nur allgemeine Erfahrungssätze zur Anwendung bringen. Die Verbreitung des *Schwachsinns* ist unter den Geschlechtern wahrscheinlich annähernd gleich. Teilweise scheint die Belastung der Männer größer zu sein, da ein Teil der erblichen Schwachsinnszustände geschlechtsgebunden weitergegeben wird[90], außerdem der Mann exogenen Schädigungen und Unfällen — zumindest im Beruf — mehr ausgesetzt ist, wodurch eine Mehrdisposition zu hirntraumatisch bedingter Geistesschwäche besteht[91]. Andererseits fällt leichter Schwachsinn bei Frauen sozial nicht in dem Maße auf wie beim Mann, — etwa dann, wenn sie im Haushalt oder sonst unter der Aufsicht des Mannes tätig sind.

Bei *progressiver Paralyse* wird von einer Mehrdisposition des Mannes berichtet[92]. Für die *Alterspsychosen* stellt Hoff[93] fest, daß die Zahl der internierten Männer etwas größer sei als die der Frauen[94].

Für die — allerdings seltenen — präsenilen Psychosen (Alzheimersche Krankheit, Picksche Stirnhirnatropie) und für Spätmanifestationen

über die Zunahme aller Suchten an der Münchner Klinik. 1953 fanden sich unter 5062 Gesamtaufnahmen 112 Süchtige, dav. 72 Alkoholiker. Vgl. i. ü. *Langelüddeke* S. 358.

[86] Vgl. *Ewald* S. 449; *Langelüddeke* S. 350, 358.

[87] Über die Rückläufigkeit der Aufnahmen an der Wiener Klinik vgl. *Hoff* I S. 103, 104; *Ewald* S. 258.

[88] Vgl. *Scheid* i. Psych. d. Geg. II S. 447.

[89] Vgl. *Kolle* II S. 256.

[90] Vgl. dazu *Ewald* S. 283—285; *Bleuler* S. 126.

[91] Vgl. *Ewald* S. 260.

[92] Vgl. *Hoff* I S. 100, 101; *Langelüddeke* S. 313.

[93] Vgl. *Hoff* I S. 132.

[94] — was über die Geschlechterverteilung aber nicht viel aussagt. Die senile Demenz z. B. zeigt keinen Unterschied. Vgl. *Weitbrecht* i. Psych. d. Geg. II S. 106.

bestimmter schizophrener und zyklothymer Bilder (z. B. Involutionsparanoia, klimakterische Depression) sind mehr Frauen prädisponiert[95]. Bei den *manisch-depressiven* Psychosen besteht ein sehr deutliches Überwiegen der Frauen, wobei die Jahrgänge der Involutionszeit besonders ins Gewicht fallen. Nach Schätzungen verschiedener Autoren beläuft sich die Beteiligung des weiblichen Geschlechts am zyklothymen Formenkreis auf etwa 70 %[96]. Bei der traumatisch bedingten Epilepsie mag wiederum der Mann mehr betroffen sein[97]. Bei der bedeutendsten aller endogenen Psychosen, bei der *Schizoprenie*, besteht indessen eine durchweg gleiche Geschlechterverteilung[98].

Insgesamt betrachtet kann man jedoch davon ausgehen, daß — mit geringfügigen Ausnahmen im einzelnen — die Geschlechter bei den Geisteskrankheiten annähernd gleich verteilt sind[99].

4. Die Verteilung der Geisteskrankheiten auf Stadt und Land

Über die Verteilung der Geisteskrankheiten auf Stadt und Land lassen sich endgültige Aussagen nicht machen. Es steht lediglich zu vermuten, daß sich die Psychosen annähernd gleich auf städtische und ländliche Bezirke verteilen. Möglicherweise ist der Schwachsinn auf dem Lande etwas häufiger verbreitet. Grund zu dieser Annahme bietet — wie sich noch zeigen wird — die Tatsache, daß bei der Verteilung der Kriminalität auf Stadt und Land schwachsinnige Täter sowohl nach Tat- als auch nach Wohnort auf dem Lande stärker in Erscheinung getreten sind. Dieser Umstand dürfte weniger mit der Phänomenologie der Straftaten Schwachsinner oder der Bereitschaft, in Landgemeinden weitgehend Geisteskranke im Hause zu belassen[100], sondern vielmehr damit zu erklären sein, daß sich heute nur noch in kleineren und mittleren Betrieben der Landwirtschaft Arbeitsplätze für die in der Regel ungelernten, z. T. nur für ganz primitve Arbeiten und Handreichungen verwendbaren, geistesschwachen Arbeiter beschaffen lassen. Für Schleswig-Holstein ist dieser Tatbestand sicher von gewisser Bedeutung[101].

---

[95] Vgl. *Hoff* I S. 155, 156, 384; *Bumke* S. 794; *Bleuler* S. 315.

[96] Vgl. *Weitbrecht* i. Psych. d. Geg. II S. 106; *Hoff* I S. 384; *Langelüddeke* S. 382; Bei Frauen beginnt die Erkrankung oft auch früher als beim Mann, — vgl. *Bleuler* S. 126, 326, 337; *Ewald* S. 260.

[97] Vgl. *Ewald* S. 260; *Bleuler* S. 126.

[98] Vgl. dazu *Bleuler* S. 317; *Hoff* I S. 422.

[99] Vgl. *Hagen* S. 134, 136, 131 ff. (statist. Erhebungen). Auf Befragen wurde von der Kieler Nervenklinik erklärt, daß bei den Aufnahmen die Geschlechterbeteiligung etwach gleichhoch sei.

[100] Vgl. dazu *Hagen* S. 98.

[101] Zumindest bei den kriminellen Schwachsinnigen dominiert der Beruf d. ungelernten landw. Gehilfen.

Ein auffälliges Verteilungsverhältnis der Psychosen auf Stadt und Land, den Schwachsinn möglicherweise ausgenommen, konnte jedenfalls nicht festgestellt werden[102].

5. *Die zeitliche Bewegung (Trends) der Geisteskrankheiten*

Insbesondere unter Nichtpsychiatern ist die Ansicht verbreitet, daß die Geisteskrankheiten im Ganzen zugenommen haben, — etwa, weil seit 1850 immer mehr Anstalten gebaut, die bestehenden vergrößert, neue Kliniken und Sonderabteilungen eingerichtet werden mußten. Ferner müßte das Erbgut, je länger die Menschheitsgeschichte dauert, um so verdorbener werden[103]. Dies würde die Annahme rechtfertigen, daß die kulturelle Entwicklung als eine wichtige Brutstätte für Geisteskrankheiten zu gelten hätte. Jedoch sind seit 100 Jahren mit der Entwicklung der medizinischen Forschung die Krankenanstalten im allgemeinen um ein Vielfaches gewachsen. Niemand wird daraus den Schluß herleiten, daß demzufolge auch die Zahl der somatischen Erkrankungen um ein Vielfaches gestiegen sei. So wie im allgemeinen Gesundheitswesen hat die Progression der Aufnahmen in den Irrenanstalten primär ihren Grund darin, daß die Anstalten mehr besucht werden, die Scheu vor ihnen abgenommen hat[104]. Hinzu kommt, daß der moderne Fürsorgegedanke die Geisteskranken nicht zugrunde gehen läßt, wie das früher häufig der Fall war[105].

Sicherlich hat die Verlängerung der durchschnittlichen Lebensdauer eine entsprechende Vermehrung der Alterspsychosen mit sich gebracht[106], worauf v. a. Hoff[107] hingewiesen hat.

Genau das Gegenteil ist bei der progressiven Paralyse zu beobachten. Sie galt vor etwa 70 Jahren als eine der häufigsten Geisteskrankheiten und ist heute dank der Polizeivorschriften und infolge der energischen Behandlung der Syphilis einschließlich der besseren Prävention der Geschlechtskrankheiten fast am Verschwinden[108].

---

102 So auch die Auskunft der Kieler Nervenklinik.

103 Vgl. dazu *Wyrsch* S. 12, 13.

104 Vgl. dazu *Wyrsch* S. 13; *Hagen* S. 97; *Kolle* I S. 79: aus den „Siechenhäusern für Unheilbare" wurden „Heil- und Pflegeanstalten".

105 Vgl. dazu *Bleuler* S. 123.

106 Vgl. *Wyrsch* S. 12; *Kolle* I S. 25.

107 *Hoff* I S. 130 stellt eine starke Zunahme alter Menschen z. B. in Wien fest: 1923 waren 5,2 % d. Bevölkerung im Alter v. 65—100 Jahren, 1951 bereits 12,8 %. Über die Aufnahmen an Alterspsychosen an der Wiener Heil- u. Pflegeanstalt vgl. S. 131.

108 Vgl. *Wyrsch* S. 14 (mit Hinweis auf Bonhoeffers Schrift: „Nervenärztliche Erfahrungen und Eindrücke", Berlin 1941). — Vgl. auch *Hoff* Bd. I

Ob sich die Zahl der Schwachsinnsformen auffällig verändert hat, ist schwer zu beurteilen. Da die Kindersterblichkeit geringer geworden ist könnte man vermuten, daß die Zahl angestiegen sei. Dafür ist dann aber sicher die Verbreitung der durch frühkindlichen Einfluß verursachten, insbesondere der geburtstraumatisch bedingten Schwachsinnsformen geringer geworden, und die mindere Intelligenz wird dafür heute besser geschult und geübt[109].

Etwas anderes gilt bei den exogenen Psychosen, weil hier die Ursachen der Krankheit durch äußere Verhältnisse gesetzt werden. Das betrifft insbesondere die später erworbenen hirntraumatisch bedingten Schwachsinnsformen und die traumatische Epilepsie, die als Folge zweier Weltkriege und der ständigen Zunahme der industriellen Entwicklung eine gewisse Bedeutung erlangt haben[110]. Dagegen scheint die Zahl der Suchten außerordentlich schwankend zu sein[111].

Bei den endogenen Psychosen ist eine Veränderung im Verhältnis zur Durchschnittsbevölkerung nicht zu beobachten. „Sie haben sich ... durch die beiden Weltkriege 1914—1918 und 1939—1945 in den westlichen Staaten, soviel man weiß, erstaunlich gleich verhalten, weder in besonderem Maße zu- noch abgenommen"[112], sind also dem Steigen und Sinken der Durchschnittsbevölkerung adäquat geblieben. Lediglich der „Inhalt" der Krankheitsbilder mag von „modernen" Umständen beeinflußt sein[113].

Im Ergebnis kann daher festgehalten werden: Nach Ansicht der verschiedenen Psychiater und nach Ergebnissen v. a. der deutschen empirischen Erbprognose (Rüdin und Luxenburger) hat sich — von den exogenen Schädigungen und den Alterspsychosen abgesehen — die

---

S. 104 über das Absinken der Paralyseaufnahmen an der Wiener Univ.-Klinik:

Jahr	Paralytiker insges.	davon Männer	davon Frauen
1931/32	856	565	291
1950/51	240	183	57

109 Vgl. *Wyrsch* S. 15.

110 Vgl. dazu *Wyrsch* S. 14 u. *Leonhardt* bei Rehwald: „Das Hirntrauma" S. 499.

111 Vgl. dazu die Darstellung bei *Kolle* II S. 271—275.

112 So *Wyrsch* S. 14 u. *Kolle* II S. 185 bezügl. der Schizophrenie: Während der Weltkriege „sind nicht mehr Menschen an Schizophrenie erkrankt als in den geruhsamen Friedenszeiten"; folglich seien körperliche Schäden oder Erlebnisse ohne Einfluß auf den Schizophrenieverlauf. — *Essen-Möller* S. 205, 207 hat v. a. darauf hingewiesen, daß die starke Vererbungstendenz trotz der geringeren Fortpflanzung der Schizophrenen und Epileptiker für eine gleichbleibende Verbreitung sorgt.

113 Vgl. *Wyrsch* S. 14.

Zahl der wichtigsten geistigen Störungen (Schwachsinn, endogene Psychosen) im ganzen nicht vermehrt[114].

IV. Zusammenfassung und Ergebnis

Die bisherigen Untersuchungen über die absolute Zahl der Geisteskrankheiten in Schleswig-Holstein haben zu folgenden Resultaten geführt:

a) Bei der Fixierung der Zahl der Geisteskranken bestehen auch heute noch erhebliche statistische und medizinisch differentialdiagnostische Schwierigkeiten, die sowohl den Begriff der „Geisteskrankheit" als auch die zahlenmäßigen Erhebungen über die Belastung der Durchschnittsbevölkerung mit Psychosen problematisch gestalten.

b) Für den Fortgang der Untersuchung mußte ein eigens auf den kriminologischen Zweck zugeschnittener Krankheitsbegriff geprägt und in einem entsprechenden Diagnoseschema aufgegliedert werden, um die verschiedenen forensisch interessanten psychotischen Krankheitsbilder systematisch zu ordnen.

c) Die Ermittlung der absoluten Zahl der Geisteskranken in Schleswig-Holstein erfolgte im Wege statistischer Erhebungen und zur Ergänzung der nur unzureichenden statistischen Methode an Hand empirischer Schätzwerte aus der psychiatrischen Literatur. In Anlehnung an diese Werte legen wir für die weitere Untersuchung folgende Zahlen — allerdings mit großem Vorbehalt — zugrunde: Die absolute Zahl der Geisteskranken in Schleswig-Holstein betrug im Jahre 1962 bei einer Einwohnerzahl von rd. 2.340.000 etwa rd. 55.700—88.800; das sind rd. 2,4 %—3,8 % der Durchschnittsbevölkerung. Danach entfielen auf etwa 300 Einwohner 7—11 Psychotiker, nach der rein statistischen Zählung nur einer. Diese Zahl umfaßt sowohl die endogenen, als auch die exogenen Psychosen, die Alterspsychosen, Suchten und alle Formen des Schwachsinns, nicht jedoch die Neurosen und Psychopathien.

Diese Zahlen sind infolge der Unsicherheit des statistischen Grundlagenmaterials allerdings nur mit großer Vorsicht zu gebrauchen.

d) Über die Streuung der einzelnen Psychosen in der Durchschnittsbevölkerung konnte nur auf Grund der Schätzwerte und des von Kretschmer nachgewiesenen statistischen Zusammenhangs von Konstitutionstyp und Psychose etwas ausgesagt werden. Danach sind der Schwachsinn und die endogenen Psychosen zahlenmäßig die bedeutendsten Geisteskrankheiten. Innerhalb der endogenen Psychosen nimmt die Schizophrenie im Verhältnis zur Zyklothymie und Epilepsie mit

[114] Vgl. dazu *Wyrsch* S. 13 mit Hinweis auf die Zählungen in der Schweiz (H. *Büchel*: „Spital- u. Sanatoriumsprobleme", Bulletin d. Eidg. Gesundheitsamtes 1958 Nr. 2) und die Forschungen *Rüdins* u. *Luxenburgers* um 1930.

mehr als 45 % die erste Position ein. Für Schleswig-Holstein kann, wenn man Kretschmers Theorie zugrunde legt, von einer noch größeren Zahl ausgegangen werden. Infolge der zunehmenden Überalterung ist auch die Zahl der Alterspsychosen gestiegen. Verglichen damit tritt die psychiatrische Bedeutung der anderen Psychosen oder Psychosegruppen erheblich zurück.

e) Die Geisteskrankheiten sind im übrigen annähernd gleich auf die Geschlechter verteilt.

f) Über die zeitliche Bewegung (Trents) der Geisteskrankheiten existieren so gut wie keine statistischen Unterlagen. Es besteht aber Grund zu der Annahme, daß die Psychosen als Ganzes weder progressiv gestiegen noch gesunken sind, sondern sich der Zunahme und dem Sinken der Durchschnittsbevölkerung adäquat verhalten.

Zweiter Abschnitt

Die Zahl der kriminellen Geisteskranken

Nach der Untersuchung über die Zahl der Geisteskranken in der Bevölkerung überhaupt geht es jetzt darum, aus diesem Personenkreis die Zahl der kriminellen Psychotiker, also die kriminelle Wertigkeit der Psychosen, zu ermitteln und Feststellungen über die zeitliche Bewegung, den Anteil der einzelnen Psychosen, über die Delikte, die Alters- und Geschlechterverteilung und über die sozialen und familiären Verhältnisse innerhalb dieser Gruppe zu treffen.

I. Begriffliche und methodische Erörterungen

Die Kriminellen unter den Geisteskranken wären auf folgende Weise statistisch zu finden:

a) In erster Linie müßte die Zahl der n. § 42 b i. V. m § 51 I, II StGB und

b) die Zahl der nach § 429 a StPO eingewiesenen Geisteskranken ermittelt werden;

c) — wäre zu klären, ob und wie zahlreich die Fälle sind, in denen die Staatsanwaltschaft bei Evidenz der Geisteskrankheit das Verfahren an die Ordnungsbehörde zwecks Einweisung nach dem schleswigholsteinischen Unterbringungsgesetz abgibt;

d) — müßte die Zahl der Fälle — insbesondere bei leichtem Schwachsinn — ermittelt werden, bei denen auf Sicherungsverwahrung erkannt wurde;

e) — wäre zu prüfen, ob es Fälle gibt, bei denen zwar wegen Vorliegens einer exculpierenden Geisteskrankheit freigesprochen, aber aus bestimmten Gründen eine Einweisung in eine Heil- und Pflegeanstalt nicht ausgesprochen wurde;

f) — wird das Problem der Anstaltskriminalität und

g) — schließlich das der Dunkelziffer zu erörtern sein.

Einzelheiten im Rahmen der Tat- und Täterphänomenologie sind allerdings nur bei den statistischen Erhebungen zu § 42 b, § 51 StGB zu erwarten.

1. Der Kriminalitätsbegriff und die Erhebungen nach § 42 b StGB, § 429 a StPO

Der Kriminalitätsbegriff, von dem hier ausgegangen wird, richtet sich ausschließlich nach den Unterbringungsvoraussetzungen des § 42 b StGB und des § 429 a StPO[115]. Dazu gehören zunächst nicht die Übertretungen i. S. d. § 1 III StGB. Zumindest problematisch sind die sog. Antragsdelikte. Nach der Rechtsprechung des Bundesgerichtshofs bedarf jedoch die Unterbringung nach § 429 a StPO bei Antragsdelikten nicht eines Strafantrags des Verletzten, weil das Interesse der Allgemeinheit hier stets vorrangig ist[116].

Unter „Kriminalität" ist also im Rahmen dieser Untersuchung begrifflich ein mit Strafe bedrohtes Verhalten zu verstehen, das i. S. d. § 1 StGB tatbestandlich und rechtswidrig ein Verbrechen oder Vergehen, einschließlich der Antragsdelikte, umfaßt, nicht jedoch Übertretungen i. S. d. § 1 III StGB.

Hinsichtlich der Unterbringungsvoraussetzungen lehnt sich § 42 b StGB — abgesehen von dem Vorliegen eines oben definierten kriminellen Verhaltens — an § 51 StGB an. § 51 I StGB seinerseits setzt voraus, daß der Täter zur Zeit der Tat „wegen Bewußtseinsstörung, wegen krankhafter Störung der Geistestätigkeit oder wegen Geistesschwäche unfähig ist, das Unerlaubte der Tat einzusehen oder nach dieser Einsicht zu handeln". Wie sich aus der Formulierung ergibt, sind vom Gesetz biologisch als zurechnungsunfähig zunächst die eigent-

---

[115] § 42 b StGB befaßt sich nur mit dem „verbrecherischen Geisteskranken", der im *Rahmen* seiner Psychose kriminell wird, nicht mit dem „geisteskranken Verbrecher" als einem psychotisch erkranktem Kriminellen. Letzterer gehört in die Problematik des Strafvollzuges. Ob im übrigen der Begriff des „kriminellen Geisteskranken" dogmatisch sauber ist, ist eine Frage des Standpunktes. *Exner* S. 195 hat treffend bemerkt: „Es sind Mediziner, die diesen Wortgebrauch geschaffen haben. Für den Juristen schließen sich Verbrechen und Geisteskrankheit aus." Nicht jedoch für den Kriminologen — vgl. *Seelig* S. 20.

[116] Vgl. BGHStr. 5/140; *Bruns* i. JZ 1954 S. 731.

lichen Geisteskranken gedacht[117], expressis verbis aber auch die Schwachsinnigen[118].

In der psychiatrischen Literatur ist man sich grundsätzlich darüber einig, daß bei Vorliegen einer echten Psychose Zurechnungsunfähigkeit gegeben ist[119], denn „sie stellen ... einen so unberechenbaren und unüberschaubaren Eingriff in das Wesen und Handeln des Menschen dar, daß dann stets § 51 I StGB gerechtfertigt ist“[120]. Schneider ist sogar der Meinung, daß das Vorhandensein dieser psychopathologischen Zustände für sich schon genügt, ohne daß noch nach der Fähigkeit der Einsicht oder der Fähigkeit, nach dieser Einsicht zu handeln, gefragt zu werden braucht, denn diese Fragen „sind nun tatsächlich unbeantwortbar“[121]. Bei den endogenen Psychosen wird man sogar bei den leichteren Formen Zurechnungsunfähigkeit annehmen müssen[122]. Bei der Anwendung des § 51 StGB ist jedoch grundsätzlich zu trennen zwischen den echten Psychotikern und den Schwachsinnigen. Ein großer Teil der oligophrenen Täter erhält nur den Schutz des § 51 II StGB[123]. Bei den Suchten ist i. d. R. mit der Anwendung des § 51 I zu rechnen[124]. Mindestens § 51 II ist bei den Alterspsychosen indiziert[125]. Etwa das gleiche dürfte für die exogenen Psychosen gelten[126].

117 Vgl. dazu *Mezger* I § 40 II 2.

118 Ob der Ausdruck „Schwachsinn“ in § 51 I „dem schon Genannten (krankhafte Störung der Geistestätigkeit) nichts wesentlich Neues hinzusetzt“, wie *Mezger* I § 62, 4 meint, oder ob das Gesetz nach Ansicht *Bleulers* S. 433 lediglich dem Streit um den Krankheitswert der Oligophrenie ausweichen wollte, sei hier dahingestellt. Entscheidend ist, daß das Gesetz den Schwachsinn als Exculpations- und Einweisungsgrund vorsieht.

119 Vgl. dazu *Hellenthal* S. 53 (mit Lit. Hinweisen), S. 132; *Scheider* I S. 20 bis 22; *Mezger* II S. 7, 8; *Kolle* II S. 330; *Bleuler* S. 432, 480. — Für die Zyklothymie vgl. *Langelüddeke* S. 383; *Lemke* S. 337. — Für die Schizophrenie vgl. *Langelüddeke* S. 378; *Lemke* 368. — Für die Epilepsie vgl. *Schorsch* i. Psych. d. Geg. II S. 686; *Lemke* S. 312, 324; *Langelüddeke* S. 311, 365. — Für die progressive Paralyse vgl. *Langelüddeke* S. 316, 317; *Lemke* S. 289.

120 So *Schneider* I S. 22; ähnlich auch *Seelig* S. 183; *Mezger* II S. 8.

121 So *Schneider* I S. 13 u. 14: „Mit Vorhandensein der psychopathologischen Tatbestände nehmen wir, wenn sie da sind, stillschweigend an, daß die Fähigkeit der Einsicht oder die Fähigkeit, nach dieser Einsicht zu handeln, nicht vorlagen.“ Ähnl. auch S. 20; vgl. auch *Mezger* II S. 8; a. A. *Hellenthal* S. 134.

122 So *Schneider* I S. 22; *Langelüddeke* S. 378; wohl auch *Bleuler* S. 433; a. A. *Hellenthal* S. 91.

123 Bei der Beurteilung wird im allgemeinen auf den Grad der Intelligenzschwäche abgestellt, vgl. *Kolle* II S. 330: bei erheblichem Schwachsinn ist § 51 I anzuwenden, ähnl. *Lemke* S. 274 u. *Bleuler* S. 433; *Hellenthal* S. 132 u. *Langelüddeke* S. 305 geben der Idiotie generell den Schutz des § 51 I; *Langelüddeke* S. 306: bei den übrigen Schwachsinnsformen — § 51 I o. II; ähnl. *Hellenthal* S. 91.

124 Vgl. *Langelüddeke* S. 351; *Lemke* S. 302 (grundsätzl. § 51 I, u. U. aber auch § 51 II).

125 Vgl. v. a. *Langelüddeke* S. 330.

126 So bei postencephalitischen Zuständen — vgl. *Langelüddeke* S. 323; *Bleuler* S. 433. — Bei den hirntraumatisch bedingten Psychosen — vgl. *Leonhardt* bei Rehwald: „Das Hirntrauma“ S. 500—503, *Lindenberg* bei Rehwald „Das Hirntrauma“ S. 510—511 und *Costa* bei Rehwald „Das Hirntrauma“ S. 512—513: soweit chronische Hirntraumafolgen den Grad einer Psychose erreichen ist i. d. R. die Einsichtsfähigkeit aufgehoben oder vermindert. Bezüglich der exogenen Psychosen im allgemeinen vgl. *Bleuler* S. 433.

Die statistischen Erhebungen auf der Grundlage der §§ 42 b, 51 StGB würden also zahlenmäßig die kriminellen Geisteskranken erfassen, Schwierigkeiten könnte lediglich die „Bewußtseinsstörung" als dritte Variante des § 51 I StGB bereiten, da sie nicht im medizinischen Sinne pathologischer Natur zu sein braucht[127]. Indessen spielen die Bewußtseinsstörungen, soweit sie nicht Symptome einer Psychose sind und damit bereits der krankhaften Geistesstörung unterfallen, statistisch keine Rolle, weil sie als lediglich vorübergehende, die Zurechnungsfähigkeit ausschließende Zustände eine Einweisung in eine Heil- und Pflegeanstalt nicht rechtfertigen[128]. Die Koppelung des § 42 b mit § 51 StGB ohne jede Einschränkung mag aus diesem Grunde unglücklich sein, — wichtig ist aber, daß die „Bewußtseinsstörung" die Zahl der eigentlich kriminellen *Geisteskranken* nicht berührt.

Problematischer sind dagegen die Psychopathien. Nicht nur wegen ihrer schwierigen differentialdiagnostischen Abgrenzung zu den echten Psychosen, sondern weil man sich in der Literatur noch nicht darüber einig ist, ob und wie weit sie unter § 51 StGB fallen[129]. In der Regel ist jedoch die Rubrik, in die die Mehrzahl von ihnen gehört, bestenfalls die verminderte Zurechnungsfähigkeit des § 51 II StGB[130]. Obgleich Psychopathen für den Krankenhausbetrieb einer Heil- und Pflegeanstalt ungeeignet und störend sind[131], und das ganz sicher, wenn es sich um nur vermindert Zurechnungsfähige handelt, besteht immerhin die Möglichkeit einer Einweisung n. § 42 a ff. StGB. Die Zahl solcher Einweisungen ist sicher gering, aber nicht festzustellen. Man kann das Problem verabredungsgemäß dadurch ausklammern, daß man die Zahl der n. § 42 b StGB untergebrachten kriminellen Geisteskranken um diese Möglichkeit als zu hoch angesetzt betrachtet.

Zusammenfassend kann also hinsichtlich der statistischen Verwertbarkeit festgehalten werden: bei den nach § 42 b i. V. m. § 51 StGB eingewiesenen Zurechnungsunfähigen oder vermindert Zurechnungsfähigen handelt es sich in aller Regel um kriminelle *Geisteskranke*.

---

[127] Vgl. *Hellenthal* S. 32, 33, 133; *Mezger* I § 59; *Schönke*-Kom.: § 51 Anm. 4.

[128] Vgl. RGStr. 69/12, 242; 73/305; *Schönke-Kom.* zu § 42 b Anm. 10; BGHStr. 7/35; *Baumann* § 44 II 1 c.

[129] Über den Stand der verschiedenen Meinungen vgl. v. a. *Schönke*-Kom. § 51 Anm. 6.

[130] *Birnbaum* I S. 555: „Psychopathie und Unzurechnungsfähigkeit zu identifizieren wird keinem einfallen, der die Psychopathen wirklich kennt. Vielfach wird er sogar trotz bestehender ... Psychopathie für volle Zurechnungsfähigkeit sich aussprechen dürfen, weil kleine psychische Abweichungen und Mängel in dieser Hinsicht völlig belanglos sind; zumal dann, wenn sie nachweislich das Maß der sozialen Brauchbarkeit und Leistungsfähigkeit nicht beeinträchtigen, und das kommt oft genug vor." Vgl. auch *Schneider* I S. 22, 23; *Mezger* II S. 23, 24.

[131] Vgl. ausführl. *Langelüddeke* S. 66, 77 ferner *Bruns* i. JZ 1954 S. 732; BGHStr. 5/313.

2. *Die anderen Quellen über die Gesamtzahl der kriminellen Geisteskranken und das Problem der Dunkelziffer*

Bei den nach den §§ 42 b, 51 I oder II StGB, § 429 a StPO Eingewiesenen handelt es sich um den weitaus größten Teil der statistisch erfaßbaren kriminellen Psychotiker, — aber eben nicht um alle. Folglich muß den weiteren Quellen nachgegangen werden, wobei von vornherein bemerkt sei, daß man eine abschließende Zählung kaum erwarten darf.

a)

So wäre zunächst die Frage zu klären, ob und wie zahlreich die *Fälle* sind, in denen die *Staatsanwaltschaft* bei Evidenz der Geisteskrankheit das Verfahren an die Ordnungsbehörde zwecks Einweisung nach dem schleswig-holsteinischen Unterbringungsgesetz *abgibt*. Dazu wurde übereinstimmend von den Oberstaatsanwälten der 4 Landgerichte Schleswig-Holsteins erklärt, daß grundsätzlich bei Begehung eines Vergehens oder Verbrechens durch einen Geisteskranken das schleswig-holsteinische Unterbringungsgesetz im Verhältnis zu § 42 b StGB als subsidiär betrachtet wird, weil der Legalitätsgrundsatz des § 152 II i. V. m. § 160 StPO die StA verpflichtet, wegen aller gerichtlich strafbaren und verfolgbaren Handlungen einzuschreiten, soweit zureichende tatsächliche Anhaltspunkte vorliegen. Ist die Geisteskrankheit des Täters evident und § 51 I StGB zu erwarten, so wählt die StA i. d. R. das Verfahren n. § 492 a StPO. Das bedeutet also, daß bei Vorliegen eines psychotisch bedingten Vergehens oder Verbrechens in der Praxis keine Abgabe des Verfahrens von der StA an die Ordnungsbehörde erfolgt[132]. Dagegen werden Übertretungen durch Geisteskranke von der StA i. d. R. nicht verfolgt, und zwar nach Maßgabe des § 170 II 1 StPO bei § 51 I StGB, weil eine Einweisung n. § 42 b I 1, I 2 StGB nicht zulässig ist, oder nach Maßgabe des § 153 I StPO bei geringer Schuld des Täters i. S. d. § 51 II StGB, — es sei denn, daß die StA ein öffentliches Interesse an der Herbeiführung einer gerichtlichen Entscheidung annimmt. Im allgemeinen werden Einweisungsmaßnahmen dann der Ordnungsbehörde überlassen. Da aber Übertretungen im Rahmen dieser Untersuchung verabredungsgemäß nicht unter den Begriff der „Kriminalität" fallen, kommen insoweit statistisch keine neuen Zahlen hinzu.

---

132 Ob die oben wiedergegebene Interpretation des § 152 II StPO und die Begründung der Subsidiarität des Unt.G mit Hinweis auf das Legalitätsprinzip dogmatisch der einzige Weg sind, ist zumindest nicht sicher. § 152 II StPO verpflichtet die StA nur zum Einschreiten, nicht aber, das Strafverfahren bis zum Urteil durchzuführen, wie v. a. aus den §§ 170 II 1, 172, 197 I, 198, 208 StPO zu ersehen ist. Vgl. auch die Kann-Vorschrift in § 429 a StPO. Indessen kommt es hier nur darauf an, in welcher Weise und mit welcher Begründung die Praxis im Verhältnis zwischen § 42 b StGB und dem schleswig-holsteinischen Unt.G verfährt.

Indessen werden Vergehen und Verbrechen solcher Geisteskranker von der StA i. d. R. auch nicht verfolgt, die nach Einweisung im Rahmen des § 42 b StGB oder des § 1 Unt.G aus der Anstalt entwichen sind und dabei bzw. danach eine mit Strafe bedrohte Handlung begangen haben, — weil in Anbetracht der bereits ausgesprochenen Einweisung eine erneute Unterbringung nicht mehr i. S. d. § 42 b I StGB erforderlich ist[133]. Das gilt aber nur in Fällen des § 51 I StGB, nicht dagegen bei § 51 II, da ja erneut eine Strafe ausgesprochen werden kann. Jedoch sind derartige Fälle statistisch nicht zu erfassen, da die Staatsanwaltschaften darüber keine Zählungen veranstalten. Es wurde aber bestätigt, daß die Zahl solcher Fälle ausgesprochen gering ist und daher bei den statistischen Erhebungen nicht ins Gewicht fällt.

b)

Ferner müßte geklärt werden, inwieweit bei leichtem *Schwachsinn*, der hier zu den Geisteskrankheiten zählt, im Rahmen des Maßnahmenrechts auf *Sicherungsverwahrung* n. § 42 e StGB erkannt wurde. Diese Fälle würden statistisch hierher gehören.

Hellmer[134] fand in Deutschland unter den von ihm untersuchten Sicherungsverwahrten des Zeitraums 1934 bis 1945 4 % bis 6 % debil schwachsinnige Täter. Überträgt man diesen Prozentsatz auf Schleswig-Holstein und auf die heutige Zeit, so ergibt sich folgendes Bild:

Tabelle 7

Jahr	Sicherungsverwahrte in Schleswig-Holstein (Zugänge lt. Kriminalstatistik) Zahl insg.	davon: männl.	weibl.
1956	13	5	8
1957	2	—	2
1958	7	—	7
1959	5	1	4
1960	keine Angaben		
1961	5	1	4
1962	7	1	6
	39	8	31

Demzufolge könnte man davon ausgehen, daß sich unter der Gesamtzahl von 39 Sicherungsverwahrten — eine jährliche Errechnung brächte nur Bruchwerte — 4 % bis 6 %, also etwa 2 bis 3 Schwachsinnige befänden, die statistisch zu den kriminellen Geisteskranken zu zählen wären.

---

133 Vgl. BGH i. NJW 58 S. 1643; *Böning* Schlesw.-Holst. A 1960 S. 159 ff.

134 *Hellmer* S. 148 ff., 156.

c)

Zur Vervollständigung wäre ferner zu prüfen, ob es Fälle gibt, bei denen zwar wegen Vorliegens einer exculpierenden Geisteskrankheit freigesprochen, oder bei § 51 II StGB eine Strafe ausgeworfen, aber aus bestimmten Gründen eine *Einweisung* in eine Heil- und Pflegeanstalt *nicht* ausgesprochen wurde, obgleich eine als Verbrechen oder Vergehen mit Strafe bedrohte Handlung gegeben war.

Derartige Fälle, von denen auch in der Literatur gesprochen wird[135], sind der Praxis durchaus bekannt.

Trotz Vorliegen eines Vergehens oder Verbrechens kann die Einweisung eines Geisteskranken aus folgenden Gründen mangels zukünftiger Gefährlichkeit abgelehnt werden:

1. **Der Krankheitsschub (z. B. bei der Schizophrenie) oder die Phase (bei der Zyklothymie) ist beendet, neue nicht zu erwarten.**
2. **Die Kriminalität des Geisteskranken ist nicht erheblich (Ermessen des Gerichts).**
3. **Betreuung, freiwillige Aufnahme, Entmündigung oder ähnliche Maßnahmen stehen unmittelbar in Aussicht und können zur Sicherung ausreichen.**
4. **Die einstweilige Unterbringung n. § 126 a StPO hat bereits eine praktische Heilung ergeben.**

Indessen ist eine einheitliche Behandlung dieser Grenzfälle nicht möglich. Die „Erforderlichkeit" der Einweisung und die Zukunftsprognose sind reine Ermessensfragen, die sehr verschieden — sei es von der Staatsanwaltschaft, sei es vom Gericht — gehandhabt werden können. Ein einheitlicher Maßstab in der Beurteilung dieser Fälle ist also nicht vorhanden, folglich ist auch ihre statistische Erfassung nicht möglich. Eine Ermittlung auf der Grundlage der amtlichen Kriminalstatistik scheint rein technisch aussichtslos, da die Fälle i. S. d. § 51 I ohne nachfolgende Einweisung unter den Freisprüchen, die Fälle i. S. d. § 51 II ohne nachfolgende Einweisung unter den Verurteilungen registriert werden.

Auf die Frage nach Schätzwerten an Hand der Praxis wurde bei den Staatsanwaltschaften mitgeteilt, daß bei kriminellen Geisteskranken i. d. R. eine Internierung erfolge und nur in relativ seltenen Ausnahmefällen von einer Einweisung Abstand genommen werde. Wo man zu einer Mitteilung von Schätzwerten bereit war, wurde vorsichtig vermutet, daß die Zahl der Geisteskranken, bei denen keine Einweisung ausgesprochen wurde, etwa 1/5 bis maximal 1/4 aller der StA bekannt gewordenen mit Strafe bedrohten Verbrechen oder Vergehen psychotischer Täter ausmachen dürfte.

---

[135] Vgl. dazu v. a. *Bleuler* S. 104, 163, 318, 339; *Kolle* II S. 155, 236; *Langelüddeke* S. 306.

Im Rahmen des eigenen Aktenstudiums ist der gleichen Frage nachgegangen worden. Dabei konnte erstens festgestellt werden, daß neben 102 aktenmäßig erarbeiteten Einweisungen des Zeitraums 1956—1962 noch zusätzlich 8 Fälle den Geschäftsstellen in Erinnerung waren, bei denen eine Internierung trotz Geisteskrankheit nicht ausgesprochen wurde. Das entspricht etwa 7 % im Verhältnis zu den Einweisungen. Diese Zahl ist aber sicherlich zu niedrig. Zweitens wurden an Hand des Aktenmaterials über die 102 Einweisungsfälle alle Anmerkungen über frühere Entscheidungen n. § 51 I oder II ohne nachfolgende Einweisung registriert. Die dabei ermittelten absoluten Zahlen finden sich im Rahmen der Untersuchung über früheres kriminelles Verhalten der jetzt eingewiesenen Psychotiker in Übersicht XIX im Anhang (vgl. auch Tab. 37). Dabei fanden sich 41 derartige gerichtliche Entscheidungen ohne nachfolgende Einweisung. Man muß diese Ziffer nun auf die Gesamtzahl der 102 Fälle beziehen, um das Verhältnis zwischen den Einweisungen n. § 42 b und den Entscheidungen n. § 51 I oder II ohne nachfolgende Internierung herauszufinden, wobei allerdings vorauszusetzen ist, daß letztere ebenfalls in die Beobachtungszeit von 1956 bis 1962 fallen. Aus Übersicht XIX ist dies nicht ersichtlich. Indessen konnte an Hand der Akten ermittelt werden, daß etwa die Hälfte[136] aller Verfahren, in denen trotz Kenntnis der Geisteskrankheit keine Einweisung angeordnet wurde, in die Beobachtungszeit fielen, so daß also in der Zeit von 1956 bis 1962 rein zahlenmäßig 102 Entscheidungen mit und etwa 20 ohne nachfolgende Internierung in einem Verhältnis von ca. 5 : 1 gegenüberstehen. Die Frage bleibt natürlich offen, ob dieses Verhältnis allgemein als repräsentativ gelten kann.

Immerhin deutet vieles darauf hin, daß die von den Staatsanwaltschaften mitgeteilten Schätzwerte richtig sein dürften, so daß sich für den Zeitraum 1956—62 statistisch die Gesamtzahl der kriminellen Geisteskranken um etwa 1/5 bis 1/4 erhöht[137].

d)

Die *Kriminalität* der Geisteskranken *innerhalb der Anstalten* stellt sowohl statistisch als auch sachlich ein Problem dar. Statistisch deswegen, weil es darüber keine Zählungen gibt; die wenigen Auskünfte, die zu erhalten waren, besagen jedoch, daß es sich bei der Anstaltskriminalität um ausgesprochene Ausnahmefälle handelt. Und sachlich problematisch ist sie aus verschiedenen Gründen: Erstens sind Eigentums-, Vermögens-, Sittlichkeitsdelikte und Brandstiftungen mangels Gelegenheit oder infolge der Aufsicht des Anstaltpersonals praktisch nicht zu beobachten. Was tatsächlich, im allgemeinen jedoch selten vorkommt, sind Selbstverstümmelungen, Suicidversuche und — was hier von Interesse ist — Aggressionen verschiedener Intensität gegen Mitpatienten, Ärzte und Angehörige des Pflegepersonals. Zweitens ist es bei diesen Aggressionen schwierig, zwischen bloßer Aufsässigkeit und echter Kriminalität eine klare Grenze zu ziehen. Und selbst dort,

---

136 Die genaue Zahl war nicht herauszufinden.

137 — jedoch mit der Einschränkung, daß es sich dabei um einen statistisch nicht genauen Schätzwert handelt.

wo wirklich von kriminellen Handlungen die Rede wäre, finden sich wegen der verschiedenen Voraussetzungen kaum Vergleichsmöglichkeiten zu den Verhaltensweisen außerhalb der Anstalt. Die Kranken in den geschlossenen Abteilungen befinden sich in einer außergewöhnlichen Situation. Zwar sind Ärzte und Pflegepersonal bemüht, die Intensität der Krankheitsverläufe zu neutralisieren und die Patienten weitgehend zu beruhigen. Dennoch begegnet den Kranken in einer Anstalt eine für sie ungewohnte und vielfach unüberschaubare Welt medizinischer Technik, verbunden mit beengenden Sicherungsvorkehrungen. Und der Kranke, der meist allein schon durch seinen psychopathologischen Zustand verängstigt ist, glaubt sich so gut wie in ein Gefängnis versetzt, in dem mit ihm alle möglichen Experimente vorgenommen werden und erwartet, daß nun auch noch weiteres Unheil über ihn hereinbrechen, daß er weiter verfolgt, mißhandelt, ganz zu Unrecht eingesperrt werde. Er versucht daher zu entweichen oder sich gegen die drohende Gefahr zur Wehr zu setzen. Daß der Kranke unter dem Eindruck dieser ungewohnten, noch dazu von ihm in pathologisch verzerrter Weise verarbeiteten, von ihm weder gewählten noch gewollten, sondern ihm zwangsweise auferlegten Umwelt aggressiv werden kann, nimmt kaum Wunder[138]. Und trotzdem ist die Zahl derartiger Fälle gering, sind die Patienten bei sachgemäßer Behandlung im allgemeinen ungefährlich. Beweis dafür ist die Tatsache, daß in den großen Krankensälen der Anstalten vielfach nur ein Pfleger gestellt wird, in einer Strafanstalt dürfte man das kaum riskieren[139].

Das bedeutet also, daß man die Anstaltskriminalität — abgesehen von ihrer statistisch nicht erfaßbaren Größe — wegen ihrer anderen äußeren und psychologischen Ursachen lediglich als ein Symptom der Zwangsbehandlung betrachten und kaum mit dem asozialen Verhalten der Psychotiker außerhalb der Anstalt vergleichen kann. Aus diesem Grunde scheint es geboten, die Anstaltskriminalität bei den Erhebungen über die Kriminalität der Geisteskranken außer Betracht zu lassen.

e)

Die *Dunkelziffer* umfaßt, und das gilt zunächst auch für die geisteskranken Täter, „das Vielfache der wahren Kriminalität gegenüber der statistisch erfaßten Kriminalität ...“[140]; sie ist der Unterschied zwischen der tatsächlichen und der gerichtlich aufgeklärten Zahl der Straftaten[141].

---

138 Vgl. dazu *Hoff* III S. 25.

139 Vgl. *Hoff* III S. 26.

140 Vgl. *Seelig* S. 206.

141 Vgl. *Burchardt* S. 42.

Indessen ist die Dunkelziffer bei den kriminellen Geisteskranken in doppeltem Sinne problematisch: sie ist erstens bei den verschiedenen Deliktsarten unterschiedlich[142] und umfaßt zweitens auch die Zahl der Fälle, bei denen im Strafprozeß die psychotische Erkrankung des Täters überhaupt nicht erkannt wurde.

Für beide Probleme ist wiederum die grundsätzliche Trennung zwischen schwachsinnigen und psychotischen Tätern bedeutsam. Soweit es sich um die Frage nach den unaufgeklärten Straftaten handelt, kann man davon ausgehen, daß schwachsinnige Täter viel leichter gefaßt werden. Ihr kriminelles Verhalten ist vielfach[143] so töricht, daß der Täter angezeigt werden muß. Auch bei dem zweiten Problem ist anzunehmen, daß der Schwachsinn meist zu auffällig ist, um in Strafprozessen übersehen zu werden.

Ganz allgemein werden aber Fälle durchaus vorkommen, bei denen die geistige Erkrankung des Täters im Prozeß nicht erkannt wurde.

Die bestehenden diagnostischen Unsicherheiten bei der Beurteilung der geistigen Erkrankung, des Vorhandenseins der exculpierenden Voraussetzungen des § 51 StGB und die Abgrenzung zu den psychopatischen Charaktervarianten bereiten noch heute zu große Schwierigkeiten, um eine Verkennung der Psychosen in den Strafprozessen gänzlich zu vermeiden. Derartige Fälle haben auch in der Literatur Erwähnung gefunden[144]. Kolle[145] stellt fest, daß bei der Oligophrenie besonders die leichten Formen des Schwachsinns oft nicht erkannt werden. Zuweilen problematisch sind auch die endogenen Psychosen, v. a. die Schizophrenie und die Zyklothymie. Besonders die „schleichenden" Formen — bei der Schizophrenie die symptomarme Hebephrenie[146] oder leidlich geordnete Manien bei der Zyklothymie — sind oft oberflächliche, schwer diagnostizierbare Geisteskrankheiten[147]. Unter Landstreichern und den Tätern der kleinen Kriminalität finden sich nicht selten Schizophrene, deren Erkrankung lange Zeit unerkannt geblieben ist[148]. Dazu verweist Langelüddeke[149] auf die Wilmannsschen Untersuchungen über 52 Lebensläufe solcher schizophrener Landstreicher, die „z. T. noch in jugendlichem Alter stehend, zusammen nicht weniger als 1836 mal ... bestraft wurden". Dabei hätten nach geltendem Recht die Mehrzahl von ihnen exculpiert werden müssen.

Auch bezüglich der progressiven Paralyse stellt Langelüddeke[150] fest, daß die geistige Erkrankung vielfach erst sehr spät erkannt werde.

---

142 Vgl. hierzu *Burchardt* S. 42: Bei den Sittlichkeitsdelikten, Brandstiftungen, Abtreibungen ist sie bedeutend höher als bei Mord, gefährlicher Körperverletzung, Urkundenfälschung. Vgl. auch über die Schätzungen bei den verschiedenen Deliktsarten *Seelig* S. 206 (mit Literaturhinweisen).

143 Vgl. dazu die Darstellung im Dritten Teil.

144 Vgl. hierzu allgemein *Exner* S. 195.

145 Vgl. *Kolle* II S. 134.

146 Daher auch die Bezeichnung „Dementia simplex".

147 Vgl. dazu *Frank* S. 17; *Hirsch* S. 3; *Kolle* II S. 145, 162, 168; *Weitbrecht* in Psych. d. Geg. S. 96.

148 Vgl. *Frank* S. 17.

149 Vgl. *Langelüddeke* S. 376.

150 Vgl. *Langelüddeke* S. 317.

Ausgehend von den Deliktsarten fand Aschaffenburg[151] unter 200 von ihm untersuchten Sittlichkeitsverbrechern 22 % unerkannt geisteskranke Täter[152].

Auch die Untersuchungen an Hand des eigenen Materials haben ergeben, daß gegen 32 von 102 jetzt eingewiesenen kriminellen Geisteskranken bereits früher, aber nach der Manifestation der geistigen Erkrankung Strafverfahren durchgeführt wurden, in denen die Psychose unentdeckt geblieben ist (vgl. Übersicht XIX im Anhang und Tab. 37).

Die Überlegungen haben also gezeigt, daß den statistischen Erhebungen im Rahmen der §§ 42 b, 51 StGB, § 429 a StPO die wesentlichste Bedeutung bei der Ermittlung der kriminellen Geisteskranken zukommt. Die Anstaltskriminalität und die Dunkelziffer sind dabei außer Betracht geblieben. Zu der Gesamtzahl waren lediglich aus dem Bereich der Sicherungsverwahrung eine geringe Quote, im übrigen eine größere Anzahl von Fällen hinzugekommen, bei denen trotz Vorliegen einer geistigen Erkrankung eine Einweisung n. § 42 b StGB nicht angeordnet wurde.

II. Die Zahl der kriminellen Geisteskranken in Schleswig-Holstein

1. *Jährliche Zahlen und zeitliche Bewegung*

Das Statistische Landesamt Schleswig-Holstein hat die im Zählkartenverfahren ermittelten Daten zur Verfügung gestellt. Allerdings sind die statistischen Unterlagen nur vom Jahre 1956 an erhalten, so daß das Auswertungsmaterial begrenzt ist. Danach wurden für den Zeitraum 1956—1962 in Schleswig-Holstein insgesamt 132 Einweisungen n. § 42 b i. V. m. § 51 StGB ermittelt. Dabei gliedern sich die Zahlen im einzelnen wie folgt:

Tabelle 8

Jahr	Nach § 42 b i. V. m. § 51 StGB untergebrachte kriminelle Geisteskranke in Schleswig-Holstein insg.	davon § 51 I	§ 51 II
1956	13	11	2
1957	22	21	1
1958	22	16	6
1959	16	12	4
1960	19	12	7
1961	17	14	3
1962	23	10	13
insg. 1956—62:	132	96	36

[151] Vgl. *Aschaffenburg* S. 213.

[152] Vgl. dazu auch *Exner* S. 195; *Hirsch* S. 3.

Eine Gegenüberstellung mit der zeitlichen Bevölkerungs- und Kriminalitätsbewegung ergab folgendes Bild (vgl. d. Übersicht II mit absoluten Zahlen im Anhang):

Tabelle 9

Jahr	Bewegung von Bevölkerung, Straffälligkeit und kriminellen Geisteskranken in relativen Zahlen (Zeitraum 1956—62 = 100 % gesetzt) Bevölkerung	Straffällige	kriminelle Geisteskranke
1956	12 %	12 %	9 %
1957	13 %	13 %	17 %
1958	13 %	12 %	17 %
1959	14 %	15 %	12 %
1960	15 %	15 %	14 %
1961	16 %	16 %	13 %
1962	17 %	17 %	18 %
	100 %	100 %	100 %

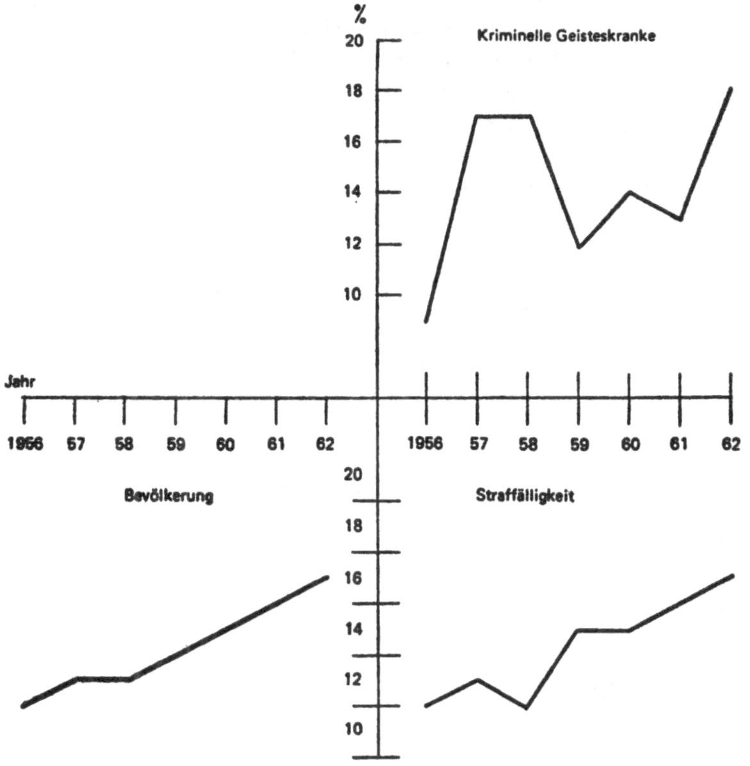

Abb. 2. Zeitliche Bewegung von Bevölkerung, Straffälligkeit und kriminellen Geisteskranken in Schleswig-Holstein (vgl. Tab. 9).

Ein Vergleich der drei Kurven (vgl. Abb. 2) miteinander erweckt den Eindruck, als unterliege die Kriminalitätsbewegung der Geisteskranken völlig eigenwilligen Gesetzmäßigkeiten, während Bevölkerungs- und allgemeine Kriminalitätsbewegung — von leichten Schwankungen abgesehen — etwa proportional verlaufen. Indessen darf man nicht vergessen, daß man es bei den eingewiesenen kriminellen Geisteskranken nur mit kleinen Zahlen zu tun hat, die bei geringfügiger Veränderung der absoluten Größen sofort eine großräumige Veränderung im Kurvenbild verursachen. Insofern sind die Kurvenverläufe also nur begrenzt vergleichbar. Deutlich wird jedoch, daß die steigende Tendenz als Bewegungsrichtung auch bei den Psychotikern zu beobachten ist. Man wird daraus den Schluß ziehen dürfen, daß die zeitliche Bewegung der Kriminalität Geisteskranker keinen nachweisbaren Besonderheiten unterliegt, wobei für den unruhigen Kurvenverlauf in erster Linie die geringen absoluten Zahlen verantwortlich sind.

2. *Einzelne Psychosen, Psychosegruppen und ihre zeitliche Bewegung*

Um die Streuung der einzelnen psychopathologischen Krankheitsbilder in der Gruppe der *kriminellen* Geisteskranken zu untersuchen, wurde in das gerichtliche Aktenmaterial Einsicht genommen. Aus diesen Unterlagen konnten aus technischen Gründen[153] nur 102 Fälle erarbeitet werden, wodurch das ohnehin geringe Ausgangsmaterial zwar noch begrenzter wurde, aber in jeder Hinsicht als repräsentativer Querschnitt gelten kann.

Gliedert man die kriminellen Geisteskranken zunächst in die 3 großen Hauptgruppen, so ergibt sich, daß die eigentlichen Psychosen mit 46 % an Häufigkeit überwiegen. Der Schwachsinn ist annähernd gleichstark mit 43 % beteiligt, die Suchten dagegen nur mit 11 % (vgl. Tab. 10).

Tabelle 10

Hauptgruppen	Geisteskrankheiten		Insg.: 102 Fälle davon absolute Zahlen	% der Gesamtzahlen
A	*Schwachsinn* Angeborene und erworbene Formen	insg.:	44	43
B	*Psychosen* (i. e. S.) Endogene, exogene und Alterspsychosen	insg.:	47	46
C	*Suchten*	insg.:	11	11
A—C	Geisteskrankheiten	insg.:	102	100

[153] Da es sich in der Regel um laufende Verfahren handelt, befand sich ein Teil der Akten im Geschäftsgang oder zwecks erneuter Begutachtung bei den Leitern der Heil- und Pflegeanstalten und war damit für die Untersuchung nicht greifbar.

Während die Gruppen A und C symptomatologisch und — wie sich noch zeigen wird — auch kriminologisch eine gewisse Geschlossenheit aufweisen, ist dies bei der Hauptgruppe B nicht der Fall. Ihre Zusammensetzung ist zum Teil willkürlich. Beispielsweise kann man über den Standort der zahlenmäßig stark vertretenen Alterspsychosen verschiedener Meinung sein. Symptomatologisch sind sie mit dem Schwachsinn viel mehr verwandt als etwa mit der Schizophrenie. Andererseits gehören sie dann nicht zu den Oligophrenien, wenn man ätiologisch darunter nur angeborene und früherworbene Schwachsinnszustände versteht. Je nach dem Standort der Alterspsychosen läßt sich also das Zahlenverhältnis zugunsten der Hauptgruppe A oder B willkürlich verschieben. Es erscheint daher geboten, die Hauptgruppe B in selbständige weitgehend in sich geschlossene Untergruppen aufzulösen, um ihre kriminologischen Besonderheiten herauszufinden.

Wo allerdings Gemeinsamkeiten bestehen, wird an der Einteilung in die drei Hauptgruppen A—C festgehalten werden.

In Anlehnung an das Diagnoseschema (vgl. S. 26) ist im einzelnen folgende Verteilung der Psychosen beobachtet worden (vgl. Übersicht III im Anhang):

Tabelle 11

Hauptgruppe	Lfd. Nr. der Einzelgruppen	Psychosegruppen und einzelne Psychosen	Insg.: 102 Fälle davon absolute Zahlen	% der Gesamtzahl
A		Schwachsinn insg.	44	43
	dav. I	Angeb. Schwachsinn	29	28
	II	Erworbener Schwachsinn	15	15
	dav. 1.	Frühtraumat. Schwachsinn	7	7
	2.	Schädeltraumat. Schwachsinn	4	4
	3.	Enc., Engl. Krankheit	4	4
B		Psychosen i. e. S. insg.	47	46
	dav. III	Endogene Psychosen insg.	25	24
	dav. 1.	Schizophrenie	14	14
	2.	Pfropfschizophrenie	7	7
	3.	Zyklothymie	3	3
	4.	Genuine Epilepsie	1	1
	IV	Alterspsychosen insg.	15	15
	dav. 1.	Cerebralarteriosclerose	9	9
	2.	Senile Demenz, Hirnatroph.	6	6
	V	Exogene Psychosen insg.	7	7
	dav. 1.	Progressive Paralyse	3	3
	2.	Traumat. Epilepsie	2	2
	3.	Sonstige Erkrankungen	2	2
	dav. a)	Buergersche Krankheit	1	1
	b)	Athetose double	1	1
C		Suchten insg.	11	11
	dav. VI	Sonstige Mittel	6	6
	VII	Opiumpräparate	5	5
A—C	I—VII	Geisteskrankheiten insg.	102	100 %

Zur Verdeutlichung der Verhältnisse wurden die relativen Zahlen der Psychosen in Abb. 3 kubenmäßig dargestellt.

Bereits auf den ersten Blick fällt auf, daß der Schwachsinn unter den kriminellen Geisteskranken mit 43 % der Gesamtzahl am häufigsten beteiligt ist. Innerhalb dieser Gruppe dominiert der angeborene Schwachsinn mit 66 %, während der erworbene Schwachsinn insgesamt nur die Höhe von 34 % erreicht. Verglichen mit der Gesamtzahl von 102 Fällen weist allein der angeborene Schwachsinn 28 % aus und übertrifft damit sogar die gesamte Gruppe der endogenen Psychosen, die nur mit 24 % an der Gesamtzahl beteiligt ist. Dennoch stellt die Gruppe III (endogene Psychosen) mit ihren insgesamt 24 % nach dem Schwachsinn die nächstgrößte Einheit dar. Innerhalb der Gruppe III steht die Schizophrenie mit 56 % an erster Stelle. Sie ist an den Gesamteinweisungen mit 14 % beteiligt und rangiert damit als Einzelpsychose unmittelbar nach den ätiologisch gegliederten Schwachsinnsformen. Die Überlegenheit des schizophrenen Formenkreises wird noch deutlicher, wenn man die Schizophrenie und die Pfropfschizophrenie — eine auf meist debilem Schwachsinn aufgepfropfte schizophrene Erkrankung — zusammen nimmt. Man kommt dann auf eine Ziffer von 84 % innerhalb der Gruppe III, das sind gleich 21 % der Gesamtzahl und beweist, daß dem schizophrenen Formenkreis nach dem angeborenen Schwachsinn die wichtigste Bedeutung innerhalb der kriminellen Psychotiker zukommt, wogegen die Zyklothymie mit 12 % innerhalb der Gruppe III gleich 3 % der Gesamtzahl und die genuine Epilepsie mit 4 % gleich 1 % der Gesamteinweisungen verschwindend gering beteiligt sind.

Die Alterspsychosen stehen als Gruppe IV mit insgesamt 15 % an dritter Position. Innerhalb der Gruppe entfallen auf die zahlenmäßig größere Arteriosclerose 61 % und auf die senile Demenz einschließlich präseniler Alzheimerscher und Pickscher Hirnatrophie (je ein Fall) 39 %. Das sind 9 % bzw. 6 % der Gesamteinweisungen.

Die Suchten sind als Hauptgruppe C an der Gesamtzahl mit 11 % beteiligt. Dabei verhalten sich der Gebrauch von Opiumpräparaten und die Verwendung sonstiger Mittel mit 45 % bzw. 55 % annähernd proportional. Diese Untergruppen machen nur 5 % bzw. 6 % der Gesamtaufnahmen aus.

Die exogenen Psychosen nehmen mit insges. 7 % der Gesamtzahl die letzte Position ein. Innerhalb der Gruppe V steht an erster Stelle die progressive Paralyse mit 42 %, gefolgt von der traumatischen Epilepsie mit 29 % und den sonstigen Erkrankungen (Athetose double und Buergersche Krankheit, je ein Fall mit ebenfalls 29 %). Bezogen auf

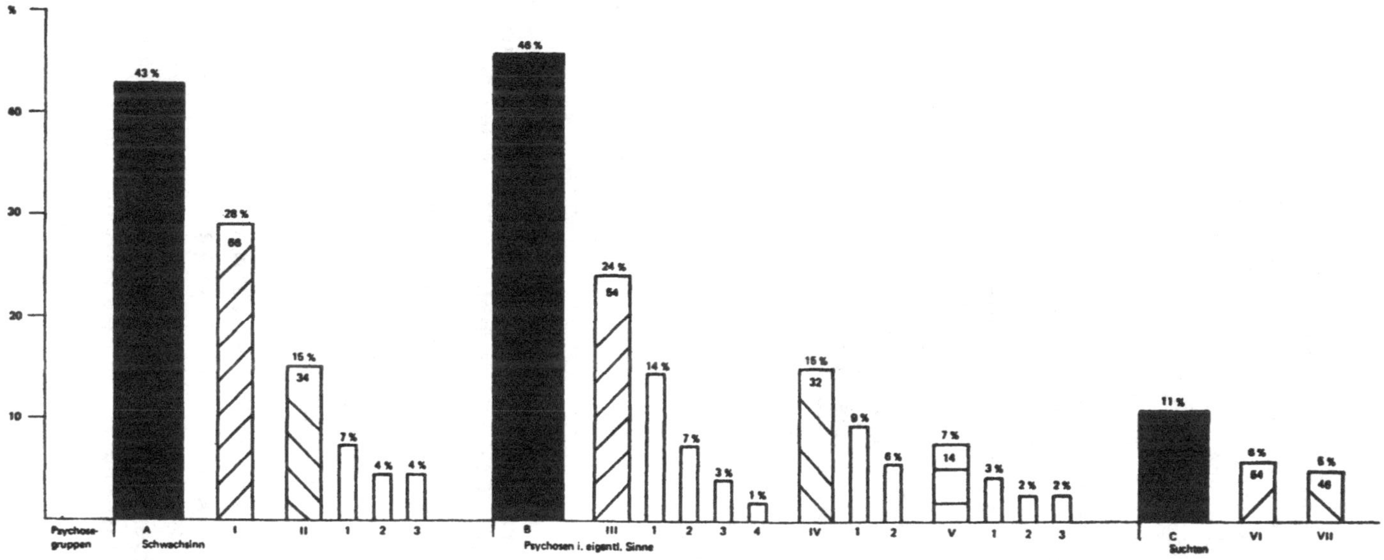

Abb. 3. Anteil der verschiedenen Psychosen und ihrer Haupt- und Einzelgruppen unter den kriminellen Geisteskranken. *Zeichenerklärung:* Die Namen entsprechen denen der Tab. 11. Die Prozentzahlen auf den Kuben geben den Anteil innerhalb der Gesamtzahl (102 Fälle), die Prozentzahlen in den Kuben den Anteil der Einzelgruppen innerhalb ihrer Hauptgruppen an. (vgl. auch Übersicht III im Anhang).

die Gesamtaufnahmen machen die drei Untergruppen 3 %, 2 % bzw. 2 % aus.

Neben der Beteiligung der einzelnen Psychosen und ihrer Gruppen an der Gesamtzahl wurde darüber hinaus ihre zeitliche Bewegung in Übersicht IV (im Anhang) gegenübergestellt. Eine Zusammenfassung der Gruppen I—VII in absoluten Zahlen gibt Tab. 12 und eine kurvenmäßige Darstellung Abb. 4 wieder.

Tabelle 12:

Zeitliche Kriminalitätsbewegung, gegliedert nach Psychosegruppen

Geisteskrankheiten		Zahl	%	davon entfielen auf die Jahre: 1956	1957	1958	1959	1960	1961	1962
Hauptgruppen										
A	Schwachsinn	44	43	4	6	8	5	10	4	7
B	Psychosen i. e. S.	47	46	1	10	7	6	8	5	10
C	Suchten	11	11	2	4	—	2	1	1	1
	Insgesamt	102	100	7	20	15	13	19	10	18
Einzelgruppen										
I—II	Schwachsinn	44	43	4	6	8	5	10	4	7
III	Endog. Psychos.	25	24	—	5	3	5	2	3	7
IV	Alterspsychos.	15	15	1	4	1	1	5	—	3
V	Exog. Psychos.	7	7	—	1	3	—	1	2	—
VI—VII	Suchten	11	11	2	4	—	2	1	1	1
	Insgesamt	102	100 %	7= 7%	20= 19%	15= 15%	13= 13%	19= 18%	10= 10%	18= 18%

Die Bewegungsbilder d. Abb. 4 lassen sich nur begrenzt mit der Gesamtkriminalitätskurve in Abb. 2 (vgl. S. 57) vergleichen, nicht nur, weil die Bemessungseinheit der Ordinaten verschieden ist, sondern v. a. deswegen, weil für die Kurven auf Abb. 4 nur 102 statt 132 Fälle als Ausgangsmaterial zur Verfügung standen. Eine merkliche Verschiebung der jährlichen Kulminationspunkte ist folglich möglich. Bei den Kurven in Abb. 4 soll daher nicht nach dem Gesamtbild der Resultierenden gefragt werden, sondern wesentlich ist jetzt ihr Verhältnis zueinander.

Mit Ausnahme der Suchten ist bei der Hauptgruppe A und B eine mehr oder weniger steigende Tendenz zu beobachten (Abt. 1 d. Abb. 4). Bei den Einzelgruppen ist für den Schwachsinn und die endogenen Psychosen, das ist wegen seiner zahlenmäßigen Überlegenheit praktisch der schizophrene Formenkreis, bemerkenswert, daß sich ihre Kurvenbilder in den Jahren 1958 und 1960 fast umgekehrt proportional verhalten (vgl. Abt. 2 d. Abb. 4). Dagegen zeigt die Kurve der Alterspsychosen eine ähnliche Bewegung wie die des Schwachsinns (vgl. Abt. 3 d. Abb. 4).

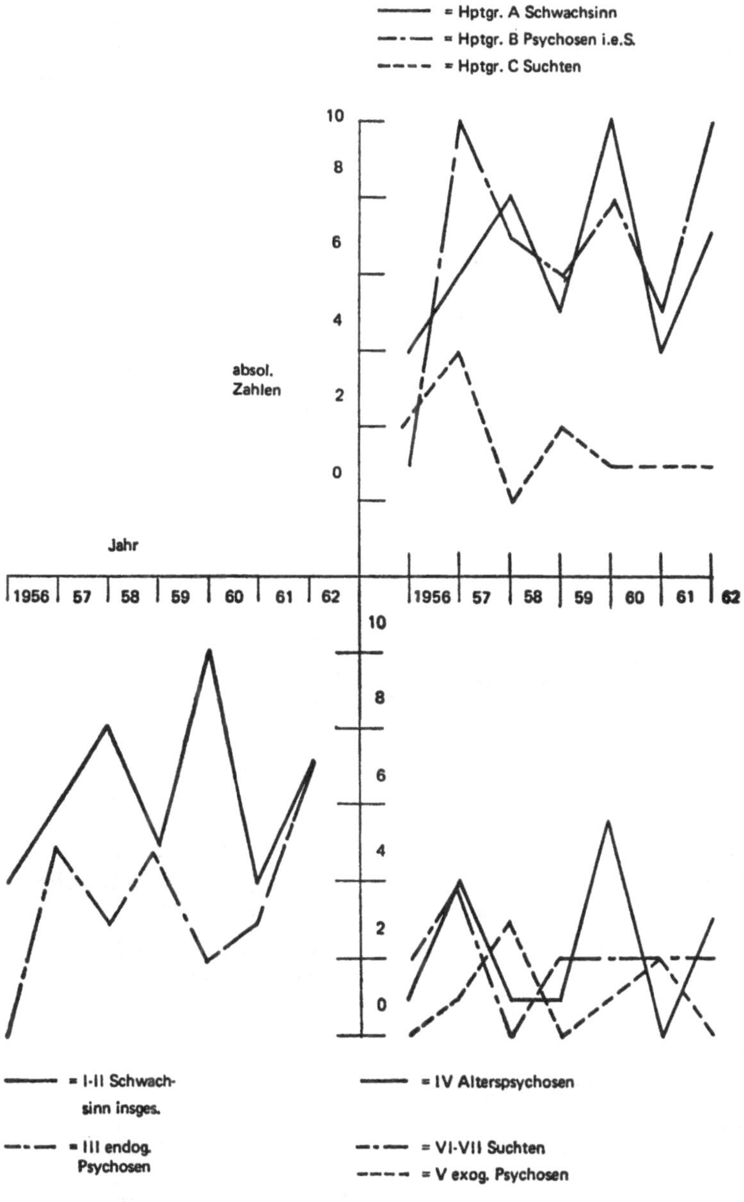

Abb. 4. Zeitliche Kriminalitätsbewegung der verschiedenen Psychosegruppen. Gliederung nach Jahren und absoluten Zahlen (vgl. Tab. 12).

Interessant, aber von hieraus nicht erklärbar ist ferner, daß in der Kriminalitätskurve des Schwachsinns der erste Gipfel 1958 vom angeborenen, der zweite Gipfel 1960 überwiegend vom erworbenen Schwachsinn verursacht wird (vgl. Abb. 5).

Trotz verschiedener Beobachtungen ist aber das Ausgangsmaterial bei weitem zu gering, um aus der Eigenart der Kurvenverläufe eine begründbare Regel abzuleiten. Die Darstellung der zeitlichen Kriminalitätsbewegung hat daher hier nur methodischen Wert.

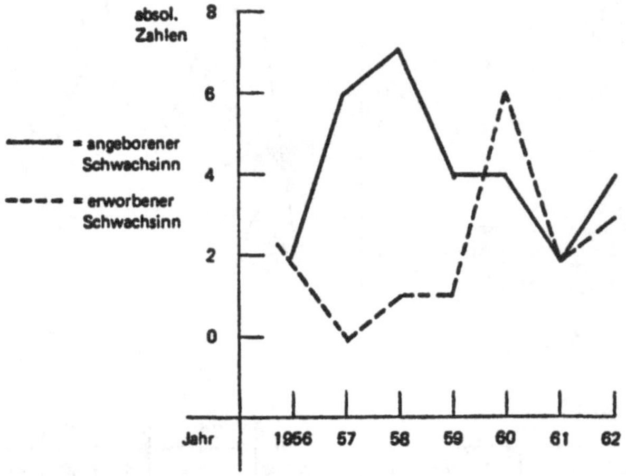

Abb. 5. Der Anteil von angeborenem und erworbenem Schwachsinn am Gesamtkurvenbild der Oligophrenie. Kriminalitätsbewegung, gegliedert nach Jahren und absoluten Zahlen (vgl. dazu Übersicht IV im Anhang).

3. Die Deliktsgruppen

Die gebildeten Gruppen orientieren sich im wesentlichen an der Systematik des Gesetzes, zum Teil aber auch nach rein kriminologischen Gesichtspunkten, soweit kriminalätiologisch gemeinsame psychische Voraussetzungen, insbesondere psychotisch bedingte Motivationen vorliegen. Die Numerierung der einzelnen Deliktsgruppen erfolgte allerdings ohne Rücksicht auf die gesetzliche Systematik nach der Reihenfolge ihrer Häufigkeit innerhalb der Gesamtaufnahmen.

Danach wurde folgendermaßen gegliedert:

Deliktsgruppe 1: Sittlichkeitsdelikte.

Darunter fallen in erster Linie die im 13. Abschn. des StGB geregelten Verbrechen und Vergehen wider die Sittlichkeit, insb. die §§ 173 I, 174 Nr. 1, 175, 175 a Nr. 3, 175 b, 176 I Nr. 1 und Nr. 3 177 einschließlich des Versuchs, insbesondere §§ 177, 43. Hinzu kommen Tatbestände der Körperverletzung — §§ 223, 223 a, soweit sie im Zusammenhang mit Sittlichkeitsdelikten stehen, ferner § 185 und die Erregung öffentlichen Ärgernisses des § 183 (Exhibitionismus) sowie Vermögensdelikte aus überwiegend sexuellen Motiven (Fetischismus), insbesondere die §§ 242, 249, 250 und die Brandstiftung des § 308 in Form sexuell gefärbter Pyromanie.

Deliktsgruppe 2: Eigentums- und Vermögensdelikte.

Hierunter gehören Tatbestände aus dem 19. bis 20., 21. bis 23., 26. und 29. Abschnitt des StGB, insbesondere die §§ 242, 243, 244, 246, 248 b, 249, 250, 253, 255, 263, 264, 267, 303, 304, ferner die Landstreicherei des § 361 Nr. 3 i. V. m. einem der Vermögensdelikte, außerdem Verletzungen des Opiumgesetzes, v. a. die §§ 1, 8, 10 I OpG, i. d. R. i. V. m. § 263, 267 StGB.

Deliktsgruppe 3: Aggressive Handlungen.

Hierunter finden sich Tatbestände der verschiedensten Abschnitte des StGB, deren gemeinsames Kriterium eine dem kriminellen Verhalten zugrunde liegende psychotisch bedingte Angriffstendenz ist. Zusammengefaßt wurden hier die Tatbestände der §§ 113, 123, 185, 223, 223 a, 223 b, 230, 240, 241, 303, 315 a Nr. 1 und 3 i. V. m. Körperverletzung und Fahrerflucht des § 142, ferner die Zerstörung einer der öffentlichen Ordnung oder Sicherheit dienenden Einrichtung des § 316 b I Nr. 3.

Deliktsgruppe 4: Tötungen.

Darunter werden Tatbestände des 16. Abschnitts zusammengefaßt, insbesondere die §§ 211, 212, einschließlich des Versuchs, aber auch die Körperverletzung mit tödlichem Ausgang des § 226.

Deliktsgruppe 5: Brandstiftungen.

Die Gruppe umfaßt die Tatbestände des § 306 Nr. 2 und 3 und § 308 StGB.

Deliktsgruppe 6: Abtreibung
mit dem Tatbestand des § 218 III StGB.

Der Anteil der einzelnen Deliktsgruppen innerhalb der Gesamteinweisungen wurde nach absoluten und relativen Zahlen in Tab. 13 zusammengestellt. Der Anteil der Deliktsgruppen bei den gesamten Straftätern Schleswig-Holsteins findet sich in absoluten Zahlen in Übersicht V (Anhang), in relativen Zahlen in Tab. 14 (vgl. auch Abb. 7).

Tabelle 13

Delikts-gruppen Nr.	Anteil der Deliktsgruppen: a im Ausgangsmaterial von 132 Fällen, absol. Zahlen	%	b im Aktenmaterial von 102 Fällen, absol. Zahlen	%	c in den Fällen zu b. ohne Suchten, absol. Zahlen	%
1:	53 =	39,8	40 =	39	40 =	43,9
2:	50 =	37,7	37 =	36	26 =	28,6
3:	14 =	10,7	13 =	13	13 =	14,3
4:	7 =	5,5	6 =	6	6 =	6,6
5:	7 =	5,5	5 =	5	5 =	5,5
6:	1 =	0,8	1 =	1	1 =	1,1
insgesamt:	132 =	100,0	102 =	100	91 =	100,0

Die Gegenüberstellung macht zunächst deutlich, daß die 102 Aktenfälle (unter b) bedenkenlos als repräsentativer Querschnitt der Gesamteinweisungen (unter a) betrachtet werden können. Im Fortgang der

Untersuchung wird von der Gruppe zu b ausgegangen werden müssen, da nur hier die Beteiligung der einzelnen Psychosen und Psychosegruppen bekannt ist. Die Gegenüberstellung von Psychose- und Deliktsgruppen ermöglicht es aber erst, die interessante Frage nach der Verbrechensneigung bestimmter psychotischer Bilder zu beantworten, also, ob bestimmte Deliktsarten für bestimmte Geisteskrankheiten als typisch zu gelten haben. Die Ausklammerung der Süchtigen, die ausschließlich Vermögensdelikte i. V. m. Verstößen gegen das Opiumgesetz begangen haben, zeigt, daß unter den verschiedenen Deliktsarten die Gruppe der Sittlichkeitsdelikte mit 39 % bzw. 43,9 % der Gesamtaufnahmen bei weitem die erste Position einnimmt (vgl. dazu auch Abb. 6).

Die Eigentums- und Vermögensdelikte der Gruppe 2 folgen unmittelbar mit 36 %. Klammert man die Suchten aus, so bleibt sie dennoch mit 28,6 % an zweiter Position.

Erst mit Abstand sind dann die aggressiven Handlungen (Gruppe 3) mit 13 %, die Tötungsdelikte (Gruppe 4) mit 6 %, die Brandstiftungen (Gruppe 5) mit 5 % und schließlich die Abtreibungen (Gruppe 6) mit 1 % zu verzeichnen.

Unter den gesamten Straftätern Schleswig-Holsteins findet sich dagegen eine andere Verteilung der Deliktsgruppen.

Tabelle 14:

Verurteilte Straftäter im Jahre 1960 (gegliedert nach Deliktsgruppen Nr. 1—6)

Nr.	Deliktsgruppen	Verurteilte Zahl insg.	%	% der jeweiligen Deliktsgruppe
1.	Sittlichkeits-Delikte insg.:	477	4,5	
	davon: Unzucht mit Kindern (§ 176)	101		21
2.	Eigentums- und Vermögensdelikte insgesamt:	5827	57,8	
	davon: Diebstahl, Unterschlagung (§ 242—248 c)	4130		71
3.	Aggressive Handlungen insg.:	3611	35,8	
	davon: fahrlässige Körperverletzung (§ 230)	2501		75
4.	Tötungen insgesamt:	119	0,9	
	davon: fahrl. Tötung (§ 222)	104		87
5.	Brandstiftungen insgesamt:	84	0,6	
	davon: fahrl. Brandst. (§ 309)	71		85
6.	Abtreibung insgesamt:	64	0,4	

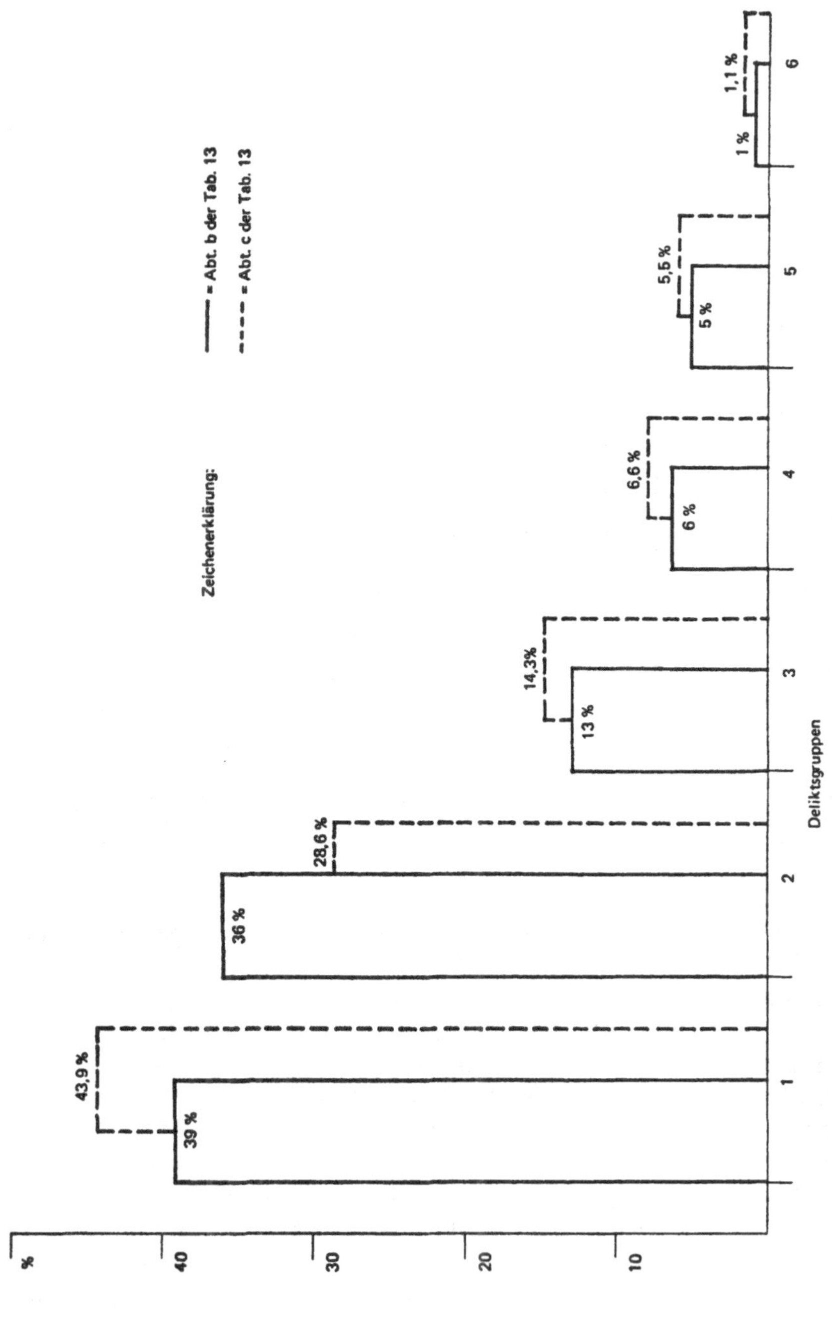

Abb. 6. Anteil der Deliktsgruppen unter den kriminellen Geisteskranken. Graphische Darstellung der Abteilungen b und c in Tab. 13.

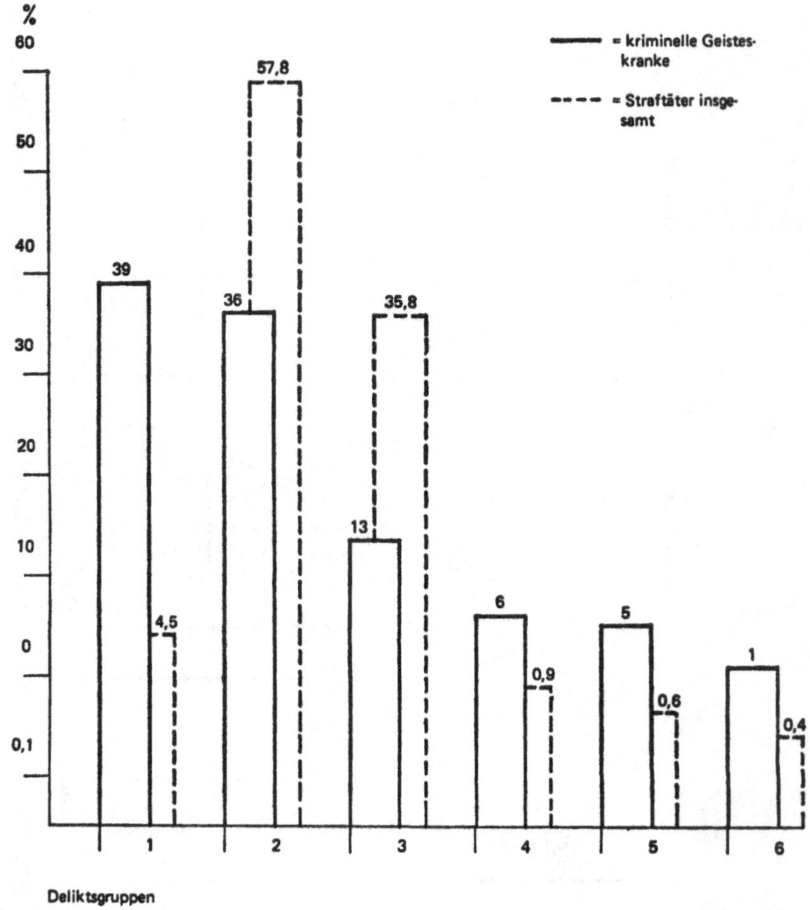

Abb. 7. Anteil der Deliktsgruppen unter den kriminellen Geisteskranken und den gesamten Straftätern (vgl. Tab. 13 und 14).

Anteilmäßig stehen die Eigentums- und Vermögensdelikte — v. a. Diebstahl und Unterschlagung — mit 57,8 % an erster Stelle. Ihnen folgen die aggressiven Handlungen mit 35,8 % und — mit Abstand — die Sittlichkeitsdelikte mit 4,5 %. Der Anteil der Tötungen, Brandstiftungen und Abtreibungen ist mit 0,9 %, 0,6 % und 0,4 % gering. Die Eigentums- und Vermögensdelikte gewinnen noch weiter an Bedeutung, wenn man bedenkt, daß bei den Deliktsgruppen 3)—5) die fahrlässig begangenen Straftaten überwiegen (vgl. Tab. 14).

Setzt man jetzt die einzelnen Psychosegruppen mit den Deliktsgruppen in Beziehung, so stellt sich heraus, daß die einzelnen Deliktsarten auf die Psychosen nicht regelmäßig verteilt sind. Eine Übersicht darüber befindet sich unter Nr. VI im Anhang. Die errechneten relativen Zahlen wurden in Tab. 15 zusammengestellt.

Tabelle 15[154]

Geistes-krank-heiten Einzelne Gruppen	Gesamt-zahl von 102 Fällen	davon entfallen auf die Deliktsgruppen Nr. 1	2	3	4	5	6	insg.
I—II	44	55,0 %	32,0 %	4,0 %	—	7,0 %	2,0 %	100 %
III	25	12,0 %	16,0 %	40,0 %	24,0 %	8,0 %	—	100 %
IV	15	73,0 %	27,0 %	—	—	—	—	100 %
V	7	29,0 %	57,0 %	14,0 %	—	—	—	100 %
VI—VII	11	—	100,0 %	—	—	—	—	100 %
insgesamt	102	39,0 %	36,0 %	13,0 %	6,0 %	5,0 %	1,0 %	100 %
ohne Suchten	91	43,9 %	28,6 %	14,3 %	6,6 %	5,5 %	1,1 %	100 %

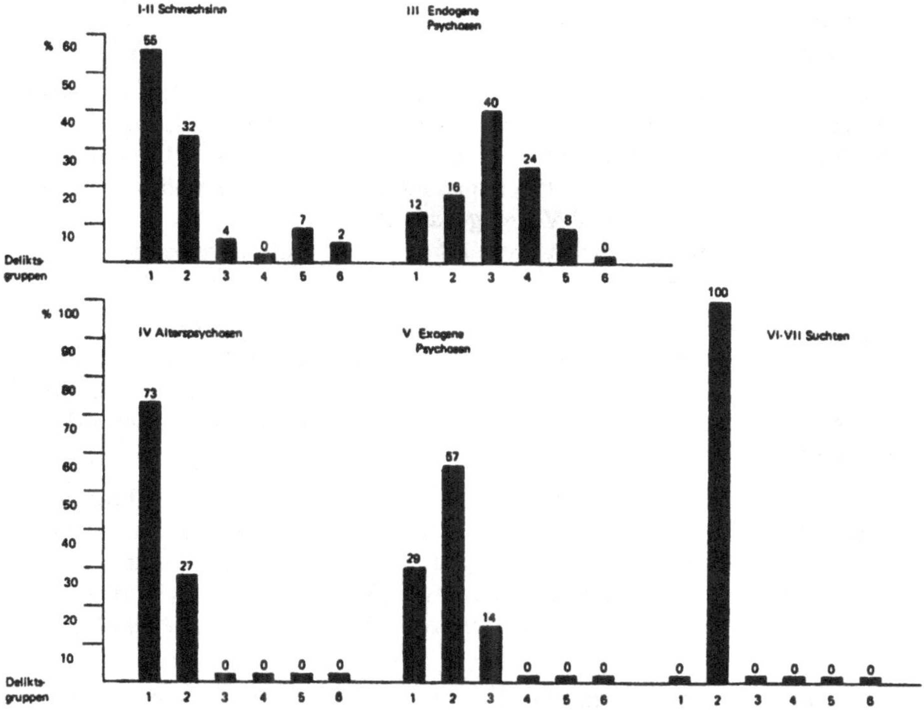

Abb. 8. Kriminelle Geisteskranke. Anteil der Deliktsgruppen (Nr. 1—6) innerhalb der Psychosegruppen (I—VII) (vgl. Tab. 15).

[154] Bei der Gliederung nach Deliktsgruppen wurde die Hauptgruppe B aufgelöst, um die Besonderheiten der Einzelgruppen (v. a. der Gruppen III und IV) deutlich werden zu lassen.

Durch die graphische Darstellung in Abb. 8 werden die unterschiedlichen Relationen noch augenfälliger.

Ein Vergleich der Bilder in Abb. 8 miteinander macht deutlich, daß bei den einzelnen Psychosegruppen eine auffällige Verlagerung in den verschiedenen Deliktsarten zu beobachten ist.

Bei den schwachsinnigen Tätern dominieren weit vor den übrigen Deliktsgruppen die Sittlichkeitsdelikte mit 55 % und die Gruppe der Eigentums- und Vermögensdelikte mit 32 %. Auffallend gering sind die Brandstiftungen mit nur 7 %. Aggressive Handlungen sind mit 4 % selten. Ein ausgesprochener Einzelfall ist die Abtreibung mit 2 %.

Die Kriminalitätskurve der endogenen Psychosen ist wesentlich flacher, zeigt aber einen deutlichen Kulminationspunkt im Bereich der aggressiven Handlungen mit 40 % und den Tötungsdelikten mit 24 %. Ihnen folgen die Eigentums- und Vermögensdelikte mit 16 %. Die Zahl der Sittlichkeitsdelikte ist indessen mit 12 % auffallend gering, während die Brandstiftung mit 8 % zumindest wenig höher als bei den Schwachsinnigen ist.

Die Kriminalitätskurve der Alterspsychosen zeigt hinsichtlich der Bevorzugung bestimmter Deliktsarten eine auffallende Ähnlichkeit mit der Kurve der Schwachsinnigen. Ihre kriminelle Neigung dokumentiert sich hauptsächlich in den Sittlichkeitsdelikten mit 73 % und sehr viel weniger in Eigentums- und Vermögensdelikten mit 27 %.

Bei den Suchten konnten nur Eigentums- und Vermögensdelikte festgestellt werden.

Bei der, verglichen mit den Gesamteinweisungen, nur sehr geringen Zahl der exogenen Psychosen wurden in erster Linie Eigentums- und Vermögensdelikte mit 57 % beobachtet, im übrigen Sittlichkeitsdelikte mit 29 % und aggressive Handlungen mit 14 %. Sonst waren sie an den Kriminalitätsgruppen nicht beteiligt.

Aus den Ergebnissen dieser Untersuchung kann daher, allerdings wegen des kleinen Ausgangsmaterials nur mit großer Vorsicht, die begründete Vermutung abgeleitet werden: es besteht ein statistisch nachweisbarer *Zusammenhang zwischen bestimmten psychopathologischen Erscheinungsbildern und bestimmter krimineller Verhaltensweise.*

In diesem Sinne zeigen der Schwachsinn und die Alterspsychosen eine auffällige Neigung in erster Linie zu Sittlichkeitsdelikten, aber auch zu Eigentums- und Vermögensdelikten, die endogenen Psychosen indessen, und wegen seiner zahlenmäßigen Überlegenheit im wesentlichen der schizophrene Formenkreis, eine Tendenz zu aggressiven Handlungen und Tötungsdelikten. Dagegen treten die Suchten ausschließlich, die exogenen Psychosen vorwiegend im Bereich der Eigentums- und Vermögensdelikte kriminell in Erscheinung. Diese Tatsache wird noch augenfälliger, wenn man das Problem — gewissermaßen als Gegenprobe — von einer anderen Seite betrachtet: indem man nicht — wie bisher — von den Psychosegruppen ausgeht und nach dem Anteil der Deliktsgruppen in den Psychosegruppen fragt, sondern indem man jetzt von den Deliktsgruppen ausgeht und den Anteil der Psychosegruppen in den Deliktsgruppen untersucht. Diesem Zweck dient zunächst Übersicht VII im Anhang, deren relative Zahlen in Tab. 16 wiedergibt (vgl. auch Abb. 9).

Tabelle 16

Einzelne Deliktsgruppen	Gesamtzahl von 102 Fällen	davon entfallen auf die Psychosegruppen Nr.					
		I—II	III	IV	V	VI—VII	insg.
1. Sittl.-del.	40	60 %	8 %	27 %	5 %	—	100 %
2. Eig.-V.-del.	37	38 %	11 %	11 %	11 %	29 %	100 %
3. Aggr. Handlg.	13	15 %	77 %	—	8 %	—	100 %
4. Tötungen	6	—	100 %	—	—	—	100 %
5. Brandstift.	5	60 %	40 %	—	—	—	100 %
6. Abtreibung	1	100 %	—	—	—	—	100 %
Deliktsgruppen insg.	102	43 %	24 %	15 %	7 %	11 %	100 %

Ausgehend von den Deliktsgruppen erkennt man hier noch deutlicher als in Tab. 15 und Abb. 8 die Neigung mancher Psychosen für bestimmte Verbrechensarten. Danach werden Sittlichkeitsdelikte zu 60 % von Schwachsinnigen und zu 27 % von Alterspsychotikern begangen, von endogen Geisteskranken zu 8 %, von exogenen Psychotikern nur 5 %, von Süchtigen überhaupt nicht. Unter den Tätern der Eigentumsdelikte sind zwar alle Psychosen vertreten, vorwiegend aber Schwachsinnige mit 38 % und Süchtige mit 29 % der Deliktsgruppe, die übrigen Psychosen zu je 11 %. Bei den aggressiven Handlungen ist eine deutliche Verschiebung zu Gunsten der endogenen Psychosen mit 77 % der Deliktsgruppe zu beobachten, 15 % entfallen auf Schwachsinnige, 8 % auf exogen psychotische Täter.

Erst die Tab. 16 ermöglicht die Feststellung, daß Tötungshandlungen ausschließlich von endogen Geisteskranken, — wie sich zeigen wird: überwiegend von Schizophrenen — begangen werden. V. a. die Kuben der Abb. 9 zeigen deutlich, daß zwischen den Tätern der aggressiven Handlungen und den Tötungsdelikten ein psychotisch bedingter innerer Zusammenhang besteht, anders ausgedrückt: aggressive und Tötungshandlungen gehen auf die gleiche psychotisch determinierte kriminogene Ursache zurück.

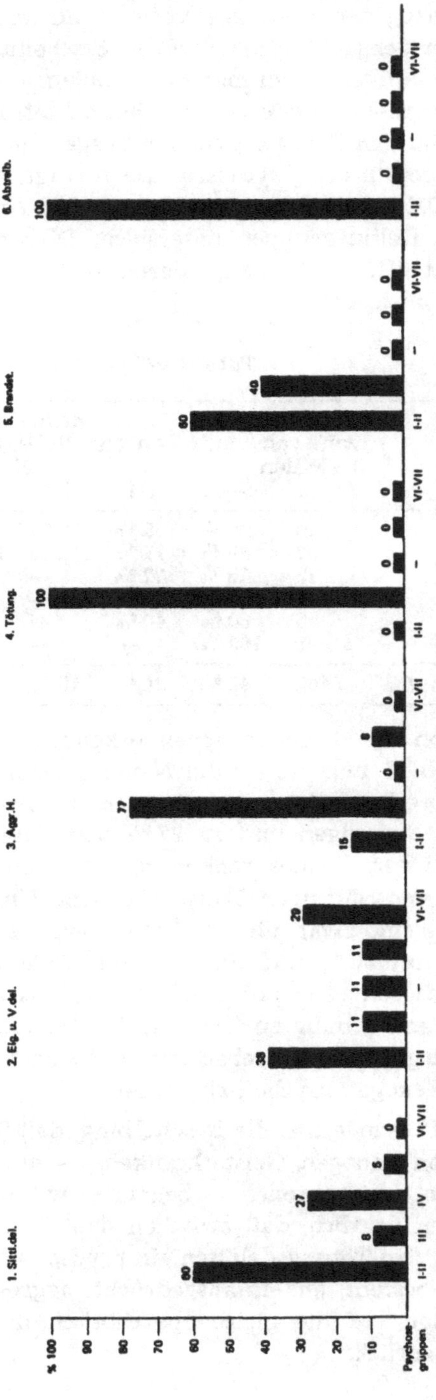

Abb. 9. Kriminelle Geisteskranke. Anteil der Psychosegruppen (I—VII) innerhalb der Deliktsgruppen (Nr. 1—6) vgl. Tab. 16).

Bei den Brandstiftungen wird erst jetzt deutlich, daß sich der größere Teil der Täter — nämlich zu 60 % — aus Schwachsinnigen rekrutiert, während im übrigen nur die endogen Geisteskranken beteiligt sind. Dies gilt übrigens nur für Brandstiftungen ohne sexuell gefärbte Motivation (die anderen Fälle wurden unter Deliktsgruppe 1 gezählt). Klammert man die Beweggründe aus, so verschiebt sich das Verhältnis noch weiter zu Ungunsten der schwachsinnigen Täter. In dem Material von 102 Fällen wurden insgesamt 6 Brandstiftungen festgestellt. Davon entfielen:

auf schwachsinnige Täter insgesamt:	4
(davon eine aus sexuellen Motiven)	
auf endogen Geisteskranke insgesamt:	2

Danach entfallen also auf die Schwachsinnigen sogar 67 %, auf die endogen Geisteskranken nur 33 %.

Die Abtreibung ist ein ausgesprochener Einzelfall, besondere Bedeutung dürfte ihr kaum zukommen.

Die Untersuchungen i. S. der Tabelle 16 i. V. m. der Abb. 9 zeigen noch deutlicher: *bestimmte Deliktsarten* sind für *bestimmte Psychosen symptomatisch*, es besteht eine phänomenologisch definierbare Affinität zwischen Psychose und Verbrechen.

4. Die Altersverteilung in den Psychose- und Deliktsgruppen

Auszugehen ist von dem Aktenmaterial der 102 Fälle als repräsentativem Querschnitt der 132 Gesamteinweisungen. Das gesamte darüber ermittelte Zahlenmaterial wurde in Übersicht VIII (im Anhang) zusammengestellt.

Eine allgemeine Orientierung nach jugendlichen, heranwachsenden und erwachsenen Tätern aus dem Gesamtmaterial von 102 Fällen zeigt, daß die kriminellen Geisteskranken mit einem Verhältnis von:

	Jugendliche	Heranwachsende	Erwachsene
abs. Zahlen:	6	7	89
%	6 %	7 %	87 %

eine in groben Zügen ähnliche Verteilung der Altersgruppen aufweisen, wie sie unter den normalen Straffälligen zu beobachten ist (vgl. dazu Übersicht II im Anhang: unter den jugendlichen, heranwachsenden und erwachsenen Straftätern des Jahres 1961 besteht ein Verhältnis von 8 % : 18 % : 74 %).

Darüber hinaus wurden die erwachsenen geisteskranken Täter noch in die Abteilungen 21—30, 30—50 und 50—78 Jahre aufgegliedert und die Altersverteilung in der Gesamtzahl der Psychose- bzw. Deliktsgruppen[155] in Tab. 17 zusammengestellt (vgl. dazu Abb. 10).

Tabelle 17

Altersgruppen		Zahlenmäßige Beteiligung in: absoluten Zahlen	% der Gesamtzahl von 102 Fällen
Jugendliche:	14—18 Jahre	6	6
Heranwachsende:	18—21 Jahre	7	7
Erwachsene:	21—30 Jahre	39	38
	30—50 Jahre	28	27
	50—78 Jahre	22	22
Insgesamt		102	100 %

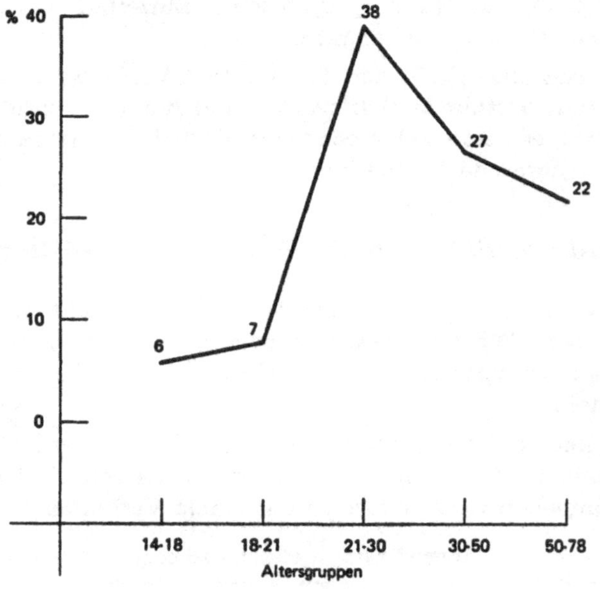

Abb. 10. Kriminelle Geisteskranke. Aufgliederung nach Altersgruppen und Prozentzahlen (vgl. Tab. 17).

Die Gegenüberstellung zeigt deutlich, daß die Altersgruppe 21—30 Jahre mit 38 % der Gesamteinweisungen am häufigsten vertreten ist. Aber auch die Gruppe 30—50 Jahre und 50—78 Jahre weisen mit 27 % und 22 % verhältnismäßig hohe Prozentsätze auf.

155 Bezüglich der Gesamtzahl von 102 Fällen sind Psychose- und Deliktsgruppen identisch.

Um die Beteiligungsquote näher zu untersuchen wurde wiederum die Hauptgruppe B in Einzelgruppen aufgelöst und zunächst geprüft, wie hoch der Anteil der Altersgruppen in den einzelnen Psychosegruppen ist. Die Beobachtungen wurden in Übersicht IX (im Anhang), lediglich die relativen Zahlen in Tab. 18 zusammengefaßt.

Tabelle 18:

Altersverteilung in den Psychosegruppen (relat. Zahlen)
Zeichenerklärung:

a = % der jeweiligen einzelnen Psychosegruppe;
b = % der Psychosegruppen insg. (Zahl der Psychosegruppen I—VII = 100 %)

Psychose-gruppen Nr. lt. Diagnose-schema	Zahl insg.	davon in %: Jugendliche 14—18 a b	Heranwachsende 18—21 a b	Erwachsene 21—30 a b	Erwachsene 30—50 a b	Erwachsene 50—78 a b
I—II	44	11 = 5	14 = 6	50 = 21	20 = 8	5 = 2
III	25	4 = 1	4 = 1	56 = 14	20 = 5	16 = 4
IV	15	—	—	—	—	100 = 15
V	7	—	—	14 = 1	86 = 6	—
VI—VII	11	—	—	18 = 2	73 = 8	9 = 1
insgesamt	102	6 %	7 %	38 %	27 %	22 %

Bei der kurvenmäßigen Auswertung der Tab. 18 wurden auf der Ordinatenachse d. Abb. 11 die Prozentwerte der Abt. b der Tabelle eingetragen. Damit wird — ohne daß die *Bewegungsrichtung* der Kurven eine Veränderung erfährt — zweierlei bezweckt: nämlich die graphische Darstellung erstens der Altersverteilung in den Psychosegruppen, zweitens der zahlenmäßigen Bedeutung der Psychosegruppen durch entsprechend unterschiedliche Höhe der Kurvenverläufe.

Man erkennt unter Zuhilfenahme der Abb. 11 deutlich, daß — wie zu erwarten war — das Gesamtkurvenbild der Altersverteilung in Abb. 10 im wesentlichen bestimmt wird durch die quantitativ am stärksten vertretenen Psychosegruppen I—II und III.

Unter den schwachsinnigen Tätern — als größte Gruppe unter den Psychotikern ausgewiesen durch den höchsten Kurvenverlauf in Abb. 11 — sind 50 % zwischen 21 und 30 Jahre alt — das sind 21 % von 102 Fällen, die nach § 42 b i. V. m. § 51 StGB eingewiesen wurden. Die nächststärkste Altersgruppe 30—50 Jahre weist nur noch 20 % der Oligophrenen = 8 % der Gesamteinweisungen auf. Im Alter von 14—18 Jahren, 18—21 und 50—78 Jahren waren lediglich 11 %, 14 % und 5 % der Psychosegruppen I—II.

Eine ähnliche Altersverteilung wie bei den Schwachsinnigen findet sich unter den Kriminellen der endogenen Psychosen, lediglich mit dem Unterschied, daß die Altersgruppe 21—30 Jahre mit 56 % der Psychosegruppe III — das sind 14 % der Gesamtaufnahmen — noch

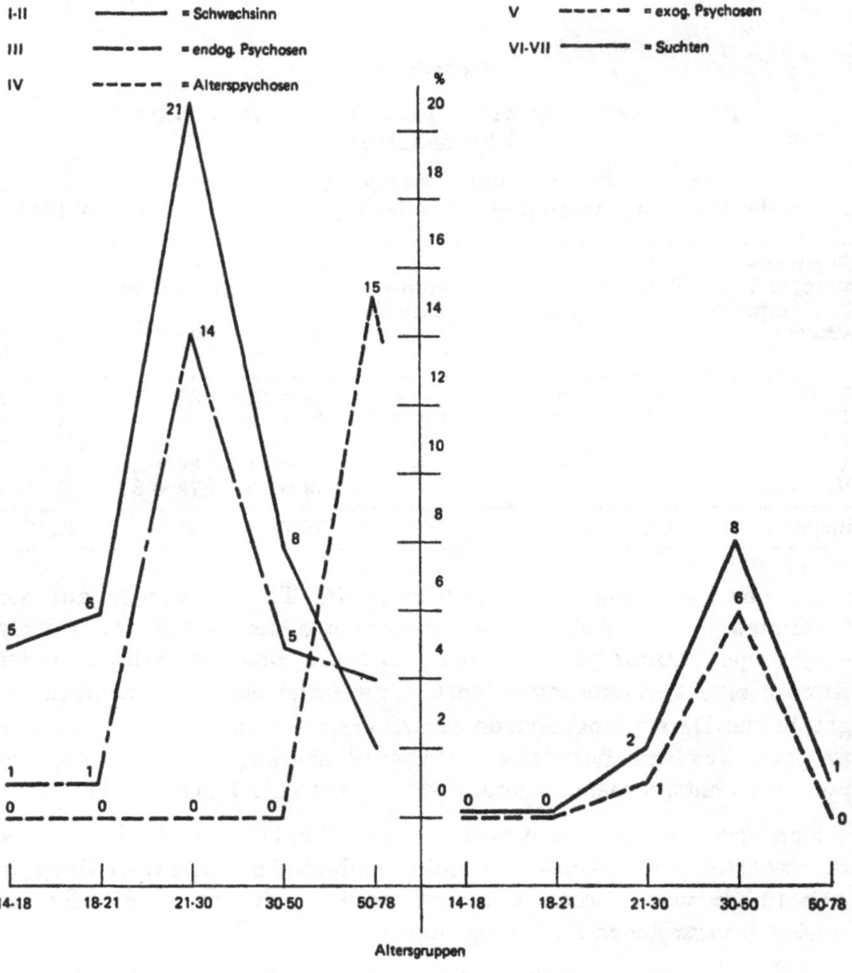

Abb. 11. Kriminelle Geisteskranke. Darstellung: 1. der Altersverteilung in den Psychosegruppen — 2. der zahlenmäßigen Bedeutung der Psychosegruppen durch entsprechend unterschiedliche Höhe der Kurvenverläufe (vgl. Tab. 18).

deutlicher in Erscheinung tritt. Die Quote der Jugendlichen und Heranwachsenden ist mit je 4 % gering, während der Altersgruppe 50—78 Jahre mit 16 % der Psychosegruppe III — oder 4 % der Gesamtaufnahmen — eine größere Bedeutung zukommt als bei den schwachsinnigen Tätern.

Diese beiden quantitativ stärksten Psychosegruppen zeigen also erstens jede für sich eine starke Beteiligung in der Altersgruppe 21—30 Jahre mit 50 % und 56 % und bestimmen damit zweitens allein mit 35 % den mit insgesamt 38 % vertretenen Altersbereich von 21 bis 30 Jahren (vgl. dazu Abb. 10).

Die Alterspsychosen als drittstärkste Gruppe beherrschen ausschließlich die Altersklasse vom 50. bis 78. Lebensjahr.

Bei den Suchten und schließlich bei den exogenen Psychosen ist indessen schwerpunktmäßig eine Verschiebung auf den Altersbereich von 30—50 Jahren zu beobachten. 73 % der Süchtigen und 86 % der exogen Geisteskranken — das sind 8 % bzw. 6 % der Gesamteinweisungen — sind 30—50 Jahre alt. Jugendliche und Heranwachsende findet man unter ihnen nicht. Die anderen Altersgruppen sind nur schwach vertreten (vgl. Tab. 18 und Abb. 11).

Bei der Gesamtbetrachtung der Altersverteilung werden also die Altersbereiche 14—18 Jahre und 18—21 Jahre ausschließlich, die Bereiche 21—30 Jahre vorwiegend von den Psychosegruppen I—II und III, die Altersbereiche 30—50 vorwiegend von den Psychosegruppen I—II, V und VI—VII und die Altersgruppe 50—78 Jahre vorwiegend von den Alterspsychosen beherrscht. Da die Psychosegruppen I—II und III zahlenmäßig am stärksten vertreten sind, liegt demzufolge der Kulminationspunkt in der Alterskurve der kriminellen Geisteskranken im Altersbereich vom 21.—30. Lebensjahr.

Nachdem auf diese Weise geklärt ist, welchen Anteil die einzelnen Psychosegruppen am Zustandekommen des Gesamtkurvenbildes der Altersverteilung gehabt haben, wäre jetzt die kriminologisch interessante Frage zu untersuchen, welche Altersverteilung — unabhängig von den einzelnen Psychosen — in den verschiedenen Deliktsgruppen zu beobachten ist.

Dabei bleibt als Ausgangspunkt zunächst das Gesamtkurvenbild der Abb. 10 auch für die Summe der Deliktsgruppen maßgebend, da es, identisch für Psychose- und Deliktsgruppen, die Altersverteilung für die Gesamtzahl der 102 Einweisungsfälle wiedergibt. Für die Deliktsgruppen insgesamt gilt also auch der Satz, daß der Altersbereich vom 21. bis 30. Lebensjahr am häufigsten vertreten ist.

Das gesamte Zahlenmaterial über die Altersverteilung in den einzelnen Deliktsgruppen wurde in Übersicht X im Anhang, lediglich die relativen Zahlen in Tab. 19 zusammengestellt. Eine kurvenmäßige Darstellung zur Verdeutlichung der Verhältnisse findet sich in Abb. 12, wobei hier, ähnlich wie in Abb. 11, durch Übertragung der Prozentzahlen der Tab. 19, Abt. b auf die Ordinatenachse zweierlei bezweckt wurde, nämlich die Darstellung erstens der Altersverteilung in den

Deliktsgruppen und zweitens der zahlenmäßigen Bedeutung der einzelnen Deliktsgruppen durch entsprechend unterschiedliche Höhe der Kurvenverläufe.

Tabelle 19:

Altersverteilung in den Deliktsgruppen

Zeichenerklärung:

a = % der jeweiligen einzelnen Deliktsgruppe;
b = % der Deliktsgruppen insgesamt (Zahl der Deliktsgruppen 1—6 = 100 %)

Delikts-gruppen Nr. (lt. Tab. 11)	Zahl insg.	davon in % Jugendl. 14—18 a b	Heranw. 18—21 a b	Erwachsene 21—30 a b	30—50 a b	50—78 a b
1	40	5 = 2	7 = 3	40 = 15	13 = 5	35 = 14
2	37	5 = 2	8 = 3	32 = 12	41 = 14	14 = 5
3	13	—	8 = 1	46 = 6	38 = 5	8 = 1
4	6	17 = 1	—	66 = 4	—	17 = 1
5	5	20 = 1	—	20 = 1	40 = 2	20 = 1
6	1	—	—	—	100 = 1	—
Deliktsgruppen insgesamt	102	6 %	7 %	38 %	27 %	22 %

Die Beobachtungen geben folgendes Bild: Hinsichtlich der Altersverteilung fallen die Sittlichkeitsdelikte (Nr. 1) durch zwei Kulminationspunkte auf: nämlich im Altersbereich 21—30 Jahre mit 40 % der Deliktsgruppe — gleich 15 % der Gesamtzahl aller Deliktsgruppen (102 Fälle) — und im Altersbereich 50—78 Jahre mit 35 % der Gruppe 1 — gleich 14 % aller Deliktsgruppen. Vergegenwärtigt man sich, daß Sittlichkeitsdelikte vorwiegend von Schwachsinnigen und Alterspsychotikern begangen werden (vgl. Tab. 16 und Abb. 9), ferner daß erstere vorwiegend zwischen dem 21. und 30., letztere ausschließlich zwischen dem 50. und 78. Lebensjahr kriminell in Erscheinung getreten sind (vgl. Tab. 18 und Abb. 11), so ist dies Ergebnis folgerichtig. Verglichen damit treten die Altersbereiche 14—18 Jahre mit 5 %, 18—21 Jahre mit 7 % und 30—50 Jahre mit 13 % der Deliktsgruppe 1 — das entspricht 2 %, 3 % bzw. 5 % aller Deliktsgruppen (102 Fälle) — erheblich zurück.

Bei den Eigentums- und Vermögensdelikten (Nr. 2) zeigt sich eine durchaus andere Altersbewegung. Stark vertreten sind hier die Jahrgänge 30.—50. Lebensjahr mit 41 % und 21.—30. Lebensjahr mit 32 % der Gruppe 2; bezogen auf die Gesamtzahl der Deliktsgruppen sind das 14 bzw. 12 %.

Für den Gipfelpunkt in der Altersgruppe 30—50 Jahrn sind v. a. die Süchtigen verantwortlich, die vorwiegend im 30.—50. Lebensjahr ausschließlich Tatbestände der Eigentums- und Vermögensdelikte verletzen, während im Altersbereich 21—30 Jahre vorwiegend mit schwachsinnigen Tätern zu rechnen ist (vgl. dazu Tab. 16 und Abb. 9, Tab. 18, Abb. 11). Beiderseits der Kulminationspunkte, und damit anders als bei den Sittlichkeitsdelikten, fällt die Alterskurve der Gruppe 2 wieder stark ab: Jugendliche sind mit 5 %, Heranwachsende mit 8 % und der Altersbereich 50—78 Jahre mit 14 % der Gruppe —

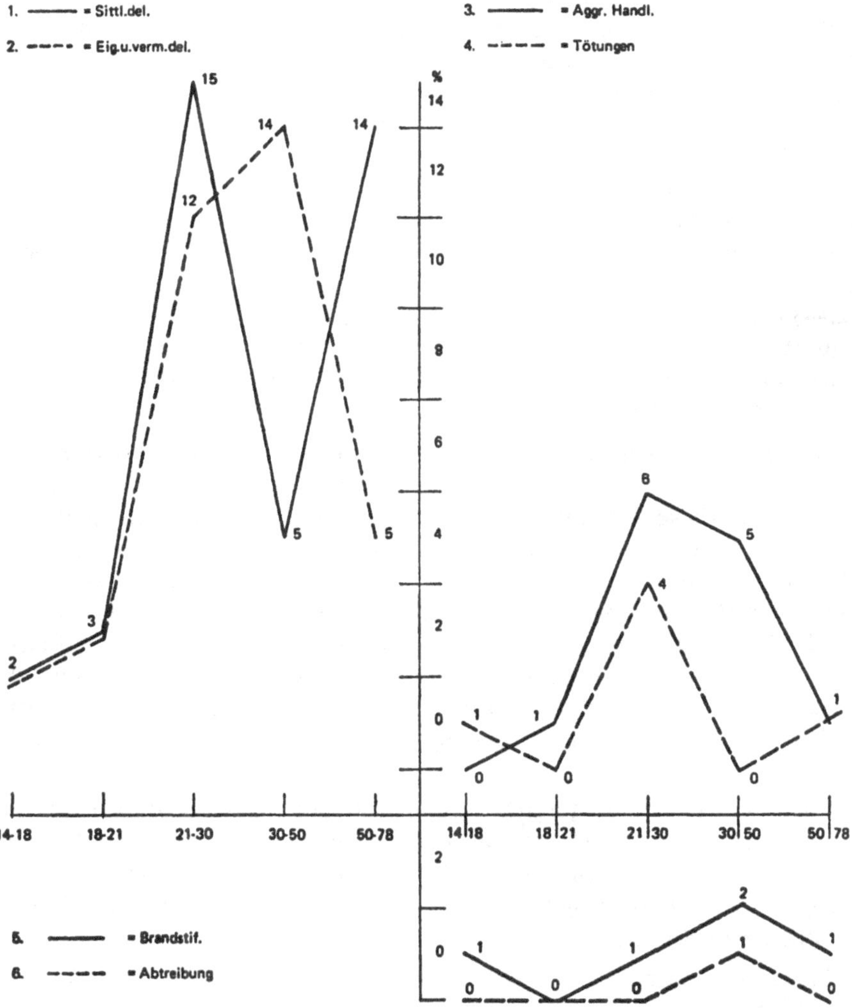

Abb. 12. Kriminelle Geisteskranke. Darstellung: 1. der Altersverteilung in den Deliktsgruppen — 2. der zahlenmäßigen Bedeutung der Deliktsgruppen durch entsprechend unterschiedliche Höhe der Kurvenverläufe (vgl. Tab. 19).

entsprechend 2 %, 3 % bzw. 5 % aller Deliktsgruppen — an den Eigentums- und Vermögensdelikten beteiligt.

Hinsichtlich der Altersverteilung zeigen die aggressiven Handlungen Nr. 3 kurvenmäßig einen ebenso breiten Höhenverlauf wie die Eigentums- und Vermögensdelikte, jedoch mit dem Unterschied, daß schwerpunktmäßig eine Verlagerung auf den Altersbereich 21—30 Jahre mit 46 % der Gruppe — gleich 6 % aller Deliktsgruppen — zu beobachten ist, während die Altersgruppe 30—50 Jahre nur mit 38 % der Deliktsgruppe 3 — entsprechend 5 % aller kriminellen Handlungen — vertreten ist. Die übrigen Altersbereiche sind nur gering, jugendliche Täter nicht vorhanden. Die Erklärung ergibt sich daraus, daß aggressive Handlungen vorwiegend von endogen Geisteskranken im Alter von 21—30 Jahren verübt werden (vgl. dazu Tab. 16, Abb. 9 und Tab. 18, Abb. 11).

Eine noch deutlichere Verlagerung auf den Altersbereich 21—30 Jahre mit 66 % der Gruppe — gleich 4 % aller mit Strafe bedrohten Handlungen — ist bei den Tötungsdelikten (Nr. 4) zu beobachten, da sie ausschließlich von endogen geisteskranken Tätern, vorwiegend im 21.—30. Lebensjahr, begangen werden (vgl. dazu Tab. 16, Abb. 9 und Tab. 18, Abb. 11). Dagegen sind die Altersgruppen 14—18 und 50—78 Jahre mit je 17 % der Gruppe 4 — gleich je 1 % aller Deliktsgruppen — und die Altersbereiche 18—21 und 30—50 Jahre nicht vertreten.

Soweit man einen inneren Zusammenhang zwischen den aggressiven Handlungen und den Tötungsdelikten endogen Geisteskranker vermuten will — und diese Vermutung wird sich im Fortgang der Untersuchung bestätigen lassen — besteht der Eindruck, als existiere, v. a. bei schizophrenen Kriminellen, eine deutliche Beziehung zwischen Lebensalter und Intensität der Rechtsgutsverletzung dergestalt, daß der Angriff auf die Rechtsordnung um so wuchtiger erscheint, desto jünger der Täter ist, während in den mittleren Altersbereichen die kriminelle Intensität an der Grenze der Tötungsdelikte halt zu machen und nur noch für mehr oder weniger gefährliche aggressive Handlungen auszureichen scheint.

Bei den Brandstiftungen der Gruppe 5 findet sich eine Schwerpunktbildung im Altersbereich vom 30.—50. Lebensjahr mit 40 % der Gruppe — gleich 2 % aller Delikte — im übrigen ist die Streuung, vom 18.—21. Lebensjahr ausgenommen, gleichmäßig auf die übrigen Altersgruppen verteilt.

Die Abtreibung (Nr. 6) fällt in den Altersbereich vom 30.—50. Lebensjahr, besagt aber als Einzelfall so gut wie nichts.

Zusammenfassend ist folgendes festzuhalten: Zunächst ist im Gesamtbild der Altersverteilung die Altersgruppe vom 21.—30. Lebensjahr am häufigsten vertreten. Abgesehen von der Alterskurve der Sittlichkeitsdelikte, die sich durch einen unruhigen Verlauf mit Schwerpunktbildung in den Altersgruppen 21—30 und 50—78 Jahre auszeichnet, zeigen die Alterskurven der übrigen Deliktsgruppen vor und nach den Kulminationspunkten, die sich bei den Deliktsgruppen 3 und 4 im Altersbereich 21—30 Jahre, bei den Deliktsgruppen 2, 5 und 6 im Altersbereich 30—50 Jahre bewegen, eine fast regelmäßig steigende bzw. fallende Tendenz.

Im übrigen zeichnen sich jugendliche und heranwachsende Täter generell durch keine Besonderheiten aus: sie beteiligen sich in etwa gleichem Verhältnis an fast allen Deliktsgruppen. Lediglich bei den Tötungen und den Brandstiftungen scheint der Prozentsatz der Jugendlichen höher zu sein (vgl. Tab. 19). Man beachte aber, daß die absoluten Zahlen dieser Deliktsgruppen sehr niedrig sind.

5. Die Beteiligung der Geschlechter unter den kriminellen Psychotikern

Die Untersuchungen über die absolute Zahl der Psychosen in der Durchschnittsbevölkerung haben ergeben, daß unter den Geisteskranken eine annähernd gleiche Verteilung der Geschlechter zu beobachten ist.

Die kriminellen Psychotiker zeigen in dieser Hinsicht eine Besonderheit. Unter der Gesamtzahl von 132 kriminellen Geisteskranken im Zeitraum von 1956 bis 1962 wurden insgesamt 11 weibliche Täter ermittelt, die — gegliedert nach Jugendlichen, Heranwachsenden und Erwachsenen — für die Jahre 1956 bis 1962 in Tab. 20 den männlichen kriminellen Psychotikern gegenübergestellt werden.

Tabelle 20

Jahr	Unterbr. n. § 42 b					davon					
	insg.	davon				Jugendl.		Heranw.		Erw.	
		m	%	w	%	m	w	m	w	m	w
1956	13	11 =	85	2 =	15	2	1	1	1	8	—
1957	22	20 =	91	2 =	9	—	—	4	1	16	1
1958	22	21 =	95	1 =	5	2	—	3	—	16	1
1959	16	16 =	100	—		2	—	1	—	13	—
1960	19	17 =	89	2 =	11	—	—	1	1	16	1
1961	17	16 =	94	1 =	6	3	—	—	—	13	1
1962	23	20 =	88	3 =	12	2	—	4	—	14	3
insg.	132	121 =	91%	11 =	9%	11	1	14	3	96	7

Den allerdings sehr kleinen Zahlen der Tab. 20 ist zu entnehmen, daß unter den geisteskranken Kriminellen durchschnittlich nur etwa 1/10, also 9—10 % weibliche Täter zu beobachten sind, die sich annähernd im gleichen Verhältnis auf Jugendliche, Heranwachsende und

Erwachsene verteilen. Damit ergibt sich hinsichtlich der Geschlechterverteilung fast eine Übereinstimmung mit den geistig normalen Straffälligen Schleswig-Holsteins, unter denen man laut Kriminalstatistik (vgl. Auszüge aus den Statistischen Jahrbüchern d. Statist. Landesamtes 1956—62 in Übersicht XI im Anhang) mit einer Beteiligung des weiblichen Geschlechts an der Gesamtkriminalität in Höhe von etwa 11 bis 13 % rechnen kann[156]. Zum Vergleich der Kriminalitätsbeteiligung der Frau bei den Psychotikern und unter normalen Straffälligen wurden die relativen Zahlen der Übersicht XI (Anhang) und der Tab. 20 in Tab. 21 zusammengefaßt und die resultierenden Durchschnittswerte in Abb. 13 graphisch dargestellt.

Tabelle 21:

Kriminalitätsbeteiligung der Geschlechter in Prozent

Jahr	Kriminelle Geisteskranke (132 Fälle)		Straffällige Bevölkerung insgesamt	
	m	w	m	w
1956	85 %	15 %	87 %	13 %
1957	91 %	9 %	88 %	12 %
1958	95 %	5 %	88 %	12 %
1959	100 %	—	89 %	11 %
1960	89 %	11 %	90 %	10 %
1961	94 %	6 %	nicht gegliedert	
1962	88 %	12 %	nicht gegliedert	
Durchschnitt	90,4 %	9,6 %	88,4 %	11,6 %

Der Anteil der weiblichen Kriminellen unter den Psychotikern ist also noch geringer als er es unter den normalen Straffälligen ohnehin ist, oder vorsichtiger ausgedrückt: er ist jedenfalls nicht höher als unter normalen Tätern, wobei für die auffälligen Schwankungen der Prozentzahlen unter den kriminellen Geisteskrankheiten v. a. die niedrigen absoluten Zahlen verantwortlich sind.

Eine einleuchtende klinisch-psychiatrische Erklärung für diesen Tatbestand hat sich nicht finden lassen. Die pathologischen Bilder der einzelnen Geisteskrankheiten sind bei Frauen zahlenmäßig ebensowenig geringer und grundsätzlich in ihrer Intensität ebensowenig anders als bei den Männern. Man wird daher annehmen müssen, daß für die sehr viel geringere Straffälligkeit der gesunden als auch der psychisch erkrankten Frauen in erster Linie die grundsätzlich andere allgemeine bzw. präpsychotische Wesensart des weiblichen Geschlechts

[156] Die Annahme *Seeligs* S. 225: Die Kriminalität der Frau betrage bei örtlicher und zeitlicher Schwankung $1/4$—$1/7$ jener der Männer, dürfte zumindest für Schleswig-Holstein zu hoch sein.

ausschlaggebend ist. Dabei ist weniger an die soziologisch geschütztere Stellung der Frau gedacht, die in Konsequenz des Gleichheitssatzes des Art. 3 II GG ohnehin erheblich an Bedeutung verloren

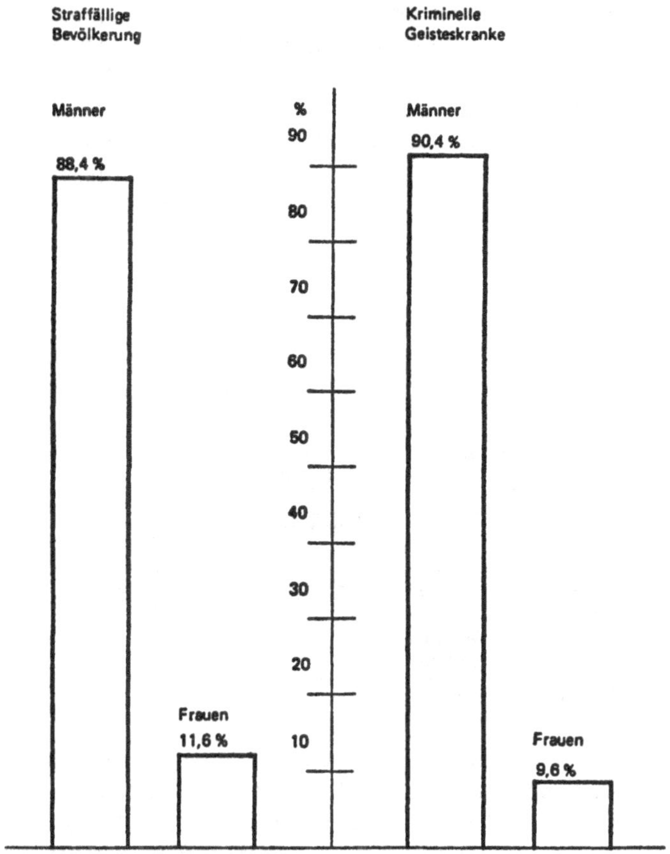

Abb. 13. Verteilung der Geschlechter unter geistig normalen Straffälligen und kriminellen Geisteskranken in Schleswig-Holstein. Angaben in relativen Zahlen.

hat, sondern daran, daß die Frau auch bei geistiger Erkrankung mehr zu depressivem Versagen neigt, während beim Mann aktivere psychotische Zustände näher liegen[157], die aufkommenden Aggressionstendenzen sehr viel eher nach außen Ausdruck verleihen, als dies bei dem weiblichen Geschlecht zu beobachten ist[158]. Insofern kann auch für den

[157] Vgl. *Ewald* S. 260.

[158] Vgl. *Hoff* II S. 26 — mit Hinweis auf die geringe weibliche Beteiligung unter kriminellen Geisteskranken.

Bereich der kriminellen Psychotiker der Satz Seeligs[159] gelten, daß die Frau zwar nicht moralischer sei als der Mann, jedoch strafbaren sozialen Fehlleistungen in weitaus größerem Umfange auszuweichen vermag.

Bei der Aufgliederung in verschiedene Psychosegruppen wurde das Gesamtmaterial der 102 Aktenfälle zugrunde gelegt und bei den hier ermittelten 9 weiblichen kriminellen Geisteskranken festgestellt, daß lediglich der Schwachsinn, die Suchten und die exogenen Psychosen, nicht aber die zahlenmäßig zweitstärkste Gruppe der endogenen Psychosen und auch nicht die Alterspsychosen zu beobachten waren. Dabei gliederten sich zahlenmäßig die einzelnen Psychosegruppen beim weiblichen Geschlecht wie folgt (vgl. Tab. 22):

Tabelle 22

Psychosegruppen		Zahl der weiblichen Kriminellen insgesamt:	%
I—II	Schwachsinn:	3	33
	dav.: I. Angebor. Schwachsinn	1	
	II. Erworbener Schwachsinn	2	
	a) Frühtrauma:	1	
	b) Schädeltr. n. d. 6. Lj.:	1	
V	Exogene Psychosen:	2	22
	dav.: 1. Traum. Epilepsie:	1	
	2. Buergersche Krankheit:	1	
VI—VII	Suchten:	4	45
	dav. VI. Betäubungsm.:	3	
	VII. nur Opiumpräp.:	2	
I—II, V, VI—VII insgesamt:		9	100 %

Die hinsichtlich der Gesamtzahl viertstärkste Gruppe der Suchten nimmt bei den weiblichen Kriminellen mit 45 % der Psychotikerinnen die erste Position ein. Das sind, da die Suchten nur 11 Fälle insgesamt zählen und wovon 4 Täter weiblichen Geschlechts sind, immerhin 36 % der gesamten Psychosegruppe VI—VII. Der Umstand, daß unter den weiblichen kriminellen Geisteskranken vorwiegend mit Süchtigen zu rechnen und der Anteil der Frauen im Verhältnis zu den Männern hier — verglichen mit dem Gesamtverhältnis — enorm hoch ist, scheint in der Natur der Psychose zu liegen: die Sucht treibt mit viel größerer Regelmäßigkeit infolge der quälenden Entziehungserscheinungen die von ihr Abhängigen dazu, sich das Gift auch unter Verletzung gesetzlicher Tatbestände zu verschaffen.

An zweiter Position steht der Schwachsinn mit 33 % aller Psychotikerinnen. Er entspricht mit einem Verteilungsverhältnis 7 % : 93 % etwa

159 Vgl. *Seelig* S. 227.

dem beobachteten Normalverhältnis zwischen Frauen und Männern unter den kriminellen Geisteskranken.

Dem Schwachsinn folgen die exogenen Psychosen mit 22 % der Psychotikerinnen. In dieser Gruppe scheint die Beteiligung der Frauen mit 2 Fällen = 28 % im Verhältnis zu den Männern mit 5 Fällen = 72 % wieder relativ hoch zu sein. Man beachte aber, daß die absolute Zahl der Psychosegruppe V gering und folglich die Gefahr von Zufälligkeiten gegeben ist.

Für die übrigen Psychosegruppen III und IV ist interessant, daß endogene Geisteskrankheiten und Alterspsychosen offensichtlich bei der Frau sehr selten kriminogene Ursachen zu setzen scheinen. In diesen zahlenmäßig starken Gruppen konnte eine Beteiligung der Frau an der Kriminalität nicht festgestellt werden.

Die von den kriminellen Psychotikerinnen begangenen Delikte sind mehr oder weniger typisch für die jeweilige Psychosegruppe. So entfielen etwa, insgesamt betrachtet, die mit Strafe bedrohten Handlungen auf die Deliktsgruppen:

2	Eigentums- und Vermögensdelikte: insgesamt:	7 Fälle
	davon i. V. m. Verstößen gegen das OpG:	4 Fälle
3	Aggressive Handlungen:	1 Fall
6	Abtreibung (§ 218 III StGB):	1 Fall

Die bei der Gesamtzahl der 102 Fälle zahlenmäßig stärkste Gruppe der Sittlichkeitsdelikte[160] war typischerweise ebensowenig vertreten wie die Tötungen und die Brandstiftungen.

Ausgehend von den einzelnen Psychosegruppen entfielen auf die süchtigen Frauen ausschließlich Eigentums- und Vermögensdelikte, — nämlich Urkundenfälschung und Betrug (§ 267, § 263 StGB) i. V. m. Verstößen gegen das Opiumgesetz zwecks Beschaffung von Suchtmitteln.

6. *Wohnsitz, Tat- und Wohnort bei den kriminellen Geisteskranken*

An dieser Stelle soll insbesondere untersucht werden, inwieweit bei den kriminellen Geisteskranken ein Zusammenhang zwischen Nichtseßhaftigkeit und Kriminalität zu beobachten ist[161]. Nach einer Formulierung von Frank ist die Nichtseßhaftigkeit „ein individuell geprägter Zustand der Menschen, die durch Schuld oder Schicksal zeitweilig oder

---

[160] Allerdings bleibt die Frage offen, wie häufig Psychotikerinnen der Prostitution verfallen.

[161] Zur Kriminalitätsgeographie vgl. *Seelig* S. 213 ff.; über die Nichtseßhaftigkeit als soziale Komplikation von kriminogener Bedeutung vgl. *Frank* S. 5—11.

auch dauernd außerhalb der als Norm geltenden bürgerlichen Ordnung leben und arbeits-, obdach-, und mittellos unterwegs sind"[162]. Im Sinne dieser Definition konnten in den 102 Aktenfällen eine Anzahl krimineller Geisteskranker ermittelt werden, die als Täter ohne festen Wohnsitz denen mit festem Wohnsitz gegenübergestellt wurden. Außerdem wurden die festen Wohnsitze der übrigen kriminellen Psychotiker nach Stadt und Land aufgegliedert, wobei — durchaus willkürlich — die Grenze bei einer örtlichen Einwohnerzahl von 20.000 angenommen wurde (vgl. dazu Tab. 23 und Abb. 14).

Tabelle 23:

Wohnsitze der kriminellen Geisteskranken

Wohnsitz	absolute Zahlen	%
Fester Wohnsitz:	91	89 %
davon: Stadt:	41	40 %
Land:	50	49 %
Ohne festen Wohnsitz:	11	11 %
insgesamt:	102	100 %

Das bedeutet zunächst, daß von den 102 kriminellen Geisteskranken Schleswig-Holsteins in der Beobachtungszeit 1956—62 immerhin 11 % ohne festen Wohnsitz, damit dauernd oder vorübergehend nicht seßhaft gewesen sind[163]. Die Wohnsitze der übrigen Psychotiker zeigen ein Verhältnis zwischen Stadt und Land von 40 % zu 49 %. Das leichte Überwiegen der ländlichen Wohnsitze wird v. a. durch die hohe Zahl der schachsinnigen Täter verursacht.

Hinsichtlich der Definition des *Tatorts* stößt man auf gewisse Schwierigkeiten, — worauf schon Burchardt aufmerksam gemacht hat[164]. Man wird bei der Frage, wo die mit Strafe bedrohte Handlung stattgefunden hat, vom Tatort im technischen Sinne ausgehen müssen, weil von diesem der größte Umwelteinfluß auf die Tat zu erwarten ist. Um das Bild aber abzurunden wird man Tat- und Wohnort möglichst in einem Zusammenhang darstellen, der geeignet ist, vorhandene Verschiebungen[165] erkennen zu lassen. Diesem Zweck dient zunächst die umfassende Übersicht XII im Anhang. Die errechneten relativen Zahlen über Tat-

162 So *Frank* S. 7.

163 Der Anteil der — meist wenig auffälligen — Geisteskranken unter den Nichtseßhaften ist bedeutend; *Frank* vermutet (S. 10, 17) etwa 10 % körperlich o. geistig schwerer Geschädigte unter den Nichtseßhaften; vgl. auch *Langelüddeke* S. 376 über die *Willmanns*schen Untersuchungen schizophrener Landstreicher.

164 Vgl. *Burchardt* S. 48.

165 Vgl. dazu *Burchardt* S. 49.

und Wohnort, gegliedert nach einzelnen Psychosegruppen, wurden in Tab. 24 zusammengestellt und in Abb. 14 graphisch ausgewertet.

Tabelle: 24:

Kriminelle Geisteskranke
Geographische Verteilung von Tat- und Wohnort in Prozent

Geisteskrankheiten Einzelne Gruppen		Tatort Stadt	Tatort Land	davon: i. Umhz.	Wohnort Stadt	Wohnort Land	o. f. W.
I—II	Schwachsinn	27 %	66 %	7 %	34 %	55 %	11 %
III	Endog. Psychosen	48 %	48 %	4 %	52 %	40 %	8 %
IV	Alterspsychosen	47 %	40 %	13 %	47 %	40 %	13 %
V	Exog. Psychosen	72 %	14 %	14 %	29 %	57 %	14 %
VI—VII	Suchten	65 %	25 %	10 %	35 %	55 %	10 %
insgesamt:		42 %	50 %	8 %	40 %	49 %	11 %

Bereits die Gesamtübersicht über die Psychosegruppen I—VII in Abt. 1 der Abb. 14 zeigt hinsichtlich der geographischen Verteilung zahlenmäßig eine leichte Verschiebung der *Wohn-* und *Tat*orte, und zwar bei der Stadt von 40 % auf 42 %, beim Lande von 49 % auf 50 % und von den 11 % der Täter ohne festen Wohnsitz begingen nur 8 % ihre mit Strafe bedrohten Handlungen im Umherziehen.

Der letzte Punkt bedarf einer zusätzlichen Erklärung: Eine Diskrepanz zwischen „Nichtseßhaftigkeit" und „Straftat im Umherziehen" ist theoretisch möglich, und tritt auch hier offen zutage, weil die Bewertungsmaßstäbe für beide verschieden sind. Zur Ermittlung der Nichtseßhaftigkeit wurde das Leben und das soziale Verhalten des Täters mehr in seiner Gesamtheit und in einem größeren Zeitraum betrachtet, wobei natürlich der Umstand ausschlaggebend war, daß eine meldebehördliche Registrierung als Einwohner mit festem Wohnsitz nicht vorlag. Dagegen wurde das Bild des „kriminellen Verhaltens im Umherziehen" weitgehend vom Zeitpunkt der Tat bestimmt. Es ist daher durchaus möglich, daß bestimmte Täter generell ohne festen Wohnsitz gewesen sind, sich aber vorübergehend an einem bestimmten Ort — etwa an einem Arbeitsplatz — aufgehalten und dort ihre Straftat begangen haben. Dann wurde keine „Straftat im Umherziehen" angenommen. Dies geschah erst dort, wo der Täter typischerweise „bei Gelegenheit" des Umherziehens kriminell wurde.

Die Gesamtbetrachtung zeigt, daß die Tatorte auf dem Lande mit 50 % etwas häufiger sind als in der Stadt mit 42 %, zweitens daß zahlenmäßig fast eine Kongruenz mit den Wohnorten besteht, drittens daß die Zahl der Straftaten im Umherziehen mit 8 % geringer ist als die Zahl der Täter ohne festen Wohnsitz (11 %). Der letzte Umstand deutet darauf hin, daß von den Tätern ohne festen Wohnsitz sich 27 % zur Zeit der Straftat vorübergehend an einem bestimmten Ort befunden haben, oder anders betrachtet: nur bei 73 % der Täter ohne festen Wohnsitz konnte der Einfluß des Umherziehens als Gelegenheit zur

Begehung mit Strafe bedrohter Handlungen, also als mögliche exogene Verbrechensursache, in Betracht gezogen werden. Aber auch hier bleibt noch die Frage offen, ob nicht das unstete Verhalten selbst und damit

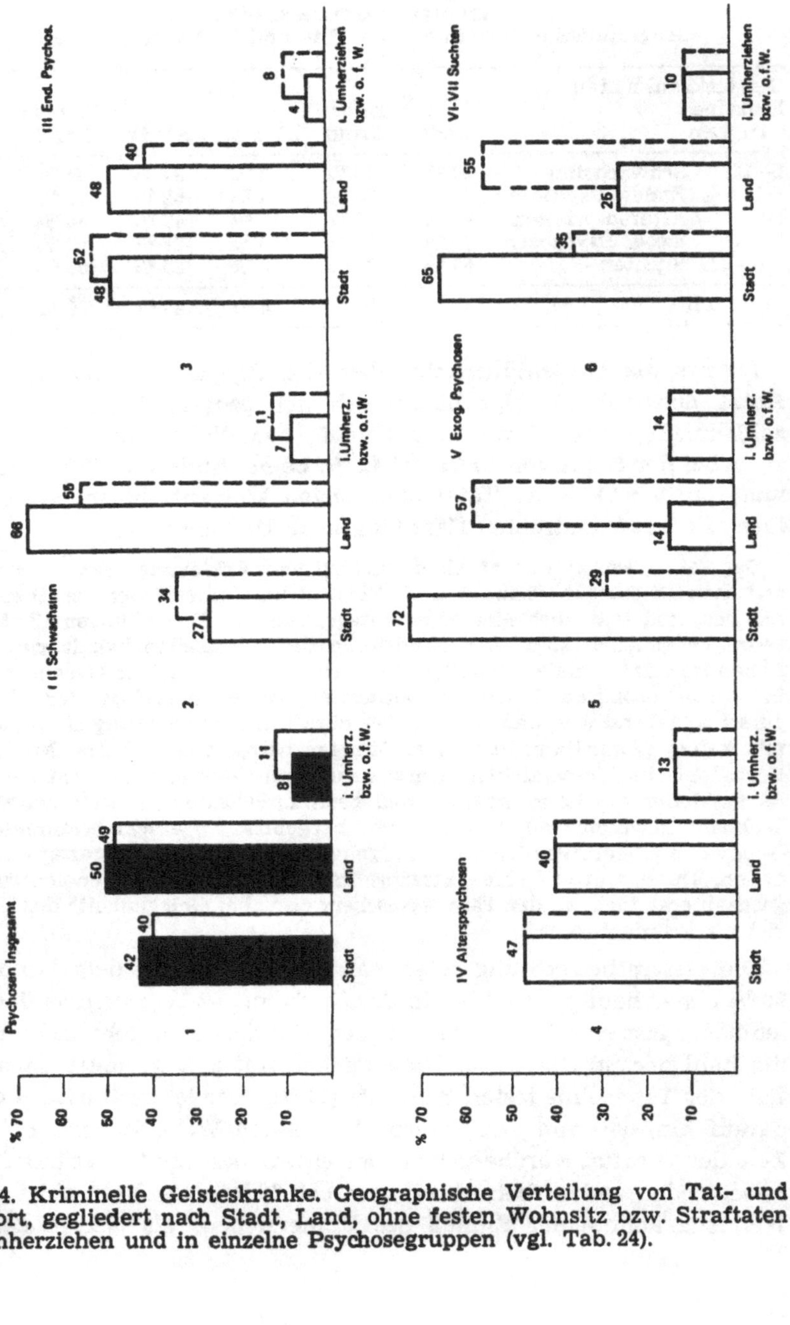

Abb. 14. Kriminelle Geisteskranke. Geographische Verteilung von Tat- und Wohnort, gegliedert nach Stadt, Land, ohne festen Wohnsitz bzw. Straftaten im Umherziehen und in einzelne Psychosegruppen (vgl. Tab. 24).

auch die Straftat primär aus der psychotischen Erkrankung ursächlich abzuleiten wäre.

Über das Zustandekommen des Gesamtbildes der geographischen Verteilung von Tat- und Wohnort aller kriminellen Geisteskranken (Abt. 1 der Abb. 14) geben die Abt. 2 bis 6 der Abb. 14 durch Aufgliederung in die Psychosegruppen I—VII im einzelnen Auskunft.

So ist etwa das leichte Überwiegen ländlicher Tat- und Wohnorte auf die zahlenmäßig stärkste Gruppe der Schwachsinnigen (Abt. 2 der Abb. 14) zurückzuführen, — die ländlichen Tat- und Wohnorte beziffern sich mit 66 % bzw. 55 % aller schwachsinnigen Täter; auf die Stadt entfielen 27 % bzw. 34 %, ohne festen Wohnsitz waren 11 %, und nur 7 % begingen Straftaten im Umherziehen. Die bereits früher geäußerte Vermutung, daß der Schwachsinn auf dem Lande eine größere Verbreitung haben dürfte, findet hier zumindest für die kriminellen Oligophrenen ihre Bestätigung. Im übrigen sind die Tat- und Wohnorte der schwachsinnigen Täter weitgehend kongruent.

Dagegen zeigt die Gruppe der endogenen Psychosen (Abt. 3 der Abb. 14) eine fast gleichmäßige geographische Verteilung von Tat- und Wohnorten auf Stadt und Land mit 48 % bzw. 52 % und 48 % bzw. 40 %. Die Wohnorte lassen ein leichtes Überwiegen der Stadt mit 52 % gegen 40 % erkennen. Die Tatorte sind zahlenmäßig gleich. Die Zahl der Täter ohne festen Wohnsitz ist mit 8 % die kleinste aller Psychosegruppen und außerdem geringer, als man im allgemeinen vermutet. Nur die Hälfte — nämlich 4 % — begingen Straftaten im Umherziehen. Die endogenen Psychosen zeigen also eine fast gleichmäßige Verteilung der Täter auf Stadt und Land bei geringer Beteiligung der Nichtseßhaften und stellen in diesem Bereich damit eine der unauffälligsten Gruppen dar.

Bei den Alterspsychosen (Abt. 4 der Abb. 14) besteht zahlenmäßig eine Übereinstimmung zwischen Tat- und Wohnorten. Mit 47 % der Gruppe haben die städtischen Wohnsitze bzw. Tatorte ein leichtes Übergewicht gegenüber den ländlichen mit 40 %. Nichtseßhafte Täter finden sich indessen mit 13 % sehr viel mehr als unter Schwachsinnigen oder endogen Geisteskranken.

Dagegen zeigt die geographische Verteilung von Tat- und Wohnort bei den Süchtigen ein unruhiges Bild (Abt. 6 der Abb. 14). Während sich die Wohnorte der kriminellen Süchtigen mit 55 % der Gruppe überwiegend auf dem Lande und nur zu 35 % in der Stadt befinden, weisen die Tatorte eine fast umgekehrt proportionale Verteilung auf, nämlich zugunsten der Stadt mit 65 % im Gegensatz zu den ländlichen Tatorten mit nur 25 %. Für die Diskrepanz sind vermutlich die Deliktsarten der Süchtigen ursächlich. Wie sich später zeigen wird, ist der Prozentsatz der Ärzte und Sprechstundenhilfen, und hier v. a. solcher, die auf dem Lande eine Praxis betreiben, vertreten bzw. darin helfen, verhältnismäßig groß. Damit wird die hohe Zahl der ländlichen Wohnsitze erklärlich. Die für die Süchtigen als typisch zu geltenden Deliktsarten: Betrug, Urkundenfälschung und Verstöße gegen das Opiumgesetz zwecks Beschaffung von Rauschgiften werden dagegen überwiegend in städtischen Apotheken begangen, wodurch die Stadt als Tatort zahlenmäßig mehr als doppelt so hoch in Erscheinung tritt. Die süchtigen Kriminellen ohne festen Wohnsitz machen 10 % der Gruppe aus. Ebensohoch ist die Zahl der Straftaten im Umherziehen.

Die Gruppe der exogenen Psychosen (Abt. 5 der Abb. 14) zeigt in der Verteilung von Tat- und Wohnort ein ähnliches Bild wie die kriminellen Süchtigen. Städtische und ländliche Wohnsitze waren zu 29 % bzw. 57 % vorhanden. Bei den Tatorten herrschte ein umgekehrtes Verhältnis: 72 % waren städtisch und nur 14 % ländlich. Dafür gibt es eine ähnliche Erklärung wie bei den Süchtigen. Auch hier sind wieder die Deliktsarten für die Tatortverteilung maßgebend gewesen. 57 % aller exogen geisteskranken Täter haben Eigentums- und Vermögensdelikte begangen, und zwar zum größten Teil — nämlich zu 80 % — Abzahlungsbetrügereien in städtischen Geschäften, während die Täter überwiegend ihren Wohnsitz auf dem Lande hatten. Zu beachten ist aber, daß die kleinen absoluten Zahlen der Gruppe V wesentlich zu den großen Schwankungen beigetragen haben. So machen etwa die 14 % der Nichtseßhaftigkeit nur einen Täter von insgesamt 7 der ganzen Gruppe aus.

Aus den Beobachtungen läßt sich zusammenfassend folgendes sagen: Bei der Gliederung nach Tat- und Wohnorten zeigen die kriminellen Geisteskranken allgemein eine annähernd gleiche Verteilung auf städtische und ländliche Bezirke, wobei es aber infolge der kleinen Zahlen schwierig ist, den Zufall von der Regel zu trennen.

Das leichte Überwiegen der ländlichen Tat- und Wohnorte ist vorwiegend auf die zahlenmäßig stärkste Gruppe der Schwachsinnigen zurückzuführen. Im übrigen besteht zahlenmäßig fast eine Kongruenz der Tat- und Wohnorte. Die Zahl der Täter ohne festen Wohnsitz ist nicht unbedeutend, jedoch begeht nur ein Teil — wenn auch der größere — der nicht seßhaften Täter typische Straftaten im Umherziehen.

Die zweit- und drittstärksten Gruppen der endogenen und Alterspsychosen weisen hinsichtlich der Verteilung von Tat- und Wohnorten eine fast gleichmäßige Verteilung auf Stadt und Land auf, lediglich die Suchten und exogenen Psychosen zeigen eine zum Teil divergierende Tat- und Wohnortverteilung.

Vergleicht man das Ergebnis mit der Gliederung nach Tatorten bei den gesamten Straftätern Schleswig-Holsteins, so dürfte die Feststellung Seeligs, daß die Kriminalität im Verhältnis Stadt—Land zahlenmäßig nicht wesentlich unterschiedlich sei[166], allgemein auch für die geisteskranken Kriminellen gelten (vgl. hierzu die Übersichten XIII a und XIII b im Anhang, Tab. 24 und die graphische Gegenüberstellung in Abb. 15).

Dagegen sind — worauf Seelig hingewiesen hat — qualitative Unterschiede durchaus denkbar[167]. Aus diesem Grunde sind die Tat- und Wohnortverteilung in den Übersichten XIV a und b (im Anhang) nach Deliktsgruppen gegliedert und die errechneten relativen Zahlen in Tab. 25 zusammengestellt worden.

Tabelle 25:

Tat- und Wohnortverteilung, gegliedert nach Deliktsgruppen

Deliktsgruppen	Tatort			Wohnort		
	Stadt	Land	i. Uhz.	Stadt	Land	o. f. W.
1. Sittl.delikte	40 %	60 %	—	45 %	55 %	—
2. Eig. u. Vermög.-Del.	43 %	38 %	19 %	36 %	42 %	22 %
3. Aggr. Handl.	38 %	62 %	—	31 %	54 %	15 %
4. Tötungen	100 %	—	—	83 %	17 %	—
5. Brandstift.	—	100 %	—	—	100 %	—
6. Abtreibung	—	—	100 %	100 %	—	—
Delikte insgesamt:	42 %	50 %	8 %	40 %	49 %	11 %

Man erkennt, daß die Tatortverteilung primär von den Wohnorten her bestimmt wird, so daß annähernd eine Kongruenz von Tat- und

---

[166] Vgl. *Seelig* S. 215. Nach der pol. Kriminalstatistik Schleswig-Holsteins ergab sich unter 78 993 im Jahre 1960 ermittelten Straftaten folgende Tatortverteilung:

Großstadt u. Mittelstadt: 54,12 %
Kleinstadt u. Landgebiet: 46,88 %.

Unter 48 931 Straftätern des gleichen Jahres wurden zu 4,76 % reisende Täter ermittelt (vgl. Übersichten XIII a und XIII b im Anhang). Bezieht man diese Zahl der Einfachheit halber im gleichen Verhältnis auf städtische und ländliche Tatorte, so errechnet sich folgende Tatortverteilung:

Tatorte	Ges. Straftäter
Groß- u. Mittelstadt:	rd. 51 %
Kleinstadt u. Landgebiet:	rd. 44 %
im Umherziehen:	rd. 5 %
	+ 100 %

[167] Vgl. *Seelig* S. 215.

Wohnorten besteht. Lediglich die Eigentums- und Vermögensdelikte (Nr. 2) zeigen, abweichend von der Wohnortverteilung, eine Verschiebung zugunsten städtischer Tatorte. Damit findet sich die Bestätigung

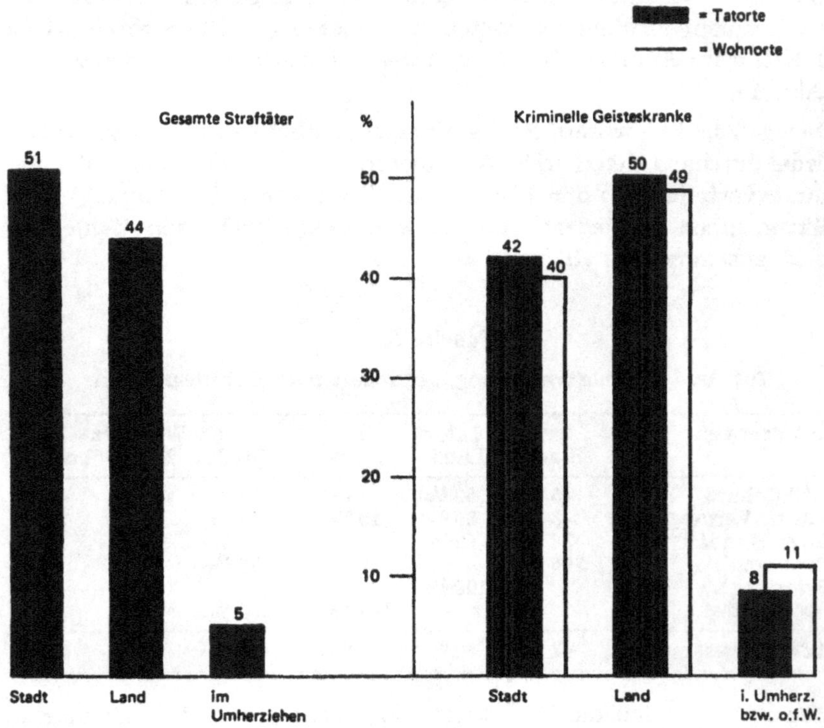

Abb. 15. Gesamte Straffällige und kriminelle Geisteskranke; Gliederung nach Tatorten (vgl. Übersichten XIII a u. XIII b i. Anhang, Tab. 24 u. Fn. 166).

für die Tatortverlagerung, wie sie bei der Analyse der Suchten und exogenen Psychosen bereits gefunden wurde (vgl. Tab. 24 und Abb. 14). Außerdem zeigt sich erst durch Tab. 25 deutlich, daß ausschließlich Eigentums- und Vermögensdelikte — nämlich zu 19 % — „im Umherziehen" begangen wurden (der einzige Fall der Abtreibung ist nicht repräsentativ), — und zwar i. d. R. von Tätern ohne festen Wohnsitz. Die Kriminalität der nicht seßhaften Psychotiker besteht also in der Begehung von Eigentums- und Vermögensdelikten.

Die Frage nach dem qualitativen Unterschied der Kriminalität im Verhältnis Stadt—Land[168] läßt sich indessen auf diese Weise nicht voll-

[168] Vgl. dazu *Seelig* S. 215: Einbruchsdiebstahl, Veruntreuung, Hehlerei, Betrug u. Amtsdelikte dürften in der Stadt überwiegen, Brandstiftung, Körperverletzung, Raufhandel sind dagegen auf dem Lande häufiger.

kommen beantworten. Denn jede Untersuchung innerhalb der Psychose- oder Deliktsgruppen für sich findet nur die Kongruenz oder Diskrepanz von Tat- und Wohnorten und nicht mehr. Um also herauszufinden, ob bestimmte Deliktsarten qualitativ typisch für das Land oder die Stadt sind, muß man die Tatorte *dieser Delikte* den Wohnorten der Psychosegruppen insgesamt gegenüberstellen. Die dafür erforderlichen Zahlen über die Wohnortverteilung der Psychosegruppen insgesamt wurden der Tab. 24 und über die Tatortverteilung der einzelnen Deliktsgruppen der Tab. 25 entnommen und in relativen Zahlen in Tab. 26 zusammengestellt. Zum besseren Vergleich wurde dabei die Gesamtzahl der jeweiligen Deliktsgruppe gleich 100 % gesetzt (so wie in Tab. 25). Über den in Tab. 26 vermerkten Anteil der einzelnen Deliktsgruppen unter den kriminellen Geisteskranken insgesamt vgl. Tab. 13, Abt. b.

Eine kurvenmäßige Auswertung für die Deliktsgruppen 1—3 findet sich in Abb. 16.

Tabelle 26:

Verhältnis der Wohnorte der kriminellen Geisteskranken zu den Tatorten der verschiedenen Deliktsgruppen

Psychosegruppen insgesamt und Deliktsgruppen	Wohnorte der kriminellen Geisteskranken insgesamt			Anteil d. Deliktsgruppen i. d. Psychosegruppen insg.	Davon entfielen auf die Tatorte (jeweilige Deliktsgruppe = 100 % gesetzt)		
	Stadt	Land	o.f.W.		Stadt	Land	i. Umhz.
Psychosegruppen insgesamt:	40 %	49 %	11 %		42 %	50 %	8 %
davon Deliktsgruppen:							
1. Sittlichk.del.				39 %	40 %	60 %	—
2. Eig.- u. Vermög.del.				36 %	43 %	38 %	19 %
3. Aggr. Handlungen				13 %	38 %	62 %	—
4. Tötungen				6 %	100 %	—	—
5. Brandstiftungen				5 %	—	100 %	—
6. Abtreibung				1 %	—	—	100 %
insgesamt: Deliktsgruppen				100 %	42 %	50 %	8 %

Die Gegenüberstellung zeigt jetzt deutlich, welche Deliktsarten qualitativ mehr oder weniger als typisch städtisch oder typisch ländlich zu gelten haben. Bei annähernd gleicher Verteilung sowohl der Wohn- als auch der Tatorte aller kriminellen Geisteskranken auf Stadt und Land ist die Brandstiftung ein typisch ländliches, die Tötung ein typisch städtisches Delikt. Bei allen übrigen Deliktsarten ist eine solche Eindeutigkeit nicht zu beobachten. Es zeigt sich aber, daß etwa die Sittlichkeitsdelikte auf dem Lande häufiger sind als in der Stadt, — aber eben nicht nur, weil die Zahl der Wohn- und Tatorte der kriminellen Geisteskranken insgesamt auf dem Lande etwas häufiger und die Schwachsinnigen als Haupttätergruppe der Sittlichkeitsdelikte überwiegend auf dem Lande zu Hause sind (vgl. auch Abb. 16). Etwas ähnliches, gewissermaßen nur in umgekehrter Proportionalität, gilt für die Gruppe der Eigentums- und Vermögensdelikte: sie sind in der Stadt durchaus

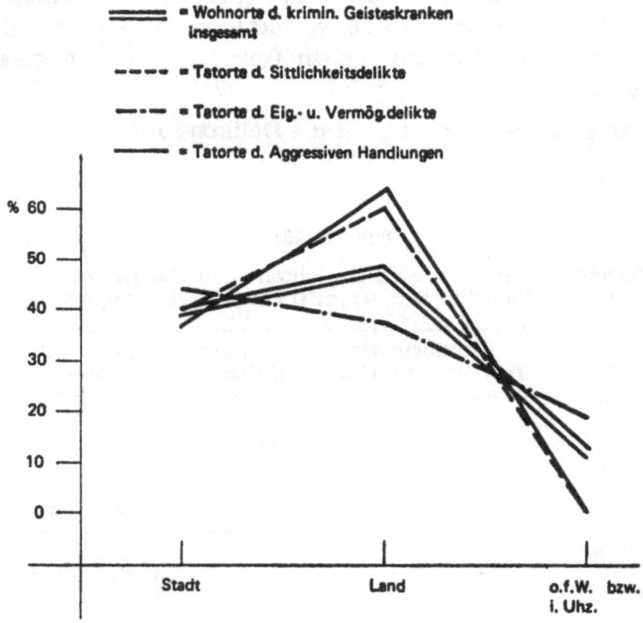

Abb. 16. Das Verhältnis der Wohnorte aller kriminellen Geisteskranken zu den Tatorten der verschiedenen Deliktsgruppen (Prozentwerte vgl. Tab. 26).

häufiger. Außerdem sind sie neben der wegen ihres Einzelfalles nicht repräsentativen Abtreibung (Gruppe 6) die einzigen Deliktsformen, die zu 19 % „im Umherziehen" begangen werden (vgl. Abb. 16). Die aggressiven Handlungen sind dagegen wieder auf dem Lande zahlreicher, während Angriffe auf Personen in der Stadt intensiver erscheinen, nämlich die Tötung des Opfers zur Folge haben. Vergegenwärtigt man sich, daß die Tötungen ausschließlich, aggressive Handlungen zu 77 % von endogen Geisteskranken begangen werden, ferner daß unter diesen zahlenmäßig die Schizophrenie und die Pfropfschizophrenie insgesamt mit 84 % innerhalb der Gruppe die häufigsten Psychosen sind und schließlich, daß — wie später noch zu zeigen ist — der Verfolgungswahn der Paranoiden und Paraphrenen ein Achsensyndrom krimineller Schizophrener ist, dann scheint der Grund für die unterschiedliche Verteilung der Deliktsgruppen 3 und 4 auf Stadt und Land in folgendem zu liegen: der im Verfolgungswahn handelnde Geisteskranke empfindet die Beeinträchtigung durch seine Umwelt um so intensiver, je mehr Personen oder technische Einrichtungen er in sein Wahnsystem einbauen kann. Dafür bietet ihm die Stadt weit mehr Voraussetzungen. Der auf diese Weise intensiver aufgeladene psychopathologisch bedingte innere Spannungszustand entlädt sich dann — psychologisch beinahe einfühlbar — in entsprechend intensiveren Abwehrmaßnahmen des Kranken.

Die Untersuchungen haben im Ergebnis gezeigt: auch bei geisteskranken Kriminellen gibt es qualitativ mehr oder weniger typisch städtische und typisch ländliche Deliktsarten. Für eine endgültige Aussage ist jedoch das Zahlenmaterial zu gering.

7. *Schulbildung und Beruf bei den kriminellen Geisteskranken*

Zumindest für die allgemeine Straffälligkeit gilt der Erfahrungssatz, daß die beruflichen Qualifikationen u. U. den kriminellen Neigungen des Täters förderlich sein können. Dabei wird man die kriminogene Bedeutung des Berufs einerseits direkt in der Vermittlung von Tatgelegenheit und Tatkenntnis, andererseits indirekt darin vermuten müssen, daß mangelhafte oder keine Berufsausbildung zu sozialem Abgleiten und schließlich zur Kriminalität aus wirtschaftlicher Not führen kann[169].

Hier ist die Frage von Interesse, wie die Berufsausbildung der kriminellen *Geisteskranken* beschaffen und welcher kriminogene Einfluß von ihr bei diesem Täterkreis zu erwarten ist. Dabei wird auf die Schulbildung lediglich ergänzend Bezug genommen, da sie durch Hinweis auf die intellektuellen Voraussetzungen das Bild der Berufsausbildung abzurunden vermag.

Die nachfolgenden Erhebungen stützen sich ausschließlich auf die 102 Einweisungsfälle. Das ermittelte Material wurde in absoluten Zahlen in der Übersicht XV (im Anhang) zusammengestellt. Ein Überblick über die Schulbildung der geisteskranken Täter findet sich, nach einzelnen Psychosegruppen und relativen Zahlen gegliedert, in Tab. 27.

Der Gesamtüberblick zeigt, daß unter den kriminellen Geisteskranken die Zahl der Täter mit Hilfschulbildung mit 22 % erheblich ist. Aber auch die Zahl der Psychotiker mit Mittelschulbildung oder

---

169 Vgl. dazu *Seelig* S. 231.

Abitur ist mit 19 % nicht klein. Die Zahl der Täter, die die Volksschule besucht haben, beträgt 59 %.

Tabelle 27:

Schulbildung der geisteskranken Täter

Zeichenerklärung:
a = % der jeweiligen Psychosegruppe;
b = % der Psychosen insgesamt (102 Fälle = 100 %)

Geisteskrankheiten Einzelne Gruppen		davon *Schulbildung*: Hilfs- und Gehörlosenschule a = b	Volksschule a = b	Höhere Schule (Mittel- u. Oberschule) a = b
I—II	Schwachsinn	39 % = 17 %	56 % = 24 %	5 % = 2 %
III	Endog. Psychosen	8 % = 2 %	76 % = 18 %	16 % = 4 %
IV	Alterspsychosen	13 % = 2 %	60 % = 9 %	27 % = 4 %
V	Exog. Psychosen	14 % = 1 %	72 % = 5 %	14 % = 1 %
VI—VII	Suchten	—	27 % = 3 %	73 % = 8 %
insgesamt:		22 %	59 %	19 %

Wie dieses auffällige Bildungsgefälle zustande kommt, wird erst durch die Aufgliederung in einzelne Psychosegruppen deutlich. So stellt der Schwachsinn mit insgesamt 39 % der Gruppe I—II, entsprechend 17 % aller Einweisungen, die größte Zahl der Hilfsschüler. 56 % der Gruppe, gleich 24 % aller Psychotiker, haben eine Volksschule besucht. Die Zahl der Mittel- bzw. Oberschüler ist mit 5 % der Schwachsinnigen, gleich 2 % aller geisteskranken Täter, gering. Daß es sie überhaupt gibt, ist damit zu erklären, daß in dieser Gruppe Täter mit erworbenem Schwachsinn als Folge einer nach dem 17. Lebensjahr gesetzten hirntraumatischen Schädigung zu finden waren. Dagegen verhalten sich die endogen Geisteskranken der Gruppe III durchaus unauffällig. Der größte Teil der Gruppe hat mit 76 %, entsprechend 18 % aller Einweisungen, Volksschulbildung. Die Zahl der Hilfsschüler ist mit 8 %, gleich 2 % aller Psychotiker, gering und entfällt außerdem zum größten Teil auf die Pfropfschizophrenie, — eine auf angeborene Debilität aufgepfropfte schizophrene Erkrankung. Denn Kranke des schizophrenen Formenkreises leiden — abgesehen von den dementen Endzuständen nach langjährigem Krankheitsprozeß — sonst nicht an Intelligenzmängeln. Aus diesem Grunde konnte bei ihnen durchaus mit einer gewissen Zahl von Mittel- oder Oberschülern gerechnet werden; sie beläuft sich auf 16 % der Gruppe, gleich 4 % aller Untergebrachten (vgl. Tab. 27). Bei den Alterspsychotikern der Gruppe IV findet sich wiederum eine größere Zahl von Hilfsschülern mit 13 % der Gruppe — gleich 2 % aller kriminellen Geisteskranken. Dafür ist aber auch der Anteil der Mittel- und Oberschüler mit 27 %, entsprechend 4 % aller Psychotiker, mehr als doppelt so groß. Die Zahl der alterskranken Täter, die ausschließlich eine Volksschule besucht haben, beläuft sich auf 60 % der Gruppe. Bei den exogen Geisteskranken (Gruppe V) zeigt sich hinsichtlich der Schulbildung ein ähnliches Verteilungsverhältnis wie bei der Gruppe III (endogene Psychosen), lediglich mit dem Unterschied, daß die Zahl der Hilfsschüler mit 14 % der Gruppe größer, die Zahl der Mittel- und Oberschüler mit ebenfalls 14 % dagegen kleiner ist. Indessen sind die absoluten Zahlen der Gruppe V sehr klein, bestimmen daher auch wenig das Gesamtbild der Schulbildung der kriminellen Geisteskranken (vgl. Tab. 27). Völlig anders dagegen sieht das Bild bei den süchtigen Kriminellen aus. Bei ihnen überwiegt mit 73 % bei weitem die Zahl der Täter mit Abitur oder Mittelschulbildung. Gleichzeitig stellen die Süchtigen mit 8 % aller Einweisungen die höchste Zahl der Ober- und Mittelschüler unter den Psychotikern insgesamt. Wie sich noch zeigen wird, finden sich unter den Süchtigen auch die meisten akademischen Berufe aller kriminellen Geisteskranken. Dagegen ist die Zahl der Täter mit Volksschulbildung in Höhe von 27 %, entsprechend 3 % aller Psychotiker, relativ gering.

Zusammenfassend kann also festgehalten werden, daß unter den kriminellen Psychotikern ein auffälliges Bildungsgefälle besteht. Lediglich die endogen Geisteskranken der Gruppe III sind verhältnismäßig unauffällig. Dagegen weist der Schwachsinn — was in der Natur der geistigen Erkrankung liegt — einen deutlichen Trend zur Hilfsschulbildung auf. Hinzu kommt noch, daß knapp die Hälfte aller Volksschüler die Abschlußprüfung nicht bestanden haben. Von einem abgeschlossenen Volksschulbesuch kann bei den Schwachsinnigen genau genommen nur in etwa 30 % und nicht in 56 % der Gruppe gesprochen werden. Unter den Süchtigen finden sich dagegen auffallend viele Täter mit Mittel- und Oberschulbildung.

Geht man nun von den schulischen Voraussetzungen aus, die bei den psychotischen Kriminellen festgestellt wurden, so wäre folglich in der Berufsausbildung mit einem prozentual ähnlichen Gefälle von einfachen oder gar keinen, qualifizierteren und schließlich höheren bis akademischen Berufen zu rechnen. Jedoch hat sich diese Erwartung nicht bestätigt. Bereits bei der ganz allgemeinen Frage, ob überhaupt eine Berufsausbildung in Angriff genommen wurde, zeigt sich eine Diskrepanz zu den schulischen Voraussetzungen der Täter allgemein und in den verschiedenen Psychosegruppen (vgl. dazu die Übersicht XV im Anhang).

In relativen Zahlen ausgedrückt ergab sich folgendes Bild (vgl. Tab. 28):

Tabelle 28:

Berufsbildung der geisteskranken Täter

Zeichenerklärung:
a = % der jeweiligen Psychosegruppe;
b = % der Psychosen insgesamt (102 Fälle = 100 %)

Geisteskranke Einzelne Gruppen		davon ohne Beruf a	b	mit Berufsausbildung a	b
I—II	Schwachsinn	84 %	= 36 %	16 %	= 7 %
III	Endog. Psychosen	60 %	= 14 %	40 %	= 10 %
IV	Alterspsychosen	34 %	= 5 %	66 %	= 10 %
V	Exog. Psychosen	57 %	= 4 %	43 %	= 3 %
VI—VII	Suchten	9 %	= 1 %	91 %	= 10 %
insgesamt:		60 %		40 %	

Obgleich geisteskranke Täter mit Volks- und höherer Schulbildung — und das sind insgesamt 78 % (vgl. Tab. 27) — vom Schulbildungsgrad her immerhin die Chance gehabt hätten, eine Berufsausbildung abzuschließen, ist dies lediglich bei 40 % aller Psychotiker der Fall gewesen (vgl. Tab. 28), — das sind nur wenig mehr als die Hälfte derer, die vom schulischen Ausbildungsgrad her zumindest theoretisch dazu in der Lage gewesen wären. Bevor jedoch nach einer Erklärung dafür gesucht wird, sei zunächst noch auf die Berufsgliederung im einzelnen unter den kriminellen Geisteskranken hingewiesen. Eine Zusammenstellung in relativen Zahlen findet sich in Tab. 29 (absolute Zahlen vgl. Übersicht XV im Anhang).

Von den Alterspsychosen und Suchten abgesehen, waren mehr als die Hälfte aller geisteskranken Täter ohne eine abgeschlossene Berufsausbildung (vgl. Tab. 28 und Tab. 29). Dennoch sind sie kürzere oder längere Zeit als berufslose Gelegenheitsarbeiter in Industrie und Handwerk, als ungelernte landwirtschaftliche Hilfsarbeiter und in einem Falle als ungelernte Krankenhausgehilfin beschäftigt gewesen. Dabei ist — und das geht aus Tab. 29 nicht hervor — die Zahl der Landarbeiter ohne Beruf verhältnismäßig hoch. Von insgesamt 62 Berufslosen (vgl. Übersicht XV im Anhang) hatten 36 — das sind 58 % — mehr oder weniger lange in der Landwirtschaft als einfache Hilfskraft gearbeitet. Dabei war die Beteiligung der einzelnen Psychosegruppen unterschiedlich (vgl. Tab. 30):

Unter den Schwachsinnigen waren also 67 %, unter den endogen Geisteskranken nur 47 %, dagegen unter den Alterskranken 80 % der berufslosen Täter in der Landwirtschaft beschäftigt. Von den absoluten Zahlen ausgehend, kommt dabei aber dem Schwachsinn die größere Bedeutung zu. Von den 36 berufslosen in der Landwirtschaft

Tabelle 29

Kriminelle Geisteskranke, Gliederung nach Psychose- und Berufsgruppen, Angaben in relativen Zahlen (absolute Zahlen vgl. Übersicht XV im Anhang)

Geisteskrankheiten / Einzelne Gruppen davon:	Ohne Beruf	Mit Berufsausbildung	davon: Gelernter Industriearbeiter:	Handwerk:	Arzt- u. Krankenhaushilfen:	Kaufm. Berufe:	Berufe m. höherer Schulbild.:	Akad. Berufe:	ohne nähere Angaben:
	Berufsloser Gelegenheitsarbeiter in Industrie u. Handw. Landw. Hilfsarbeiter Ungel. Krankenhilfe		Brunnenbauer, Eisenflechter, Werftarbeiter, Sonstige	Schlachter, Bäcker, Schlosser, Schmied, Mechaniker, Maurer, Schreibmaschinenreparateur	Gelernte Krankenschwester, Sprechstundenhilfe	Kaufmann, Handelsvertreter, Kontoristin	Zollbeamter, Lehrer, Bücherrevisor, Ingenieur	Arzt	
	%	%	%	%	%	%	%	%	%
I-II Schwachsinn	84	16	7	5	2	2	—	—	—
III Endog. Psych.	60	40	—	24	—	—	16	—	—
IV Alterspsychosen	34	66	—	32	—	7	7	—	20
V Exogene Psych.	57	43	—	29	—	14	—	—	—
VI-VII Suchten	9	91	—	9	18	—	9	55	—
insgesamt:	60	40	3	16	3	3	6	6	3

Tabelle 30:

Berufslose Hilfsarbeiter

Geisteskrankheiten Einzelne Gruppen		Ohne Berufsausbildung waren beschäftigt (absolute Zahlen und Prozentwerte): in d. Landwirtschaft	i. Industrie u. Handwerk	insgesamt
I—II	Schwachsinn	25 = 67 %	12 = 33 %	37 = 100 %
III	Endog. Psychosen	7 = 47 %	8 = 53 %	15 = 100 %
IV	Alterspsychosen	4 = 80 %	1 = 20 %	5 = 100 %
V	Exog. Psychosen	—	4 = 100 %	4 = 100 %
VI—VII	Suchten	—	1 = 100 %	1 = 100 %
insgesamt:		36 = 58 %	26 = 42 %	62 = 100 %

beschäftigten Geisteskranken insgesamt waren allein 25 — das sind 70 % — schwachsinnig. Die Beschäftigung in der Landwirtschaft ist für die oligophrenen Kriminellen überhaupt typisch: von den insgesamt 44 Tätern hatten nur 7 — also laut Tab. 28 16 % — einen Beruf erlernt. Von den übrigen 37 = 84 % Berufslosen arbeiteten 25 = 67 %, oder auf die Gesamtzahl der Oligophrenen bezogen = 58 %, in der Landwirtschaft. Hier zeigt sich eine deutliche Analogie zu der früher erörterten Wohnortverteilung (vgl. dazu Tab. 24 und Abb. 15). Dagegen ist die Zahl der in der Landwirtschaft beschäftigten endogen Geisteskranken mit 7, gleich — bezogen auf die Gesamtzahl der Gruppe III — 28 %, gering, ebenso wie die Zahl der Alterspsychotiker mit 4, gleich — bezogen auf die Gesamtzahl der Gruppe IV — 27 %, obgleich hier der Anteil der ungelernten Landarbeiter mit 80 % der Berufslosen hoch zu sein scheint. Dafür ist die Zahl der Alterskranken mit Berufsausbildung mit 66 % wieder bedeutend höher als bei den endogenen Geisteskranken.

Das bedeutet also, daß von den Geisteskranken insgesamt 60 % ohne Beruf innerhalb dieser Gruppe 58 % — oder bezogen auf die Gesamtzahl der Psychotiker (102 Fälle) 35 % — als ungelernte Hilfsarbeiter in der Landwirtschaft beschäftigt waren. Dabei wurde zahlenmäßig der größte Anteil von den Schwachsinnigen gestellt. Der Rest — also 42 %, oder bezogen auf die Gesamtzahl der Psychotiker, 25 % — waren berufslose Gelegenheitsarbeiter in Industrie und Handwerk. Bei den Süchtigen und exogen Geisteskranken waren landwirtschaftliche Hilfskräfte nicht vorhanden.

Nur bei 40 % aller kriminellen Geisteskranken konnte eine abgeschlossene Berufsausbildung beobachtet werden. Die Beteiligungsverhältnisse innerhalb der einzelnen Psychosegruppen waren jedoch unterschiedlich (vgl. Tab. 29).

Die geringste Zahl an beruflich ausgebildeten Tätern zeigt der Schwachsinn mit nur 16 % der Gruppe I—II. Hier war in erster Linie der Beruf des gelernten Industriearbeiters mit 7 % vertreten. Danach folgten handwerkliche Berufe mit 5 %, Krankenhaushilfen und kaufmännische Berufe mit je 2 %. Das entspricht — wenn man die Zahl der Berufe gleich 100 % setzt — einem Anteil von 43 %, 31 %, 13 % und 13 %. Außerdem finden sich unter den Industriearbeitern und Handwerkern zum Teil qualifizierte Berufe (vgl. Tab. 29). Bei den 2 % Krankenhaushilfen und 2 % Kaufleuten handelt es sich je um nur einen Fall und bei beiden um nach dem 17. Lebensjahr erworbenen schädeltraumatischen Schwachsinn, so daß eine Beeinträchtigung der Berufsausbildung zunächst nicht vorlag.

Bei den endogenen Psychosen lag dagegen der Prozentsatz der beruflich ausgebildeten Täter mit 40 % bedeutend höher. Bevorzugt waren dabei die handwerklichen Berufe mit 24 % und die Berufe mit höherer Schulbildung mit 16 %. Das entspricht, wenn man die endogen Geisteskranken mit Beruf gleich 100 % setzt, 60 % und 40 %.

Bei den Alterspsychosen lag der Prozentsatz beruflich ausgebildeter Täter mit 66 % der Gruppe IV noch höher. Auch hier dominierten die handwerklichen Berufe mit 32 % — entsprechend 48 % aller Berufe —, danach folgten kaufmännische und Berufe mit höherer Schulbildung mit je 7 %. Beim Rest konnten keine näheren Angaben ermittelt werden.

Bei den 43 % beruflich ausgebildeten exogen Geisteskranken bestand ein deutliches Übergewicht der handwerklichen Berufe mit 29 % — entsprechend 67 % aller Berufe der Gruppe V —, danach folgten mit 14 % die kaufmännischen Berufe.

Der höchste Prozentsatz beruflich ausgebildeter Täter konnte mit 91 % bei den Süchtigen beobachtet werden. Die Streuung innerhalb der einzelnen Berufsgattungen war vielseitig: 9 % handwerkliche Berufe, 18 % Krankenhaushilfen, 9 % Berufe mit höherer Schulbildung und — bemerkenswert hoch — 55 % Ärzte. Das bedeutet, daß unter den beruflich ausgebildeten Süchtigen ca. 60 % Ärzte und 20 % Krankenhauspersonal zu finden waren.

Betrachtet man nun die kriminellen Geisteskranken in ihrer Gesamtheit, so ist festzustellen, daß unter den 40 % der Täter mit beruflicher Ausbildung die handwerklichen Berufe mit 16 % — entsprechend 40 % aller Berufe — zahlenmäßig am häufigsten registriert wurden. Ihnen folgen die Berufe mit höherer Schulbildung und die Ärzte mit je 6 % — entsprechend je 15 % aller Berufe —. Bei den Berufen der Schwachsinnigen wurden vorwiegend Industriearbeiterberufe registriert, bei den endogenen und Alterspsychotikern überwogen die handwerklichen Berufe. Dagegen dominierten bei den Süchtigen die Krankenberufe (v. a. Ärzte und Schwestern).

Abschließend sind aber noch zwei Fragen zu erörtern:

1. aus welchem Grunde ist bei den kriminellen Geisteskranken trotz besserer Voraussetzungen (vgl. Tab. 27) nur eine relativ kleine Zahl abgeschlossener Berufe (vgl. Tab. 28 und 29) zu beobachten? —
2. inwieweit könnte den beruflichen Qualifikationen krimineller Geisteskranker kriminogene Bedeutung beigemessen werden? —

Um die Frage zu 1. noch näher zu präsizieren, wurden zunächst die Berufe der Tab. 29 in 3 große Gruppen zusammengefaßt: a) ohne Berufsausbildung, b) Berufe auf der Grundlage von Volksschulbildung, c) Berufe mit höherer und Hochschulbildung. Diese Gruppierung zielt auf einen Vergleich mit der in Tab. 27 aufgegliederten Schulbildung der kriminellen Geisteskranken ab. Natürlich ist diese Gegenüberstellung verhältnismäßig grob, weil — allerdings nur in ausgesprochenen Einzelfällen — eine Hilfsschulbildung zuweilen für die abgeschlossene Ausbildung in einem einfachen Beruf, manche höhere Schulbildung indessen zu keinem Beruf ausgereicht hat. Das Aktenstudium hat jedoch gezeigt, daß eine derartige Gegenüberstellung möglich ist. Die dafür erforderlichen relativen Zahlen wurden über die Schulbildung der Tab. 27 (Zahlen jeweils unter a) und über die Berufsausbildung der Tab. 29 entnommen und in Tab. 31 zusammengefaßt (vgl. auch die Abb. 17 a und 17 b).

Tabelle 31:

Kriminelle Geisteskranke: Schul- und Berufsausbildung (Zusammenfassung)

Geisteskrankheiten Einzelne Gruppen		Schulbildung: Hilfs- u. Gehörlosenschule	Volksschule	Höhere, Ober- u. Hochschule	Beruf: Ohne Berufsausbildung	Berufe mit Volksschulbild.	Berufe mit höherer u. Hochschulbild.
I—II	Schwachsinn	39 %	56 %	5 %	84 %	16 %	—
III	Endog. Psych.	8 %	76 %	16 %	60 %	24 %	16 %
IV	Alterspsych.	13 %	60 %	27 %	34 %	59 %	7 %
V	Exog. Psych.	14 %	72 %	14 %	57 %	43 %	—
VI—VII	Suchten	—	27 %	73 %	9 %	27 %	64 %
insgesamt:		22 %	59 %	19 %	60 %	25 %	15 %

Die Abb. 17 a und 17 b zeigen deutlich das Verhältnis zwischen den Schulbildungs- und Berufsausbildungskurven. Lediglich die Süchtigen der Gruppe VI—VII zeigen — abgesehen davon, daß es sich um ausgesprochen intelligente Täter handelt — eine Kongruenz der Schulbildungs- und Berufsausbildungskurven. Auch bei den Alterspsychosen der Gruppe IV scheint noch eine gewisse Entsprechung der Kurvenverläufe vorzuliegen. Dagegen zeigen die zum Teil stark auseinanderfallenden Bilder der Psychosegruppen I—II, III und V, daß hier die durch mehr oder weniger gute Schulbildung gesetzte Chance für die Berufsausbildung nicht genutzt wurde. Hinzukommt außerdem, daß ein erheblicher Teil — nämlich 36 % — der geisteskranken Täter ohne Rücksicht auf die Berufsausbildung zur Zeit der Tat arbeitslos waren (vgl. Übersicht XV im Anhang und Tab. 32).

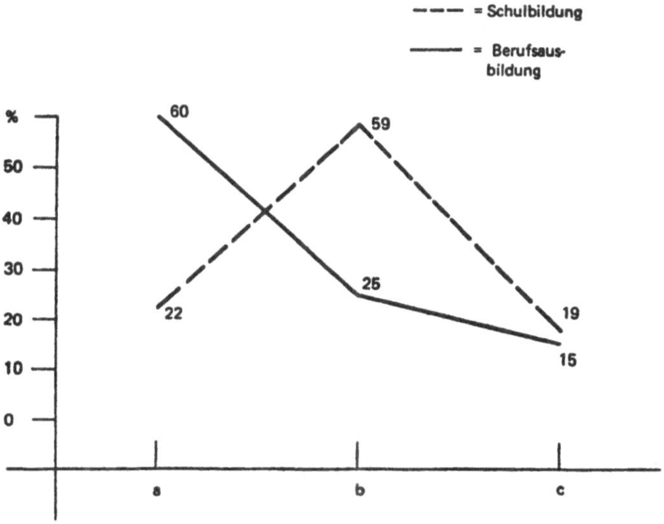

Abb. 17 a. Kriminelle Geisteskranke insgesamt: Schulbildung und Berufsausbildung.
Zeichenerklärung: a) = Hilfs- u. Gehörlosenschule bzw. keine Berufsausbildung — b) = Volksschule bzw. Berufe m. Volksschulbildung — c) = Höhere u. Hochschule bzw. Berufe m. höherer und Hochschulbildung (vgl. Tab. 31).

Tabelle 32:

Kriminelle Geisteskranke: Beschäftigung zur Zeit der Tat

Geisteskrankheiten Einzelne Gruppen		Gesamtzahl	z. Z. der Tat beschäftigt	davon arbeitslos	Rentner
I—II	Schwachsinn	44	26 = 59 %	17 = 39 %	1 = 2 %
III	Endog. Psych.	25	13 = 52 %	11 = 44 %	1 = 4 %
IV	Alterspsych.	15	1 = 7 %	4 = 27 %	10 = 66 %
V	Exog. Psych.	7	4 = 57 %	3 = 43 %	—
VI—VII	Suchten	11	8 = 73 %	2 = 18 %	1 = 9 %
insgesamt:		102 = 100 %	52 = 51 %	37 = 36 %	13 = 13 %

Die Arbeitslosenziffern sind beim Schwachsinn mit 39 %, bei den exogenen Psychosen mit 43 % und — noch höher — bei den endogen Geisteskranken mit 44 % beachtlich. Die Erklärung für das berufliche Versagen scheint beim Schwachsinn weniger problematisch zu sein. Der ausgeprägte Intelligenzmangel — ausgewiesen durch den hohen

Prozentsatz der Hilfsschüler — setzt die Kranken offensichtlich außerstande, den Ausbildungsgang selbst eines einfachen Berufes durchzuhalten. An Hand der Akten wurde festgestellt, daß 50 % aller oligo-

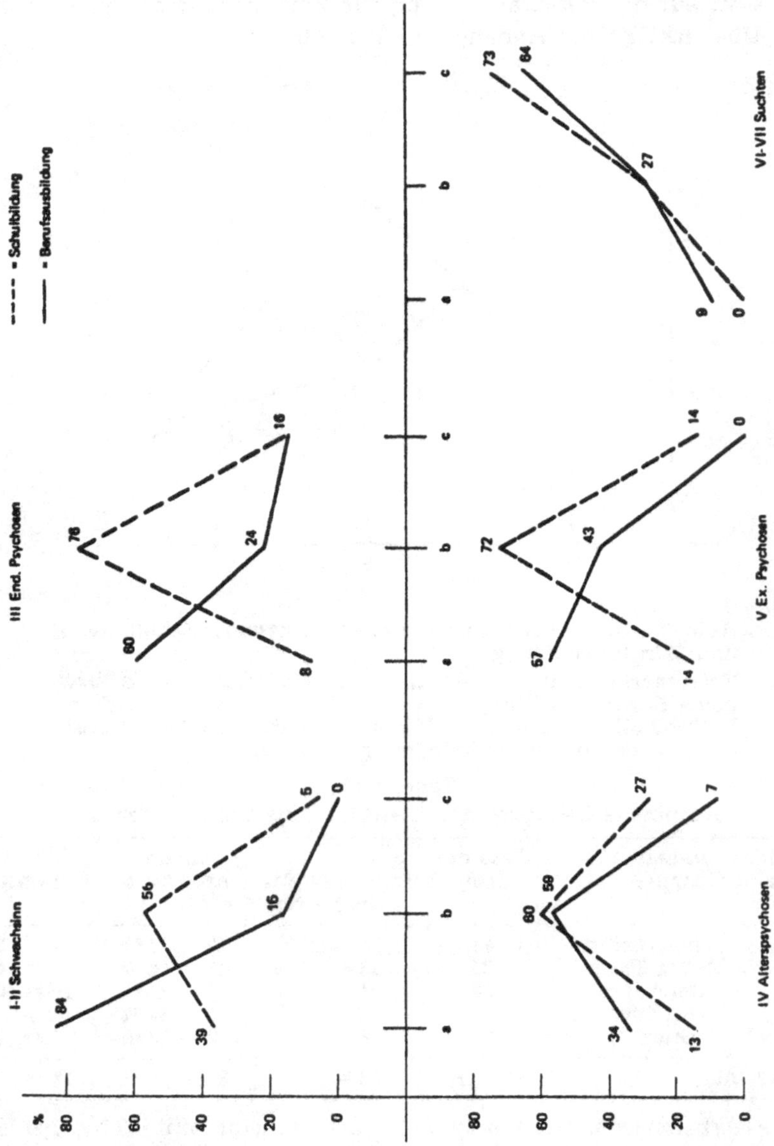

Abb. 17 b. Kriminelle Geisteskranke. Schulbildung und Berufsausbildung, aufgegliedert nach Psychosegruppen (vgl. Tab. 31).
Zeichenerklärung: a) = Hilfs- und Gehörlosenschule bzw. keine Berufsausbildung — b) = Volksschule bzw. Berufe mit Volksschulbildung — c) = Höhere und Hochschule bzw. Berufe mit höherer oder Hochschulbildung.

phrenen Täter einen Schwachsinn schwereren und schwersten Grades aufzuweisen hatten, und zwar:

	absol. Zahl	Prozent
Schwachsinn insgesamt:	44	100 %
davon: Debilität	22	50 %
Imbezillität	20	46 %
Idiotie	2	4 %

Hinzu kommt außerdem, daß von den 44 schwachsinnigen Tätern 14 — also 32 % — mit halt- und willensschwacher Psychopathie belastet waren, so daß neben die intellektuellen Schwierigkeiten noch mangelhafte Stetigkeit und Ausdauer getreten sind.

Dagegen scheint die Erklärung für die Diskrepanz zwischen den beruflichen Möglichkeiten kraft Schulbildung und den tatsächlich erlernten Berufen bei den endogen Geisteskranken schwieriger zu sein. Obgleich schulisch unauffällig, zeichnet sich diese Gruppe durch ein berufliches Versagen aus, das in den Dimensionen u. U. noch die Schwachsinnigen übertifft, obgleich für die endogenen Erkrankungen der Intelligenzmangel nicht typisch ist (vgl. dazu v. a. die Abb. 17 b). Man bekommt das Problem indessen sofort in den Griff, wenn man die Frage nach dem Erkrankungsalter stellt, — also fragt, in welchem Lebensalter die endogenen Psychosen bei den Tätern der Gruppe III manifest geworden sind. Der Anteil der Volksschüler betrug 76 %; also hätte in einem annähernd gleich hohen Prozentsatz der endogen Geisteskranken eine Berufsausbildung — und zwar etwa zwischen dem 15.—20. Lebensjahr — vorgenommen werden können. Dagegen sind aber 60 % aller Täter der Gruppe III berufslos. Vermutet man einen Zusammenhang zwischen dieser Diskrepanz der beruflichen Möglichkeiten zu den tatsächlich erlernten Berufen und dem Zeitpunkt der Erkrankung, so müßte deren Manifestation etwa im Zeitraum vom 15.—20. Lebensjahr zu beobachten sein. Und eben das ist zum größten Teil auch der Fall.

Es konnte festgestellt werden, daß in mehr als der Hälfte der Fälle — nämlich in 56 % — die endogene Erkrankung zwischen dem 17. und 25. Lebensjahr manifest geworden ist, und zwar im einzelnen:

Tabelle 33

Endog. Psychosen	Gesamtzahl	Erkrankungsalter		
		17.—25. Lj.	26.—40. Lj.	45.—58. Lj.
1. Schizophrenie	14	7	5	2
2. Pfropfschiz.	7	5	2	—
3. Zyklothymie	3	2	—	1
4. Gen. Epilepsie	1	ungeklärt		
insgesamt:	25 = 100 %	14 = 56 %	7 = 28 %	3 = 12 %

Bedenkt man im übrigen, daß die Schizrophenie, einschließlich Pfropfschizophrenie, mit 21 Fällen insgesamt 84 % aller endogen geisteskranken Täter ausmacht, so demonstriert sich hier deutlich der für die schizophrene Erkrankung so typische „Knick in der Lebenslinie“[170] am Beispiel des beruflichen Versagens trotz durchschnittlicher schulischer Voraussetzungen. Es wurde schon betont, daß die endogenen Psychosen zu den äußerlich meist unauffälligen Geisteskrankheiten gehören und es bedarf — namentlich bei der Schizophrenie — zuweilen intensiver Untersuchungen, um die Eigenart der pathologischen Persönlichkeitsveränderung deutlich in Erscheinung treten zu lassen.

Bei den exogenen Psychosen der Gruppe V scheinen die Dinge ähnlich gelagert. Auch hier wurde in 57 % der Fälle eine Manifestation der Erkrankung zwischen dem 20. und 25. Lebensjahr beobachtet, die für die aufgetretenen beruflichen Schwierigkeiten verantwortlich sein dürfte.

Schließlich wäre noch zu der zweiten Frage Stellung zu nehmen, inwieweit nämlich den beruflichen Qualifikationen krimineller Geisteskranker kriminogene Bedeutung beigemessen werden kann. Dabei soll — gewissermaßen um das berufliche Gesamtbild abzurunden — neben der Gliederung nach Psychose- und Deliktsgruppen nicht nur Beruf, Berufslosigkeit und Beschäftigung z. Z. der Tat untersucht werden, sondern außerdem noch Umstände, die auf das Berufsleben von Einfluß gewesen sind, wie: Beruflich-soziales Abgleiten (häufiger Berufs- u. Stellenwechsel, bei Ärzten Verlust der Praxis), Arbeitsunlust mit beruflicher Unzuverlässigkeit und Umhertreiben, ausgeprägtes Vagabundieren mit Abneigung gegen jegliche berufliche Tätigkeit[171]. Das gesamte hierüber ermittelte Zahlenmaterial findet sich in Übersicht XVI im Anhang, die zusammenfassenden Gliederungen nach Psychose- und Deliktsgruppen in den Tab. 34 a und 34 b.

Bei der Beurteilung der kriminogenen Wirkung des Berufslebens ist v. a. von Tab. 34 b auszugehen, während Tab. 34 a mehr i. S. einer Ergänzung heranzuziehen ist.

So zeigte sich etwa bei den Sittlichkeitsdelikten der Gruppe 1 eine große Zahl berufsloser Täter mit 70 % gegen 30 % mit abgeschlossener Berufsausbildung sowie 30 % Arbeitslosigkeit. Der Prozentsatz der

---

170 Vgl. zu diesem Phänomen v. a. *Langelüddeke* S. 370.

171 Umhertreiben und Vagabundieren sind mehr oder weniger willkürliche Normvarianten. Ersteres meint mehr das die Arbeit vernachlässigende Herumlungern im Bereich des Wohnortes und seiner unmittelbaren Umgebung. Dagegen ist unter Vagabundieren mehr ein Verhalten innerhalb oder an der Grenze der Landstreicherei zu verstehen.

Tabelle 34 a

Kriminelle Geisteskranke; das Berufsleben aufgegliedert nach Psychosegruppen

Geistes-krankheiten Einzelne Gruppen		Zahl insg.	davon					
			Beruf	Berufl. sozial. Abgl.; häufiger Berufs- u. Stellen-wechsel	Arbeits-unlust, unstetes Umher-treiben	ohne Beruf	Ausge-prägtes Vagabun-dieren	Arbeits-los
I-II	Schwachs.	44	7 = 16 %	1 = 3 %	13 = 30 %	37 = 84 %	2 = 6 %	17 = 39 %
III	End. Psych.	25	10 = 40 %	10 = 40 %	5 = 20 %	15 = 60 %	2 = 8 %	11 = 44 %
IV	Altersps.	15	10 = 66 %	4 = 27 %	4 = 27 %	5 = 34 %	1 = 7 %	4 = 27 %
V	Ex. Psych.	7	3 = 43 %	—	4 = 57 %	4 = 57 %	—	3 = 43 %
VI-VII	Suchten	11	10 = 91 %	11 = 100 %	—	1 = 9 %	—	2 = 17 %
insgesamt:		102 = 100 %	40 = 40 %	26 = 25 %	26 = 25 %	62 = 60 %	5 = 5 %	37 = 36 %

Tabelle 34 b

Das Berufsleben krimineller Geisteskranker, aufgegliedert nach Deliktsgruppen

Delikts-gruppen	Zahl insg.	davon					
		Beruf	Berufl. sozial. Abgl.; häufiger Berufs- u. Stellen-wechsel	Arbeits-unlust, unstetes Umher-treiben	ohne Beruf	Ausge-prägtes Vagabun-dieren	Arbeits-los
1. Sittl.-del.	40	12 = 30 %	1 = 3 %	9 = 22 %	28 = 70 %	1 = 3 %	12 = 30 %
2. Eig. V.-del.	37	16 = 43 %	16 = 43 %	13 = 35 %	21 = 57 %	3 = 8 %	17 = 46 %
3. Aggr. Handl.	13	6 = 46 %	5 = 38 %	2 = 15 %	7 = 54 %	1 = 8 %	6 = 46 %
4. Tötungen	6	4 = 67 %	3 = 50 %	—	2 = 33 %	—	1 = 16 %
5. Brandstift.	5	1 = 20 %	1 = 20 %	2 = 40 %	4 = 80 %	—	1 = 20 %
6. Abtreibung	1	1 = 100 %	—	—	—	—	—
insgesamt:	102 = 100 %	40 = 40 %	26 = 25 %	26 = 25 %	62 = 60 %	5 = 5 %	37 = 36 %

Sittlichkeitsverbrecher, bei denen Arbeitsunlust und unstetes Umhertreiben beobachtet wurde, betrug 22 %, Vagabundierende waren zu 3 % vorhanden. Im ganzen also zeigt sich ein Bild beruflichen Versagens. Dennoch ist kaum anzunehmen, daß diese beruflichen Gegebenheiten auf die Begehung von Sittlichkeitsverbrechen von Einfluß gewesen sind. Das Berufsbild wird ausschließlich von den Haupttätertypen der Sittlichkeitsdelikte, den Schwachsinnigen und den Alterspsychotikern, geprägt. Da nun die Sittlichkeitsdelikte auf dem Lande häufiger sind (vgl. Tab. 26) könnte man vermuten, daß die Landarbeiterberufe (58 %) den Schwachsinnigen größere Gelegenheiten für diese Deliktsart geboten haben. Jedoch wird diese Annahme durch die Alterspsychotiker widerlegt, die — zu 66 % Rentner (vgl. Tab. 32) — zu 47 % in der Stadt zu Hause waren (vgl. Tab. 24). Einen Einfluß der Berufe auf die Begehung von Sittlichkeitsdelikten wird man folglich nicht beweisen können.

Anders dagegen bei den Eigentums- und Vermögensdelikten (Gruppe 2): Bei ihnen war die Zahl der berufslosen Täter mit 57 % gegen 43 % mit Berufsausbildung hoch, mit 46 % ebenfalls die Zahl der Arbeitslosen. Beruflich-soziales Abgleiten wurde zu 43 %, Arbeitsunlust und Umhertreiben zu 35 % und ausgeprägtes Vagabundieren zu 8 % beobachtet. Die an der Begehung von Eigentums- und Vermögensdelikten meist beteiligten Psychotiker waren die Schwachsinnigen und die Süchtigen (vgl. Tab. 16). Bei ersteren mag ganz allgemein das berufliche Versagen und das Vagabundieren von gewisser kriminogener Bedeutung gewesen sein. Ganz sicher aber dürften die Arzt- und Krankenberufe den Süchtigen Tatgelegenheit zur Beschaffung von Suchtmitteln und damit zur Begehung der damit verbundenen Straftaten geboten haben (vgl. Tab. 29).

Auch im Bereich der aggressiven Handlungen und der Tötungsdelikte (Gruppe 3 und 4) wurde berufliches Versagen der Täter registriert (vgl. Tab. 34 b), was nicht verwundert, da der Großteil von ihnen mit endogenen Psychosen belastet ist (vgl. Tab. 16 und Tab. 31 mit Abb. 17 b). Jedoch kann man für diese Deliktsarten die kriminogene Bedeutung des Berufs so gut wie ausschließen: 44 % der Täter waren arbeitslos (vgl. Tab. 32). Im übrigen überwogen die handwerklichen Berufe (vgl. Tab. 29); und schließlich wurde aus dem Aktenmaterial ermittelt, daß die Opfer mit dem Berufsleben der Täter nicht in Zusammenhang standen.

Hinsichtlich der Brandstiftungen (Gruppe 5) steht fest, daß sie durchweg von endogen geisteskranken und schwachsinnigen Tätern (vgl. Tab. 16) begangen wurden, die auf dem Lande zu Hause oder als Hilfskräfte in der Landwirtschaft beschäftigt waren. Man wird daher zumindest das Vorhandensein der Tatgelegenheit insoweit nicht ausschließen können.

Die Abtreibung wurde von einer hirngeschädigten Krankenschwester begangen. Ein Zusammenhang zwischen beruflicher Fähigkeit und kriminellen Verhalten ist vorhanden, jedoch ist dieser Einzelfall nicht repräsentativ.

Abschließend kann also festgehalten werden, daß, bis auf die Eigentums- und Vermögensdelikte und die Brandstiftung — und hier sicher auch nur in sehr begrenzter Form —, ein Zusammenhang zwischen Beruf und Kriminalität der Geisteskranken nicht nachgewiesen werden konnte.

8. Die familiären Verhältnisse der Geisteskranken

Die in dem Aktenmaterial gefunden Angaben über Verheiratete, Ledige, Geschiedene, Verwitwete, aber auch Angaben über Spannungen in den Ehen der Verheirateten (Scheidungsverfahren, Zerrüttung der Ehen durch häusliches Randalieren, Schlägereien usw.) sowie An-

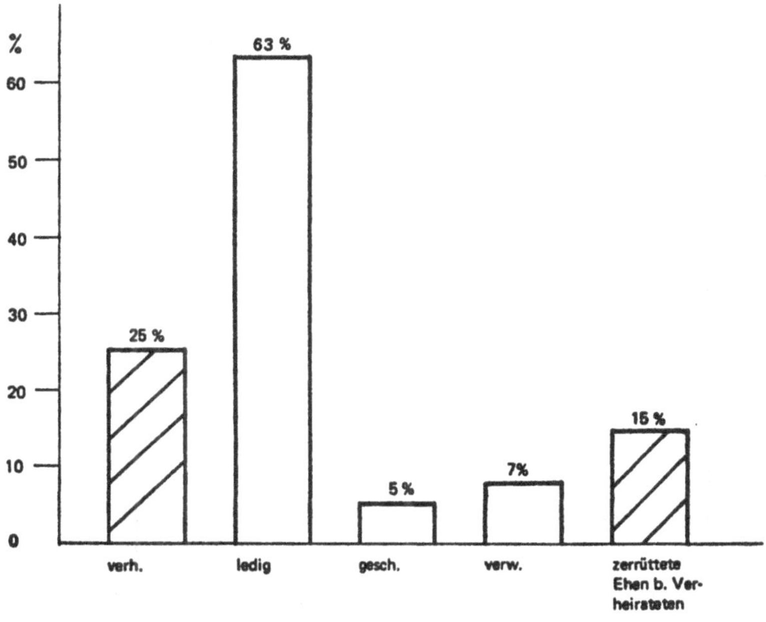

Abb. 18. Kriminelle Geisteskranke. Familiäre Verhältnisse; Angaben in relativen Zahlen (vgl. Tab. 35).

Tabelle 35

Kriminelle Geisteskranke: Familiäre Verhältnisse;
Gliederung nach Psychosegruppen. Angaben in relativen Zahlen

Geisteskrankheiten		Zahl insg.	davon					
Einzelne Gruppen			Verheiratet	ledig	geschieden	verwitwet	Zerrüttete Ehen bei Verheirateten (soweit Angaben vorhanden)	Familiäre Belastungen m. Psychosen und Psychopathie (soweit Angaben vorhanden)
			%	%	%	%	%	%
I-II	Schwachsinn	44	7	89	4	—	4	34
III	Endog. Psych.	25	24	68	4	4	16	20
IV	Alterspsychosen	15	33	27	—	40	13	13
V	Exogene Psych.	7	29	42	29	—	29	29
VI-VII	Suchten	11	91	9	—	—	45	9
insgesamt:		102 = 100 %	25	63	5	7	15	24

gaben über die Belastung der Eltern, Geschwister oder nahen Verwandten mit Psychosen oder Psychopatien wurden in absoluten Zahlen in Übersicht XVII (im Anhang) zusammengestellt. Die relativen Zahlen finden sich in Tab. 35 (graphische Darstellung vgl. Abb. 18).

Wie die Zahlen der Tab. 35 zeigen, ist der Anteil der ledigen kriminellen Psychotiker insgesamt mit 63 % gegen 25 % Verheiratete nicht klein. Stellt man indessen darauf ab, wieweit bei den Geisteskranken überhaupt einmal eheliche Bindungen bestanden haben, so kommt man — Verheiratete, Geschiedene, Verwitwete zusammengerechnet — immerhin auf insgesamt 37 %. Dennoch scheint die Zahl der Verheirateten unter den kriminellen Geisteskranken insgesamt betrachtet relativ klein zu sein, wenn man sich das Kriminalitätsalter der Psychotiker vor Augen hält. Laut Tab. 17 belief sich die Zahl der Täter über 21 Jahre auf 83 %. Davon namen die Altersbereiche vom 21. bis 30. Lebensjahr allein 38 % in Anspruch. Lediglich bei 17 % der Täter wären danach die Heiratsaussichten auszuschließen. Das bedeutet also, daß nicht nur der größte Teil der kriminellen Psychotiker hätte heiraten können, sondern daß außerdem der Altersbereich vom 21. bis 30. Lebensjahr, in dem normalerweise die größte Heiratshäufigkeit zu erwarten ist, zahlenmäßig am stärksten vertreten war. Man hätte demzufolge mit einer größeren Zahl von Verheirateten rechnen können.

Betrachtet man sich nun die Psychosegruppen im einzelnen, so wird vollends deutlich, daß man bei den kriminellen Psychotikern auch im familiären Bereich Besonderheiten beobachten kann.

So erscheint etwa bei den Schwachsinnigen der Gruppe I—II die Zahl der Ledigen mit 89 % gegen die der Verheirateten mit 7 % auffällig hoch und das, obgleich die Zahl der Täter zwischen dem 21. und 30. Lebensjahr 50 % der Gruppe I—II — entsprechend 21 % aller Psychotiker — betrug (vgl. Tab. 18). Und selbst die nur zu 7 % vorhandenen Ehen waren in mehr als der Hälfte der Fälle zerrüttet (vgl. Tab. 35). Es scheint also, daß die Schwachsinnigen infolge mangelhafter Kommunikationsfähigkeit großen Lebensschwierigkeiten gegenüberstehen. Ähnliches hat sich bereits bei der Berufsausbildung gezeigt und wird sich auch bei der Untersuchung über die soziale Auffälligkeit (siehe später) bestätigen.

Durchaus Analoges kann man bei den endogen Geisteskranken der Gruppe III beobachten. Sie stellen mit 68 % Ledigen gegenüber 24 % Verheirateten die zweitgrößte Gruppe der Täter ohne eheliche Beziehungen dar — obgleich, ähnlich wie bei den Schwachsinnigen, aber zahlenmäßig noch höher, 56 % der Täter — entsprechend 14 % aller Psychotiker — im Alter von 21 bis 30 Jahren waren (vgl. Tab. 18). Und auch hier zeigt sich bei den Verheirateten, daß mehr als die Hälfte aller Ehen praktisch wertlos geworden sind. Immerhin haben noch zu insgesamt 8 % (Geschiedene und Verwitwete) familiäre Beziehungen bestanden, die aber zur Hälfte, nämlich im Falle der Geschiedenen, gescheitert sind. Die bei diesen Kranken damit ebenfalls deutlich erkennbare Kontaktarmut ist im Gegensatz zu den Schwachsinnigen nicht allgemein und von Anbeginn vorhanden, sondern scheint sich erst im Rahmen des beginnenden und fortlaufenden Krankheitsprozesses zu entwickeln. Vergewissert man sich, daß die Manifestationszeit der endogenen Psychosen zu 56 % im 17. bis 25. und zu 28 % im 26. bis 40. Lebensjahr zu beobachten gewesen ist (vgl. S. 105) und daß man es bei der Psychosegruppe III v. a. mit dem schizophrenen Formenkreis zu tun hat, so zeigt sich hier im sozialen Bereich ein Achsensymptom der Schizophrenie: der aufkommende psychopathologisch gesetzte Autismus, die Introversion des Kranken, seine Abkehr von der realen Welt, zu der die Verbindung abreißt, die er und die ihn nicht mehr versteht.

Im Gegensatz zu den Psychosegruppen I—II und III zeigen dagegen die Alterspsychosen (Gruppe IV) erstmals mit 27 % eine erheblich niedrige Ledigenquote, die allein von der Zahl der noch z. Z. der Tat verheirateten Täter in Höhe von 33 % übertroffen wird. Dagegen ist die Zahl der Verwitweten mit 40 % hoch, was aber in Anbetracht des hohen Kriminalitätsalters (50.—78. Lebensjahr lt. Tab. 18) zu erwarten war. Zerrüttete Ehen fanden sich bei sehr viel weniger als der Hälfte aller Verheirateten.

Die exogenen Psychosen nähern sich mit 42 % Ledigen gegen 29 % Verheirateten und mit 29 % zerrütteten Ehen wieder den Geisteskranken der Gruppe III. Auch die Zahl der Scheidungen erscheint mit 29 % hoch. Wahrscheinlich haben aber die kleinen absoluten Zahlen der Gruppe V (vgl. Übersicht XVII im Anhang) die Verhältnisse verschoben.

Eine ausgesprochene Heiratsfreudigkeit mit 91 % der Gruppe VI—VII zeigen dagegen die Süchtigen. Indessen war aber die Hälfte aller Ehen nicht mehr intakt.

Es zeigt sich also, daß im Gesamtbild die hohe Zahl der Ledigen von den Psychosegruppen I—II, III und V, die Zahl der Verheirateten v. a. von den Süchtigen der Gruppe VI—VII bestimmt wird.

Als Ergänzung ist schließlich noch die Belastung der Familien der psychotischen Täter mit Geisteskrankheiten oder Psychopathien untersucht worden. Die Angaben darüber (vgl. Tab. 35) sind nur mit großer Vorsicht zu verwerten, da die in den Akten gefundenen Gutachten sich über diese Frage zumeist wenig ausließen. Immerhin konnte danach — ausgehend von der Gesamtzahl — in 24 % der Fälle eine familiäre Belastung mit Psychosen oder Psychopathien beobachtet werden. Insoweit war also der Ausbruch oder das Vorhandensein einer geistigen Erkrankung beim Täter — zumindest für dessen Angehörige und allernächste Umgebung — kein völlig unerwartetes Ereignis (über Einzelheiten vgl. Übersicht XVII im Anhang und Tab. 35). Untersucht man noch die Frage, ob zwischen den familiären Verhältnissen und dem kriminellen Verhalten Zusammenhänge bestehen, so findet man nur sehr begrenzt für eine bestimmte Deliktsart typische Besonderheiten (vgl. über die nach Deliktsgruppen gegliederten absoluten Zahlen die Übersicht XVIII im Anhang). Neben den Angaben über die familiären Verhältnisse sind in Tab. 36 noch Zahlen über Mädchenbekanntschaften, sexuelle Abartigkeiten und über Belästigungen von Kindern und Mädchen — soweit sie nicht bereits durch die Tatbestände der Sittlichkeitsdelikte erfaßt wurden — zusammengetragen worden (vgl. Tab. 36).

Vergleicht man die Erhebungen miteinander, so kommt die mangelnde Kontaktfähigkeit der Psychotiker mehr oder weniger in allen Deliktsgruppen zum Vorschein. Man kann nicht einmal sagen, daß in der Gruppe der Sittlichkeitsdelikte (Nr. 1) besonders große Auffälligkeiten zu beobachten wären — etwa wenn man sie mit den aggressiven Handlungen der Gruppe 3 vergleicht. Die Zahl der Verheirateten ist in beiden Gruppen klein (15 %), ebenso die der Mädchenbekanntschaften. Lediglich bei den Sittlichkeitsdelikten findet sich eine größere Zahl von sexuellen Abartigkeiten (20 %). Die Zahl der Belästigung von Kindern und Mädchen ist mit 17 % der Gruppe sogar kleiner als bei den aggressiven Handlungen (23 %).

Im ganzen wird das Bild von den Haupttätergruppen bestimmt: bei den Sittlichkeitsdelikten von den Schwachsinnigen bei den aggressiven Handlungen von den endogen Geisteskranken.

Was die Sittlichkeitsdelikte anbelangt, so scheint für sie die allgemeine Kontaktarmut ein nicht untypischer kriminogener Hintergrund zu sein. Besonders in dem Aktenmaterial über die Schwachsinnigen — eine der Haupttätergruppen der Sittlichkeitsdelikte — wurde immer wieder festgestellt, daß gerade die Oligophrenen in ihrer Beschränktheit und Unbeholfenheit meist nur den kriminellen Weg zur Anbahnung erotischer Beziehungen zu gehen in der Lage waren, ja diesen Weg in ihrer Einfältigkeit vielfach sogar für erlaubt und üblich gehalten hatten und die Vorwürfe über ihr Verhalten gar nicht begreifen konnten. Daher rührt auch die hohe Zahl von Notzuchtversuchen und gewaltsame Vornahme unzüchtiger Handlungen an Frauen, die für die Sittlichkeitsdelikte der Schwachsinnigen rein quantitativ sehr viel typischer sind als etwa die Unzucht mit Personen unter 14 Jahren.

Tabelle 36

Untersuchung über die kriminogene Wirkung familiärer und sozialer Verhältnisse
Gliederung nach Deliktsgruppen

Deliktsgruppen	Zahl insgesamt	davon						
		Verheiratet	ledig	geschieden	verwitwet	Mädchenbek. (2 × b. den Psychosen Gr. III, IV mit Prost.)	Sexuelle Abartigkeiten	Belästigung von Kindern und Mädchen
1. Sittlichkeitsdelikte	40	6 = 15 %	31 = 77 %	—	3 = 8 %	2 = 5 %	8 = 20 %	7 = 17 %
2. Eig. u. Vermögensdel.	37	14 = 38 %	18 = 49 %	2 = 5 %	3 = 8 %	—	—	1 = 3 %
3. Aggressive Handlung.	13	2 = 15 %	8 = 62 %	2 = 15 %	1 = 8 %	1 = 8 %	—	3 = 23 %
4. Tötungen	6	2 = 33 %	4 = 67 %	—	—	2 = 33 %	1 = 17 %	—
5. Brandstiftungen	5	2 = 40 %	3 = 60 %	—	—	1 = 20 %	—	—
6. Abtreibung	1	—	—	1 = 100 %	—	—	—	—
insgesamt:	102 = 100 %	26 = 25 %	64 = 63 %	5 = 5 %	7 = 7 %	6 = 6 %	9 = 9 %	11 = 11 %

Beim Lesen der Tab. 36 ist zu beachten, daß alle Werte stets von der Summe der einzelnen Deliktsgruppen bzw. am Ende von der Gesamtzahl aller Psychosen abgeleitet wurden, die jeweils gleich 100 % gesetzt worden sind. Da bei einer Vielzahl der Psychotiker mehrere der in der Tabelle genannten Besonderheiten beobachtet werden konnten, darf man die einzelnen Zahlen nicht in der Erwartung addieren, die jeweils genannte Gesamtsumme zu erhalten.

Ähnliches gilt auch für die zweite Haupttätergruppe der Sittlichkeitsdelikte: die Alterspsychotiker. Nur mit dem Unterschied, daß diese infolge der pathologisch-dementen Urteilsschwäche und abnehmenden geschlechtlichen Leistungsfähigkeit durch den typischen Tatbestand der Schwäche, nämlich durch unzüchtige Handlungen an Kindern, der beginnenden senilen Vereinsamung auszuweichen suchen. Man wird der Kontaktarmut dieser Täter durchaus eine krimonogene Bedeutung beimessen können, darf aber dabei nicht vergessen, daß die mangelhafte Kommunikationsfähigkeit primär in der Psychose begründet liegt — eben weil sie auch in anderen Deliktsgruppen zutage getreten ist.

Lediglich bei den Eigentums- und Vermögensdelikten (Nr. 2) ist eine größere Zahl von Verheirateten (38 %), keine sexuelle Abartigkeiten, allerdings auch kein Interesse an Mädchenbekanntschaften vorhanden — erklärbar aber damit, daß eine der Haupttätergruppen die Süchtigen sind, bei denen Kontaktschwierigkeiten kaum und eine niedrige Ledigenziffer beobachtet wurden.

Die Erhebungen haben also gezeigt, daß die allgemeine Kontaktarmut der kriminellen Psychotiker zumindest bei den Schwachsinnigen und Alterspsychotikern Voraussetzung für kriminelles Verhalten vorwiegend im Bereich der Sittlichkeitsdelikte sein kann.

9. *Soziale Auffälligkeiten unter den kriminellen Geisteskranken*

Bei den nun folgenden Erhebungen wurde eine zweiteilige Gliederung vorgenommen, um das sozial Auffällige im Sinne einer kasuistischen Aufzählung bestimmter, die Aufmerksamkeit auf sich lenkender Verhaltensweisen zu definieren. Daß es sich dabei um einen mehr oder weniger willkürlichen Maßstab handelt, liegt in der Natur der Sache.

So ist in erster Linie die frühere Straffälligkeit der jetzt eingewiesenen Geisteskranken zu untersuchen.

Von Interesse sind aber auch Verhaltensweisen, die zwar noch außerhalb des kriminellen Bereichs liegen, aber wegen ihrer „Tatbestandsnähe" auffällig sind. Was insofern Aufmerksamkeit verdient, wird später noch gesagt werden.

a) Früheres kriminelles Verhalten

Auszugehen ist bei dieser Untersuchung wiederum von den 102 Aktenfällen der n. § 42 b i. V. m. § 51 StGB eingewiesenen kriminellen

Geisteskranken. Dabei wurde Zahlenmaterial über früheres kriminelles Verhalten, über Vorstrafen vor der Erkrankung und nach der Erkrankung unter Verkennung der Psychose, über frühere Entscheidungen n. § 51 I oder II, Einstellung des Verfahrens nach der Erkrankung, aber ohne nachfolgende Einweisung, über die Art früher begangener Straftaten und schließlich über früher angeordnete Einweisungen ermittelt und in absoluten Zahlen in Übersicht XIX (im Anhang) zusammengestellt. Die errechneten relativen Zahlen finden sich in Tab. 37 (vgl. auch Abb. 19).

Mehr als die Hälfte der jetzt n. § 42 b i. V. m. § 51 StGB eingewiesenen Geisteskranken — nämlich 65 % — sind bereits früher kriminell in Erscheinung getreten, wobei in 54 % der 102 Fälle, oder wenn man die Zahl der mit einer früheren Straftat belasteten Psychotiker gleich 100 % setzt, zu 81 % gleiche oder ähnliche Tatbestände verletzt

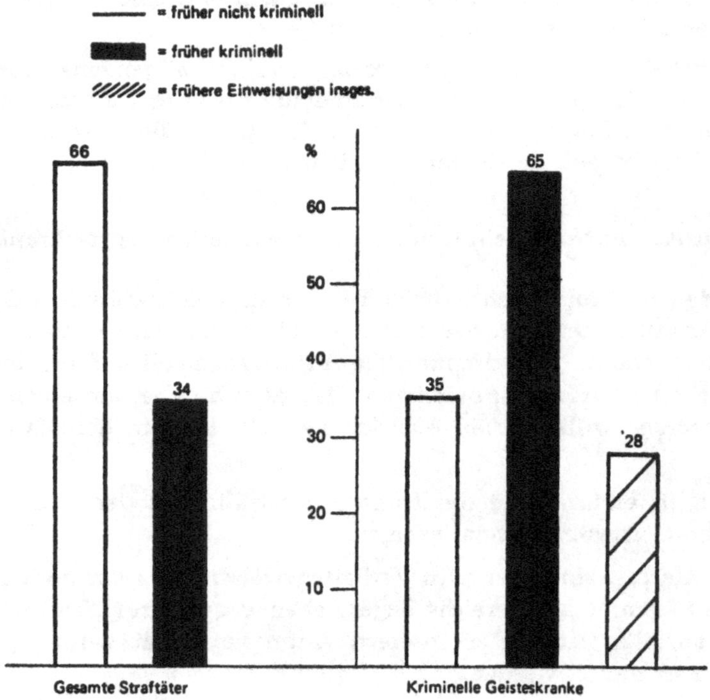

Abb. 19. Gesamte Straftäter und kriminelle Geisteskranke: Erstmals Kriminelle, Rückfällige, frühere Einweisungen (vgl. Übersicht XIX b i. Anhang u. Tab. 37).

wurden. Dabei wurden in 32 % aller Einweisungsfälle 2—4 mal, in 21 % mehr als 4 mal mit Strafe bedrohte Handlungen beobachtet.

Tabelle 37

Kriminelle Geisteskranke. Angaben über früheres kriminelles Verhalten und frühere Einweisungen in relativen Zahlen

Geisteskrankheiten / Einzelne Gruppen		Zahl insg.	Früheres kriminelles Verhalten: Früher nicht kriminell	Früher kriminell (mehrf. Krimin. n. 1× gezählt)	Mehrfach 2—4mal	Kriminelle m. a. 4mal	Vorstrafen v. d. Erkrankung	Vorstrafen n. d. Erkrankung	Frühere Einweisungen: Entsch. n. § 51 I o. II o. Einst. ohne Einweisung	Verletz. v. ä. Tatbest. wie z. Z. der letzten Einweisung	n. § 42 b StGB	n. Landesrecht	freiw. oder durch ges. Vertreter
			%	%	%	%	%	%	%	%	%	%	%
I-II	Schwachs.	44	25	75	36	17	2	36	55	62	9	7	21
III	End. Psych.	25	56	44	28	16	16	28	20	32	—	16	8
IV	Alt.psych.	15	20	80	13	47	67	20	47	74	7	—	7
V	Ex. Psych.	7	14	86	43	43	43	57	43	86	—	14	14
VI-VII	Suchten	11	64	36	36	—	27	18	18	27	—	9	9
insges.:		102 = 100 %	35	65	32	21	21	32	40	54	5	9	14

Beim Lesen der Tab. 37 ist folgendes zu beachten: alle hier in relativen Zahlen ausgedrückten Werte leiten sich immer von der Gesamtzahl der einzelnen Psychosegruppen bzw. am Schluß von der Summe der Psychosegruppen insgesamt ab, die jeweils gleich 100 % gesetzt worden sind.

Anders ausgedrückt: Setzt man die Zahl der 66 bereits früher kriminell gewesenen Psychotiker (vgl. Übersicht XIX) gleich 100 %, so sind vor der letzten Einweisung:

20 %	1 mal
48 %	2—4 mal
32 %	mehr als 4 mal

strafrechtlich in Erscheinung getreten.

Nur 35 % der jetzt eingewiesenen Geisteskranken sind vorher nicht mit dem Gesetz in Konflikt gekommen.

Rein zahlenmäßig ist also das frühere kriminelle Verhalten der Psychotiker erheblich und die Rückfallziffer fast doppelt so hoch wie bei den gesamten Straftätern Schleswig-Holsteins in der Zeit von 1956 bis 1962. Ihre Rückfallquote beträgt auf Grund der statistischen Erhebungen rd. 34 %. Unter den nach allgemeinem Strafrecht Verurteilten waren rd. 7 % früher mehr als 4 mal bestraft worden; das sind rd. 19 % der Vorbestraften (vgl. z. Ganzen die Übersichten XIX a u. XIX b im Anhang und Abb. 19).

In 21 % aller Fälle war schon vor der Erkrankung ein kriminelles Verhalten zu beobachten. Diese Zahl ist beachtlich und deutet darauf hin, daß bereits die präpsychotische Persönlichkeit Schwierigkeiten in der sozialen Einordnung gezeigt hat. Man wird also nur in 79 % aller Fälle den Einfluß der Psychose im Sinne einer psychopathologisch gesetzten Verbrechensneigung nicht ausschließen können. Der Hinweis auf die nach der Erkrankung unter Verkennung der bereits manifesten Psychose ausgesprochenen Vorstrafen ändert diesen Sachverhalt nicht, sondern hat lediglich den Zweck, auf die beträchtlichen Schwierigkeiten bei der forensischen Beurteilung geisteskranker Krimineller aufmerksam zu machen.

Etwas Ähnliches gilt von den Angaben über die früheren Entscheidungen n. § 51 I oder II oder für die Einstellung des Verfahrens n. §§ 204, 205 StPO ohne nachfolgende Einweisung. Die hierbei gefundene Zahl von immerhin 40 % der 102 Fälle beweist, wie zurückhaltend die Gerichte bei der Auslegung des Gefährdungstatbestandes des § 42 b verfahren sind.

Die Zahl der bereits früher erfolgten Einweisungen scheint nicht besonders hoch (vgl. Tab. 37). Nimmt man aber alle Einweisungsfälle zusammen, so kommt man jedoch auf 28 %. Dabei haben sich 14 % aller geisteskranken Täter zwangsweise und 14 % freiwillig bzw. auf Anordnung des gesetzlichen Vertreters früher einmal in einer Anstalt befunden.

Prüft man nun die Verhältnisse bei den einzelnen Psychosegruppen (vgl. dazu Abb. 20), so sind hinsichtlich des früheren kriminellen Verhaltens die Suchten (Nr. VI—VII) am unauffälligsten. Die Zahl der früher kriminell in Erscheinung getretenen Süchtigen mit 36 % ist —

verglichen mit den anderen Psychosegruppen — die niedrigste. Die Zahl der früheren Einweisungen betrug 18 % (im übrigen vgl. Tab. 37).

Danach folgen unmittelbar die endogen Geisteskranken (Nr. III). Davon waren 44 % früher kriminell. Die Zahl der Vorstrafen vor der Erkrankung war mit 16 % der Gruppe die niedrigste aller Geisteskranken, wenn man vom Schwachsinn absieht. Insgesamt 24 % der Gruppe III waren bereits früher in einer Anstalt, davon 16 % zwangsweise.

Den Psychosegruppen VI—VII und III folgen mit großem Abstand die Schwachsinnigen (Nr. I—II). Unter ihnen waren 75 % bereits früher mit dem Gesetz in Konflikt geraten. Daß sich bei den Vorstrafen vor der Erkrankung nur 2 % finden, besagt wenig, weil sich die Gruppe I—II zu 91 % aus angeborenem oder früherworbenem Schwachsinn zusammensetzt, weswegen die frühere Kriminalität nur sehr selten eine präpsychotische sein kann. Die Zahl der Schwachsinnigen, die früher schon in einer Anstalt waren, beläuft sich insgesamt auf 37 % der Gruppe und ist damit — verglichen mit den anderen Gruppen — die höchste.

In noch größerem Maße mit 80 % waren die Alterspsychotiker kriminell. Die Zahl der Vorstrafen vor der Erkrankung in Höhe von 67 % weist auf eine beträchtliche präpsychotische Verbrechensneigung hin, — wenn man auch nicht ganz unberücksichtigt lassen darf, daß diese

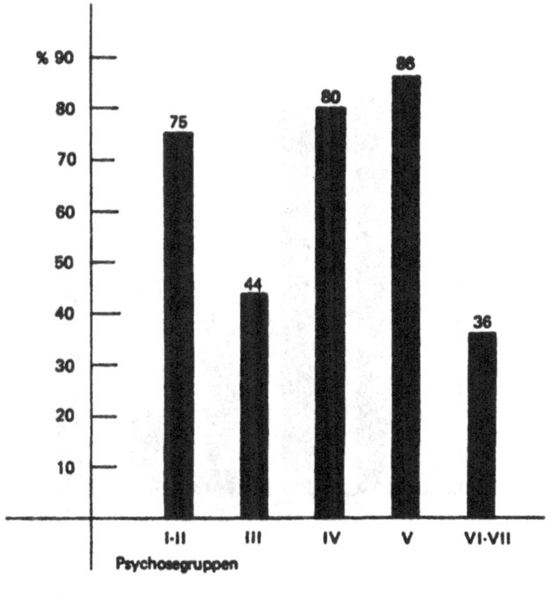

Abb. 20. Anteil der wiederholt kriminellen Geisteskranken in den Psychosegruppen (I—VII) (vgl. Tab. 37).

Personen rein altersmäßig natürlich die größere Chance hatten, früher kriminell zu werden (vgl. auch die hohe Zahl von mehrfach Kriminellen). Frühere Anstaltsaufenthalte waren zu 14 % vorhanden, davon in 7 % der Gruppe n. § 42 b.

Die exogenen Psychosen (Nr. V) machen hinsichtlich des früheren kriminellen Verhaltens den ungünstigsten Eindruck, sind jedoch infolge der geringen absoluten Zahlen schwierig zu beurteilen (vgl. hierzu und zum Ganzen die Tab. 37).

Im Ergebnis ist also festzuhalten, daß die jetzt eingewiesenen Geisteskranken in mehr als der Hälfte der Fälle bereits früher, zu 21 % bereits vor der Erkrankung kriminell in Erscheinung getreten sind. Insgesamt 28 % hatten sich schon früher in einer Anstalt befunden.

Ebenso wichtig ist die Frage, in welcher Häufigkeit früheres kriminelles Verhalten bei den einzelnen Deliktsgruppen der kriminellen Geisteskranken zu beobachten ist. Das hierüber ermittelte Zahlenmaterial findet sich in Übersicht XX (Anhang) und eine Zusammenfassung für die einzelnen Deliktsgruppen in Tab. 38 (vgl. Abb. 21).

Danach zeigt sich, daß die Täter der Sittlichkeitsdelikte und der Eigentums- und Vermögensdelikte in hohem Maße rückfällig waren. Und zwar fanden sich unter den Eigentums- und Vermögensdelikten zu 75 % geisteskranke Täter, die bereits früher in überwiegend gleicher oder ähnlicher Weise kriminell in Erscheinung getreten sind.

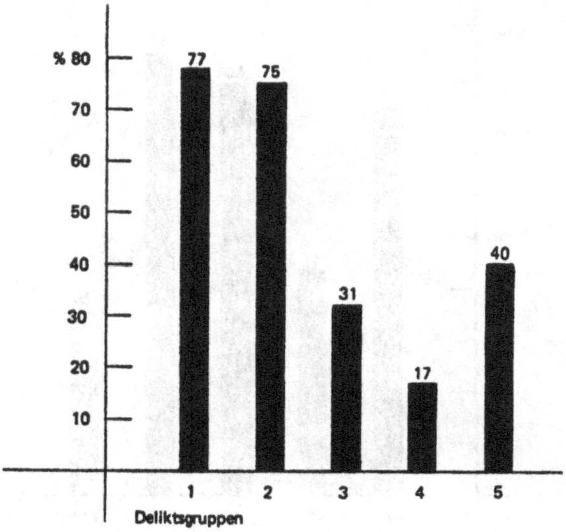

Abb. 21. Anteil der wiederholt kriminellen Geisteskranken in den Deliktsgruppen (Nr. 1—5) (vgl. Tab. 38).

Tabelle 38

Kriminelle Geisteskranke: Früheres kriminelles Verhalten, gegliedert nach Deliktsgruppen

Deliktsgruppen	Zahl insg.	davon					
		Früher n. kriminell	Früher kriminell (mehrf. krimin. nur 1× gezählt)	davon			
				früher nur 1× kriminell	früher mehr als 1× kriminell	davon	
						2—4 mal	mehr als 4mal
1. Sittlichkeitsdelikte	40	9 = 23 %	31 = 77 %	10 = 33 %	21 = 67 %	16	5
2. Eig. u. Vermögensdel.	37	9 = 25 %	28 = 75 %	3 = 11 %	25 = 89 %	11	14
3. Aggressive Handlung.	13	9 = 69 %	4 = 31 %	—	4 = 100 %	3	1
4. Tötungen	6	5 = 83 %	1 = 17 %	1 = 100 %	—	—	—
5. Brandstiftungen	5	3 = 60 %	2 = 40 %	—	2 = 100 %	1	1
6. Abtreibung	1	1 = 100 %	—	—	—	—	—
insgesamt:	102 = 100 %	36 = 35 %	66 = 65 %	14 = 21 %	53 = 79 %	32	21

Dagegen hatten bei den Brandstiftungen (Nr. 5) lediglich 40 %, bei den aggressiven Handlungen (Nr. 3) 31 % und bei den Tötungsdelikten (Nr. 4) nur 17 % der Täter vor der letzten Einweisung mit Strafe bedrohte Handlungen begangen.

Vor allem wird deutlich, daß die endogen Geisteskranken im Bereich der Deliktsgruppen 3 und 4 noch unauffälliger sind, als dies im Durchschnitt der Psychosegruppe III beobachtet wurde (vgl. Tab. 37). Dabei lag bei dem einen schizophrenen Mörder, bei dem früheres kriminelles Verhalten registriert werden konnte, nur ein Verkehrsdelikt, also kein dem Einweisungsgrund vergleichbarer Tatbestand vor.

b) Sonstige Auffälligkeiten

Hierunter werden Verhaltensweisen außerhalb des kriminellen Bereichs zusammengefaßt, die mehr oder weniger vom Normalverhalten des Durchschnittsmenschen im sozialen Bereich abweichen. Dabei sei zunächst auf folgendes hingewiesen: bei der Frage nach der sozialen Auffälligkeit der kriminellen Geisteskranken ist auf eine umfassende, allgemeine Definition verzichtet worden — sie wäre ohnehin eine willkürliche —, vielmehr wurde eine kasuistische Aufzählung solcher Verhaltensweisen vorgenommen, die beim Studium der Gutachten als auffällig empfunden wurden. Zweitens wurden innerhalb dieser sicherlich nicht abschließenden Aufzählung Gliederungspunkte aufgenommen, die z. T. bei der Prüfung beruflicher und familiärer Verhältnisse schon Gegenstand der Diskussion gewesen sind. Jedoch stehen sie hier in einem anderen Zusammenhang. Drittens wurde bei der Frage nach der Unauffälligkeit krimineller Geisteskranker ein verhältnismäßig strenger Maßstab angelegt. Schließlich bestand das Ausgangsmaterial wiederum aus den 102 n. § 42 b i. V. m. § 51 StGB eingewiesenen Geisteskranken. Über folgende Fragen wurden Erhebungen angestellt:

1. Außerhalb ihrer mit Strafe bedrohten Handlungen absolut unauffällige kriminelle Geisteskranke.
2. Beruflich-soziales Abgleiten: Häufiger Berufs- und Stellenwechsel, mißglückte Existenzgründung, Verlust des Berufs oder der ärztlichen Praxis.
3. Arbeitsunlust in Zusammenhang mit Herumtreiben mit Fahrrad oder Moped im Wohnort oder der unmittelbaren Umgebung (meist in den Abendstunden), Belästigung von Mädchen, Prostitution.
4. Ausgeprägtes Vagabundieren in Zusammenhang mit Verwahrlosung und Alkohol.
5. Kontaktfähigkeit zum anderen Geschlecht bei Unverheirateten: Mädchenbekanntschaften, Umgang mit Prostituierten.
6. Sexuelle Abartigkeiten.
7. Aggressivität in der Öffentlichkeit: Randalieren in Zusammenhang mit Alkohol und primitiven Hobbys (Wild-West Filme, Groschenhefte u. dergl.).
8. Selbstmordneigung und Selbstmordversuche.

9. Sonstige typisch krankheitsbedingte Auffälligkeiten, soweit sie nicht bereits vorher erwähnt wurden, und zwar:

   a) in der Familie oder im engsten Bekanntenkreis und

   b) in der Öffentlichkeit.

Diese Abteilung ist v. a. für die Gruppen der Schwachsinnigen (Nr. I—II) und endogen Geisteskranken (Nr. III) gedacht.

Für die Schwachsinnigen gilt dabei die Einschränkung, daß der im allgemeinen notorische Intelligenzmangel nicht berücksichtigt wurde, sondern Auffälligkeiten, die darüber hinaus vorhanden waren, wie z. B.: körperliche Gebrechen und Anomalien (Gehörlosigkeit, sprachliche Schwierigkeiten, partielle Lähmungen, Verkrüppelung), Erregbarkeit und Aggressivität (soweit nicht bereits vorher berücksichtigt), sexuell gefärbte Annäherungsversuche an Menschen und Tiere, Herumlaufen mit anstößig verwahrloster Kleidung (offene Hose u. dergl.), kleine häusliche Diebereien.

Bei den endogen Geisteskranken wurde im engen Familien- und Bekanntenkreis eine Reihe merkwürdiger krankheitsbedingter Verhaltensweisen beobachtet: in seltenen Fällen generalisierte Anfälle, Absencen, Verstimmungs- und Dämmerzustände bei den Epileptikern, dagegen fanden sich, v. a. im häuslichen Bereich, bei den Schizophrenen und Zyklothymen häufiger Besonderheiten, und zwar:

bei den Paranoiden und Paraphrenen: Streitsucht, Gewalttätigkeiten, Herumtreiberei, verworrene Reden, Mitteilungen über Halluzinationen (wahnhafte Stimmen) und Beeinträchtigungsideen, über göttliche Berufungserlebnisse (in einer Familie wurden z. B. schizophren gefärbte Bibellesungen gehalten), wahnhafte Eingaben an Behörden, Herumlaufen mit scharfgeladenen Waffen (schizophrener Verfolgungswahn),

bei Hebephrenen (jedoch sehr selten): hochstaplerische Angaben in Familie und Öffentlichkeit (falsche Namensangaben, Andeutungen über einen Geheimdienstauftrag, Bezeichnung als Schriftsteller u. ä.),
bei Katatonikern: bizarre Stereotypien, katatone Hypermotorik (plötzliche unmotivierte Bewegungen: ununterbrochene Kniebeugen, auf-den-Ofen-Klettern und dergl.),

bei den Zyklothymen, jedoch ausschließlich in manischen Phasen: Streitereien, Lärm, Unfug (Auf-Bäume-Klettern, Ausziehen der Kleidung), manchmal Fenster-einschlagen, jedoch so gut wie nie massive Gewalttätigkeiten.

Eine Zusammenfassung aller in diesem Sinne sonstigen Auffälligkeiten findet sich in Übersicht XXI (im Anhang), die errechneten relativen Zahlen in Tab. 39. Dabei ist zu beachten, daß sich alle Prozentwerte immer von der Gesamtzahl der einzelnen Psychosegruppen bzw. am Schluß von der Summe der Psychosegruppen insgesamt ableiten, die jeweils = 100 % gesetzt worden sind. Außerdem wurden die beobachteten Auffälligkeiten ausschließlich in der Häufigkeit ihres Auftretens und nicht nach Tätern gezählt. Da bei vielen Psychotikern nicht nur eine, sondern mehrere Besonderheiten beobachtet werden konnten, erscheinen sie zahlenmäßig entsprechend in verschiedenen Abteilungen der Übersicht XXI bzw. der Tab. 39, so daß man etwa bei der Addition aller Zahlen nicht die Gesamtsumme der 102 Fälle erwarten darf, sondern eine höhere Ziffer. Indessen kommt es nicht auf diese, sondern auf die Zahl des jeweiligen Gliederungspunktes der Tabelle an, die zur Gesamtzahl der jeweiligen Psychosegruppe bzw. zur Summe aller Psychosen in Relation zu setzen ist.

Insgesamt betrachtet kann nur ein kleiner Teil, nämlich 18 % aller kriminellen Geisteskranken, als unauffällig bezeichnet werden. Wie die Aufgliederung in einzelne Psychosegruppen zeigt, gilt dies v. a. für die Alterspsychosen mit 40 % der Gruppe IV; ihnen folgen der Schwachsinn mit 18 % der Gruppe I—II und die endogenen Psychosen mit 16 % der Gruppe III. Alle übrigen Psychosegruppen (Nr. V und VI—VII) waren mehr oder weniger auffällig. Dabei spielte die Arbeitsunlust (i. Z. m. Herumtreiberei, Belästigung von Mädchen, Prostitution) zahlenmäßig mit 34 % aller Psychosen die größte Rolle, — verursacht vor allem durch die stärkste Gruppe der Schwachsinnigen (50 % der Gruppe I—II). Den exogenen Psychosen kommt trotz hoher Beteiligung (86 %) wegen der kleinen absoluten Zahl, den endogenen Psychosen wegen der geringen relativen Zahl (16 % der Gruppe III) kaum Bedeutung zu. Belästigung von Frauen oder Mädchen während der abendlichen Umhertreibereien wurden — was aus der Tabelle nicht unmittelbar hervorgeht — in 9 Fällen — entsprechend 9 % aller Psychosen — beobachtet. Dabei entfielen 7 — entsprechend 16 % der Gruppe I—II — auf die Schwachsinnigen, je ein Fall — entsprechend 4 % der Gruppe III und 14 % der Gruppe V — auf die endogenen und exogenen Psychosen. Süchtige und Alterspsychotiker waren bezeichnenderweise an der Belästigung von Frauen nicht beteiligt. Prostitution wurde nur in einem Falle von einer debil Schwachsinnigen getrieben. Im Gliederungspunkt 3 der Tab. 39 hat man es also vorwiegend mit arbeitsscheuem Herumtreiben zu tun. Wo zusätzlich, allerdings in seltenen Fällen Belästigung von Frauen vorkamen, geschah dies v. a. durch Schwachsinnige. Abgesehen von den typisch krankheitsbedingten Auffälligkeiten, die am Schluß erörtert werden, war in zweiter Linie mit 24 % aller Psychosen ein berulich-soziales Abgleiten der Täter zu beobachten (vgl. im einzelnen Gliederungspunkt 2 d. Tab. 39), und zwar im einzelnen: bei den Suchten in 100 %, bei den endogenen Psychosen in 40 %, bei den Alterspsychosen in 20 %, dagegen bei den Schwachsinnigen nur in 2 %, bei den exogenen Psychosen gar nicht. Dafür zeigt sich aber für die beiden letztgenannten Gruppen (Nr. I—II und V) eine zahlenmäßige Verlagerung auf die Arbeitsunlust (Punkt 3 der Tab. 39). In beiden Gliederungspunkten spiegeln sich die bereits früher erörterten beruflichen Schwierigkeiten praktisch aller Psychotiker wider, wobei solche mit in Angriff genommener Berufsausbildung mehr unter Punkt 2 d. Tabelle, solche ohne jede Berufsausbildung mehr unter Punkt 3 d. Tabelle auftauchen.

Tabelle 39

Kriminelle Geisteskranke. Sonstige soziale Auffälligkeiten, gegliedert nach Psychosegruppen

Geisteskrankheiten Einzelne Gruppen		Zahl insgesamt	davon									
			1 Unauffällig	2 Berufl. sozial. Ableiten (Häufiger Berufs- u. Stellenwechsel, Berufs- bzw. Praxisverl.)	3 Arbeitsunlust (i. Z. m. Herumtreiben m. Fahrrad o. Moped, Beläst. v. Mädch.) Prostitution	4 Ausgeprägtes Vagabundieren (i. Z. m. Alkohol u. Verwahrlosung)	5 Kontaktfähigkeit (Mädchenbekanntschaften, Umgang m. Prostituierten)	6 Sexuelle Abartigkeiten	7 Aggressivität i. d. Öff. (Randalieren i. Z. m. Alkohol u. primit. Hobbys)	8 Selbstmordneigung u. Selbstmordvers.	9 Sonstige typisch krankheitsbedingte Auffälligkeiten in Familie o. engem Bekanntenkreis	9 Sonstige typisch krankheitsbedingte Auffälligkeiten in der Öffentlichkeit
			%	%	%	%	%	%	%	%	%	%
I-II	Schwachsinn	44	18	2	50	4	4	4	18	7	18	18
III	End. Psych.	25	16	40	16	16	12	8	16	20	68	12
IV	Alterspsych.	15	40	20	20	47	—	6	—	6	—	—
V	Ex. Psych.	7	—	—	86	—	14	—	—	29	14	14
VI-VII	Suchten	11	—	100	—	—	—	—	—	18	46	—
insgesamt:		102 = 100 %	18	24	34	13	6	5	12	13	30	12

Alle übrigen Gliederungspunkte weisen sehr viel geringere Prozentwerte auf.

So fanden sich unter den Psychotikern insgesamt nur 13 % Vagabundierende, zu Alkohol und Verwahrlosung neigende Täter (Punkt 4 d. Tab. 39). Dabei wiesen die Alterspsychosen 47 %, die endogenen Psychosen 16 % auf. Das bedeutet also, daß die Alterskranken sehr viel mehr zu einem der Landstreicherei verwandten Verhalten neigen, als die endogen Geisteskranken oder die Schwachsinnigen.

Ebenfalls mit 13 % aller Psychosen — und damit keineswegs gering — konnte die Selbstmordtendenz der kriminellen Geisteskranken festgestellt werden (Punkt 8 d. Tab. 39). Im einzelnen betrachtet ist sie bei den Alterspsychotikern mit 6 % und den Schwachsinnigen mit 7 % niedrig. Eine große Neigung zur Selbstaggression zeigen dagegen die Süchtigen mit 18 % und die endogen Geisteskranken mit 20 % — eine eigenartige Parallele zu den für die letztgenannte Gruppe typischen Fremdaggressionen (aggressive Handlungen, Tötungen). Die Selbstmordtendenz bei den exogen Geisteskranken ist mit Vorsicht zu verwerten, da die absoluten Zahlen zu gering sind.

Aggressives Verhalten in der Öffentlichkeit (Punkt 7 d. Tab. 39) konnte bei den kriminellen Geisteskranken insgesamt zu 12 % beobachtet werden. Dabei scheint die Aggressionstendenz der endogen Geisteskranken mit 16 % gering, man beachte aber, daß hier Aggressivität noch *außerhalb* des kriminellen Bereichs geprüft wurde. Die Zahl ist also nicht deswegen klein, weil diese Kranken friedfertiger wären, sondern weil — wie früher gezeigt wurde — massive Aggressionen *im Bereich* des Strafbaren für sie geradezu typisch sind. Dagegen hat die Zahl von 18 % bei den Schwachsinnigen durchaus als niedrig zu gelten, weil darüber hinaus aggressives Verhalten im kriminellen Bereich bei ihnen kaum zu beobachten ist. Bei allen übrigen Psychosegruppen war eine Tendenz zum Randalieren in der Öffentlichkeit nicht ersichtlich.

Die Frage nach den Mädchenbekanntschaften (Punkt 5 d. Tab. 39) betrifft im wesentlichen die insgesamt 63 % unverheirateten kriminellen Psychotiker (vgl. Tab. 35). Die kleine Zahl (6 %) zeigt die bereits früher beobachtete allgemeine Kontaktarmut der Geisteskranken. Besonders gering ist die Zahl mit 4 % der Gruppe I—II bei den Schwachsinnigen, dabei war in einem Falle — entsprechend 2 % — nur Umgang mit Prostituierten vorhanden. Jede Kontaktaufnahme mit dem weiblichen Geschlecht darüber hinaus nahm — wie die große Zahl der Sittlichkeitsdelikte zeigt — regelmäßig kriminelle Ausmaße an. Mehr Mädchenbekanntschaften hatten die endogen Geisteskranken (12 %). Wegen der kleinen Zahlen ist dagegen die Gruppe V nicht zu werten (die 14 % entsprechen einem Fall und der betraf nur Umgang mit Prostituierten). Bei den Alterspsychotikern und bei den meist verheirateten Süchtigen waren sonstige Mädchen- oder Frauenbekanntschaften nicht zu beobachten. Der Kontakt mit Mädchen betraf also im Ganzen gesehen nur 6 Fälle (vgl. Übersicht XXI) und davon 2 — entsprechend etwa 33 % — nur Umgang mit Prostituierten.

Sexuelle Abartigkeiten (übermäßige Onanie, homosexuelle, pädophile, sodomistische, sadistische Neigungen) außerhalb des kriminellen Bereichs fanden sich zu 5 % unter den kriminellen Geisteskranken (vgl. Punkt 6 der Tab. 39), und zwar beim Schwachsinn mit 4 % der Gruppe I—II nur deswegen in so geringem Maße, weil sexuelle Abartigkeiten meist mit kriminellem Verhalten gekoppelt waren. Bei den endogenen Psychosen ist die Zahl mit 8 % doppelt so hoch, — dafür sind aber die Sittlichkeitsdelikte ausgesprochen selten. Bei den Alterspsychosen war nur ein Fall — entsprechend 6 % der Gruppe IV — mit homosexueller Neigung, bei den übrigen Psychosegruppen keine sexuellen Auffälligkeiten zu beobachten.

Schließlich zeigt Punkt 9 der Tab. 39, daß sonstige typisch krankheitsbedingte Auffälligkeiten der geisteskranken Täter ihrem Familien- und engen Bekanntenkreis zu einem erheblichen Teil — nämlich zu 30 % — bekannt gewesen sind, während die Öffentlichkeit nur in knapp der Hälfte dieser Fälle (12 %) davon Notiz nehmen konnte. Vor allem die endogen Geisteskranken verhielten sich, obgleich ihre krankheitsbedingten Auffälligkeiten ihren nahen Verwandten in 68 % nicht verborgen geblieben waren, in der Öffentlichkeit relativ unauffällig (12 %). Dies gilt in noch höherem Maße von den Süchtigen, die innerhalb des familiären Bereichs zu 46 %, außerhalb desselben gar nicht aufgefallen waren.

Bei den Alterskranken war die Psychose nirgendwo bemerkt worden.

Bei den Schwachsinnigen und exogen Geisteskranken waren im Hause und in der Öffentlichheit jeweils eine gleichhohe Zahl von Auffälligkeiten, nämlich zu 18 % bzw. 14 % beobachtet worden (vgl. im übrigen Tab. 39).

Die Untersuchungen haben also gezeigt, daß die kriminellen Geisteskranken außerhalb des kriminellen Bereichs bis auf einen kleinen Teil von 18 % aller Psychotiker auffällig gewesen sind. Vor allem beruflich hat sich ein allgemeines Versagen nachweisen lassen (vgl. auch die Ausführungen unter 7). Zu einem erheblichen Teil ist außerdem den nahen Verwandten und Bekannten die psychotisch bedingte Eigenart der Täter nicht verborgen geblieben, während die Öffentlichkeit davon nur in geringerem Maße Notiz nehmen konnte. Außerdem war die Zahl der Täter, die bereits vor der letzten Einweisung kriminell in Erscheinung getreten sind, mit 65 % erheblich, die Zahl der Täter, die bereits einmal in einer Anstalt waren, mit 28 % keineswegs gering.

10. Entlassungen, Widerruf, Todesfälle

Bei der Untersuchung über die Zahl der Entlassungen von geisteskranken Tätern, die n. § 42 b i. V. m. § 51 StGB in Heil- und Pflegeanstalten eingewiesen wurden, gelten zwei Besonderheiten:

Erstens ist die Entlassung eines Untergebrachten n. § 42 h I 1 StGB stets nur eine bedingte Aussetzung der Unterbringung, die das Gericht innerhalb der Verjährungsfrist (vgl. § 70 II 1 StGB) bei Erforderlichkeit einer erneuten Unterbringung jederzeit durch Beschluß widerrufen kann, — § 42 h I 3 StGB, § 462 I i. V. m. § 463 a I StPO. Schon allein aus diesem Grunde gehören Erhebungen über Widerrufsfälle hierher.

Zweitens sind, da Entlassung und Widerruf grundsätzlich an keine Frist gebunden sind (vgl. § 42 f III, § 42 h I 3 StGB), alle Zahlen darüber unvollständig. Man müßte die 102 Einweisungsfälle über Jahre verfolgen, um ein abschließendes Bild zu erhalten.

Aus diesen Gründen sind also alle Angaben über Entlassungs- und Widerrufsfälle nur vorläufig und mit Vorsicht zu bewerten.

Bei den 102 zwischen 1956 und 1962 n. § 42 b i. V. m. § 51 StGB eingewiesenen kriminellen Geisteskranken Schleswig-Holsteins sind im Zeitraum von 1958 bis Anfang 1964 insgesamt 25 bedingte Entlassungen ausgesprochen worden, von denen inzwischen 7 widerrufen worden sind. Ferner wurden 7 Todesfälle festgestellt.

Alle darüber ermittelten Zahlen, gegliedert nach Psychosegruppen und Geschlechterverteilung, finden sich in Übersicht XXII im Anhang, eine Zusammenfassung in errechneten relativen Zahlen gibt Tab. 40 wieder.

Tabelle 40:

Kriminelle Geisteskranke:
Bedingte Entlassungen, Widerruf, Todesfälle (relative Zahlen)

Geisteskrankheiten Einzelne Gruppen		Zahl insg.	Bedingte Entlass. insg.	davon Widerruf insges.	Todesfälle insges.
I—II	Schwachs.	44	22 %	7 %	2 %
III	End. Psych.	25	16 %	4 %	—
IV	Alterspsych.	15	7 %	—	40 %
V	Exog. Psych.	7	57 %	14 %	—
VI—VII	Suchten	11	55 %	18 %	—
insgesamt:		102 = 100 %	24 %	7 %	7 %

Das bedeutet, daß innerhalb der kurzen Beobachtungszeit in 24 % der 102 Einweisungsfälle eine bedingte Entlassung ausgesprochen wurde. Davon mußten indessen nach kürzerer oder längerer Zeit 7 %, oder gemessen an der Zahl der Entlassungen mehr als 1/4 — nämlich 28 % — alsbald widerrufen werden, da das Verhalten der Entlassenen eine erneute Unterbringung erforderte. Bis zum gegenwärtigen Zeitpunkt sind also nur 72 % der bedingten Entlassungen — bezogen auf die Gesamtzahl von 102 Fällen sind das 17 % — von gewisser Dauer geblieben.

Dabei waren die Zahlen über Entlassung und Widerruf bei den einzelnen Psychosegruppen unterschiedlich (vgl. Tab. 40). Einen besonders günstigen Eindruck machten dabei die Süchtigen mit 55 % und die exogen Geisteskranken mit 57 % bedingten Entlassungen, bei den Alterspsychotikern fanden sich dagegen nur 7 %. Dafür ist aber hier die Zahl der Todesfälle (i. d. R. Altersschwäche) am höchsten (40 %).

Bei den Schwachsinnigen lag der Prozentsatz mit 22 % im Bereich des Gesamtdurchschnitts, bei den endogen Geisteskranken war er dagegen mit 16 % gering. Der eine Todesfall bei der Gruppe I—II betraf einen Schwachsinnigen, der kurz nach dem Entweichen aus der Anstalt beim Baden ertrank.

Die Widerrufsfälle machten praktisch bei allen Psychosegruppen etwa 1/4 der bedingten Entlassungen aus.

Die Tatsache, daß von der Gesamtzahl der Eingewiesenen nur knapp 1/5 — nämlich 17 % — mit Aussicht auf Erfolg entlassen werden konnte, deutet auf erhebliche therapeutische Schwierigkeiten bei der Anstaltsbehandlung der kriminellen Geisteskranken — und sicherlich der Geisteskranken überhaupt — hin. Aus den 25 gutachtlichen Stellungnahmen zu den Entlassungsanträgen fanden sich Hinweise über die therapeutischen Erfolge, die bei den Eingewiesenen erzielt wurden. Dabei wurde von einer vollständigen Ausheilung der Psychose nicht in einem einzigen Fall gesprochen. Vielmehr wurde festgestellt, daß bei den 25 für die Entlassung in Frage kommenden Personen zumindest im Zeitpunkt der letzten Untersuchung

bei 17 = 68 % eine praktische Heilung

bei 8 = 32 % eine Besserung mit weitgehender Einengung der psychotischen Symptomatik

zu beobachten gewesen sei, die eine bedingte Entlassung empfehlenswert erscheinen lasse.

Ein Blick auf die wissenschaftliche Literatur vergegenwärtigt, daß damit die therapeutische Problematik durchaus treffend wiedergegeben wurde.

Die psychodiagnostischen Schwierigkeiten und die Tatsache, daß ein großer Teil der Geisteskrankheiten ätiologisch bis heute noch nicht geklärt ist, übertragen sich unheilvoll auf alle psychiatrischen Behandlungverfahren.

Die Therapie der manifest gewordenen geistigen Erkrankung bleibt stets nur eine *symptomatische*, solange und soweit die „krankmachenden Körpervorgänge" unerforscht bleiben[172]. Und das betrifft namentlich die am meisten verbreiteten Psychosen: den Schwachsinn und v. a. die Schizophrenie[173], während bei den exogenen Psychosen die Bekämpfung des bekannten Grundleidens durch *kausale* Behandlung eher gelingt[174]. Aus diesen Gründen sind vollkommene Heilungen sehr selten, eher kommen sog. *praktische* Heilungen[175] vor. Bei ihnen ist oft mit leichteren Defekten, veränderter Persönlichkeit und sozialem Absinken zu rechnen, jedoch hat die Explosivität der psychopathologischen Symptomatik nachgelassen, die Kranken sind ruhiger, gleichgültiger und zumindest sozial tragbar geworden (man spricht daher auch von sog. Defekt- o. sozialen Heilungen)[176]. Immerhin schätzt man, daß bei sorgfältiger Indikation in 1/4 bis 1/3 der Fälle Entlassungsfähigkeit erreicht wird[177]. Trotzdem bleibt ein großer Teil der Psychosen therapieresistent[178].

Über die Therapieerfolge bei den einzelnen Psychosen finden sich in der psychiatrischen Literatur verschiedentlich mehr oder weniger übereinstimmende Hinweise.

Einigkeit besteht darüber, daß weder der Schwachsinn noch die Alterspsychosen als solche therapeutisch angegangen werden können. Derartige geistige Defekte bleiben irreparabel[179].

Die Angaben über Therapieerfolge bei den übrigen Psychosen sind unterschiedlich.

So wird man etwa bei der Schizophrenie mit 25 % bis 40 % praktischen Heilungen, d. h. mit sozial tragbar Gebesserten (sog. Defektheilungen) rech-

---

172 Vgl. *Ewald* S. 397, 398; *Bleuler* S. 317, 321; *Kolle* II S. 301; *Schorsch* i. Psych. d. Geg. Bd. II S. 763.

173 Vgl. *Kolle* II S. 301.

174 Der Kardinalfall hierfür ist die progressive Paralyse: Mit der Erkenntnis, daß Grundlage dieser geistigen Erkrankung die Syphilis ist, war nicht nur ein festumrissenes Krankheitsbild geschaffen, sondern auch eine kausale Therapie durch die Fieberbehandlung möglich.

175 Vgl. *Kolle* I S. 63.

176 Vgl. dazu *Ewald* S. 393, 394, 402; *Kolle* II S. 179, 187; *Lemke* S. 362, 363; *Bleuler* S. 311, 314.

177 Vgl. *Bleuler* S. 146 — Über die verschiedenen kausalen und symptomatischen Therapieverfahren vgl. ausführlich *Kolle* II S. 305—307.

178 Vgl. u. a. *Bleuler* S. 340 u. *Hoff* Bd. I S. 422; vgl. *Hagen* S. 104—115 (mit Tabellen): von seinen 1088 Entlassenen insgesamt waren 492 prakt. geheilt, 391 gebessert und 205 ungeheilt.

179 Vgl. dazu *Bumke* S. 797, 800; *Ewald* S. 290; *Kolle* II S. 141, 237.

nen können[180]. Wo sich höhere Angaben finden, wird stets auf eine erhebliche Zahl von Rezidiven hingewiesen[181].

Bei der Zyklothymie findet sich im allgemeinen eine hohe Zahl therapeutisch günstig beeinflußbarer Krankheitsverläufe. 80 % bis 97 % praktische Heilungen sind nicht außergewöhnlich, davon sind etwa 10 % Rezidive[182]. Für die Epilepsie findet sich bei Dreyer[183] der Hinweis, daß bei energischer pharmakotherapeutischer Behandlung etwa in 50 % bis 60 % Anfallsfreiheit erreicht werden kann[184]. Bei der progressiven Paralyse kann etwa mit 40 % bis 60 % praktischen Heilungen gerechnet werden[185], wobei Rezidive keineswegs ausgeschlossen sind[186].

Bei den exogenen oder symptomatischen Psychosen pflegen die psychischen Ausnahmezustände bei erfolgreicher Behandlung der somatischen Schädigung abzuklingen[187].

Bei den Suchten ist eine Therapie grundsätzlich möglich, da man ja das Rauschgift als Ursache des pathologischen Verhaltens kennt. Indessen hängt es aber von der Intensität der in einer geschlossenen Abteilung durchzuführenden und mindestens 6—12 Monate dauernden Entziehungskur[188], zweitens der ärztlichen Kontrolle nach der Kur und drittens von der prämorbiden Charakterveranlagung des Süchtigen ab, ob die Behandlung von Dauer oder ob Rückfälligkeit zu erwarten ist.

Tabelle 40 bestätigt also die bisherige Erfahrung, daß trotz der vielgestaltigen pharmakologischen, schock-, arbeits-, psychotherapeutischen und psychochirurgischen Verfahren bei überwiegend nur symptomatischer Beeinflussung der Krankheitsverläufe eine günstige Prognose zumindest bei den zahlenmäßig verbreitetsten Psychosen nur in bescheidenem Rahmen in Ansatz gebracht werden kann. Dabei besteht auf der anderen Seite gerade bei der Schizophrenie das dringende Bedürfnis, durch alsbaldige Anstaltsentlassung und durch Konfrontation der Kranken mit der Lebenswirklichkeit des Alltags dem pathologischen Autismus und dem durch die Isolierung bedingten „Verkommen“ entgegenzuwirken[189]. Dem aber steht die bis heute mit Sicherheit nicht zu beantwortende Frage gegenüber: läßt sich der Entlassene auf längere Zeit resozialisieren, bleibt er unauffällig, geht er trotz allge-

---

180 Vgl. über die Zahlen *Bleuler* S. 311: 25 %; *Kolle* I S. 63, *Kolle* II S. 179: 25—40 %; *Lemke* S. 363: 30 %; *Ewald* S. 402: 40—60 %.

181 Vgl. *Hoff* I S. 482: Praktische Heilungen: 60—80 %, davon Rezidive ca. 30 %.

182 Vgl. dazu *Hoff* I S. 408: 80 %; *Meyer* in Psych. d. Geg. S. 123: 90—97 %.

183 Vgl. *Dreyer* in Psych. d. Geg. S. 796 ff.

184 Über die verschiedenen Antiepileptica vgl. *Dreyer* in Psych. d. Geg. S. 796 ff.

185 Vgl. dazu *Ewald* S. 431: 40—50 %; *Lemke* S. 289: 50 %; *Kolle* II S. 229: 60 %.

186 Vgl. *Ewald* S. 431.

187 Vgl. dazu *Ewald* S. 436.

188 Vgl. dazu *Kolle* II S. 277.

189 Vgl. dazu *Bleuler* S. 318, 339.

meiner Niveausenkung einem einfachen Beruf nach[190] oder bleibt er — etwa bei defekt geheilter Schizophrenie — als komische verschrobene Existenz, fragwürdiger Prophet oder Sektenbildner, vielleicht ab und zu vagabundierend[191], wenigstens sozial noch tragbar oder wird er durch seltsames Gebahren, befremdliche oder kriminelle Handlungen wieder seine Umwelt stören, ängstigen und gefährden[192]? — Sicherlich wird ein nicht unerheblicher Teil der Kranken wegen Pflegebedürftigkeit oder Gemeingefährlichkeit ständig interniert werden müssen[193]. Aber wer vermag mit endgültiger Sicherheit zu entscheiden, welcher Geisteskranke zu dieser Gruppe gehört? — Vielfach läßt man sich dabei von der Intensität der vom Kranken verübten Rechtsgutsverletzung leiten[194]. Eine bedingte Entlassung aus der Anstalt ist stets ein Wagnis, — sowohl für den Mediziner als auch für den Juristen. Aber es muß aus der Einsicht riskiert werden, die Kolle seiner Psychotherapie der schizophrenen Psychose zugrunde legte, „daß auch schizophrene Kranke Anspruch darauf haben, als Menschen angeschaut und angehört zu werden“[195].

III. Zusammenfassung und Ergebnis

Die Untersuchungen über die kriminellen Geisteskranken in Schleswig-Holstein haben zu verschiedenen Ergebnissen geführt.

1.

Bei den statistischen Möglichkeiten zur Ermittlung der Zahl der kriminellen Psychotiker in Schleswig-Holstein kam der amtlichen Kriminalstatistik, genauer: den ihr zugrunde liegenden Zählkarten des Statistischen Landesamtes Schleswig-Holstein als Fundstelle die entscheidende Bedeutung zu. Allerdings war die Sichtung des Zählkartenmaterials — und nur aus diesem ergab sich die direkte Zählung der

---

190 Vgl. darüber bei der Schizophrenie *Lemke* S. 363.

191 Vgl. dazu *Kolle* II S. 183; *Ewald* S. 395; *Lemke* S. 363.

192 Vgl. *Ewald* S. 395.

193 Vgl. dazu *Lemke* S. 363.

194 So wurde an Hand des eigenen Materials beobachtet, daß die meisten bedingten Entlassungen bei den psychotischen Tätern der Eigentums- und Vermögensdelikte „riskiert“ wurden, sehr viel weniger bei den Sittlichkeitsdelikten (soweit sie nicht leichterer Art waren) und den aggressiven Handlungen; dagegen fand sich keine einzige Entlassung bei den schwachsinnigen Tätern der Notzuchtsverbrechen und bei den schizophrenen Mördern.

195 So *Kolle* II S. 196.

Einweisungsfälle n. § 42 b StGB[196] — über das Jahr 1956 hinaus nicht möglich, die Unterlagen waren bereits vernichtet. Daraus ergab sich eine Einengung des Untersuchungszeitraums von 1962 rückwirkend bis 1956.

Den anderen Quellen zur Ermittlung der Kriminalität Geisteskranker kommt dagegen kaum praktische Bedeutung zu. Möglicherweise findet sich unter den Sicherungsverwahrten n. § 42 e StGB ein sehr geringer Prozentsatz von Psychotikern, der hierher gehören könnte. Darüber hinaus gibt es nach Schätzungen der Staatsanwaltschaften eine größere Anzahl von Fällen, bei denen trotz Vorhandensein einer Psychose keine Einweisung erfolgt. Ihre Zahl ist nicht genau zu fixieren, dennoch darf sie nicht unberücksichtigt bleiben. Die Anstaltskriminalität und die Dunkelziffer blieben außer Betracht. An Hand dieses Materials ist für Schleswig-Holstein im Zeitraum von 1956 bis 1962 mit:

	132	statistisch ermittelten,
zusätzlich auf Grund von Schätzwerten mit	2—3	in Sicherungsverwahrung befindlichen Schwachsinnigen
	26—33	nicht nach § 42 b StGB eingewiesenen,

also mit einer Gesamtzahl von

160—180

kriminellen Geisteskranken zu rechnen.

Dabei umfaßt der Begriff „Kriminalität" im Rahmen dieser Untersuchung nur die mit Strafe bedrohten Handlungen, die vom Gesetz als Voraussetzung einer Unterbringung nach Maßgabe des § 42 b StGB gedacht sind, also Verbrechen und Vergehen, nicht jedoch Übertretungen. In diesem Rahmen wurde die Kriminalitätsbewegung der Geisteskranken überprüft und festgestellt, daß bei ihr, verglichen mit der absoluten Zahl der Geisteskranken, keine progressiv fallende oder steigende Tendenz nachgewiesen werden kann.

Um die ermittelte Zahl der kriminellen Geisteskranken mit der Durchschnittsbevölkerung, der absoluten Zahl der Geisteskranken und der normalen Straffälligkeit zu vergleichen, wird hier lediglich das Jahr 1962 herausgegriffen.

2.

Im Jahre 1962 wurden durch das Statistische Landesamt Schleswig-Holstein 23 kriminelle Geisteskranke registriert, die n. § 42 b StGB in

[196] Die Statistischen Jahrbücher für Schleswig-Holstein erwähnen speziell die Einweisungen n. § 42 b StGB nicht, sondern zählen sie entweder unter den Freisprüchen oder Verurteilungen. Eine direkte Ermittlung aus der der Öffentlichkeit zugänglichen Kriminalstatistik war daher nicht möglich.

eine Heil- und Pflegeanstalt eingewiesen worden waren (vgl. Tab. 8). Dazu kommen noch $^1/_5$ bis $^1/_4$, also hoch gerechnet 5 bis 6 Fälle, bei denen trotz Vorhandensein einer Psychose eine Einweisung nicht angeordnet wurde. Zählt man sicherheitshalber von den 7 Sicherungsverwahrten des Jahres 1962 noch einen Fall dazu, so kommt man im Jahre 1962 auf eine Gesamtzahl von maximal 30 kriminellen Geisteskranken.

Geht man von dieser Zahl eingedenk der Tatsache aus, daß sie zwar nicht genau ist, der Realität wohl aber am nächsten kommt, so entfallen im Jahre *1962* auf rd. 2.340.000 (vgl. Übersicht II im Anhang) Einwohner rd. 30 oder auf 1 *Mill.* Einwohner etwa 14 kriminelle Psychotiker. Das sind ca. 0,0014 % der Gesamtbevölkerung.

Die gefundenen Ergebnisse befinden sich in einer gewissen Übereinstimmung mit den Angaben aus der älteren Literatur. So nimmt Aschaffenburg[197] auf 1 Mill. Einwohner 20 gefährliche Psychotiker an. Rixen[198] schätzt die Zahl der gefährlichen Psychotiker bei einer Einwohnerzahl von 70 Mill. im Deutschen Reich auf ca. 1.400, — meint aber, daß diese Zahl im ganzen zu niedrig sei. Demzufolge nimmt die ältere Literatur auf 1 Mill. Menschen ca. 20—40 gefährliche Geisteskranke an, — das wären etwa 0,004 % der Gesamtbevölkerung[199]. Aus den Ausführungen Rixens geht aber nicht deutlich hervor, in welchem Sinne er den Begriff der „Gemeingefährlichkeit" verstanden haben will. Im übrigen weist er selbst auf die Tatsache hin, daß eine exakte und klare Abgrenzung dieses Begriffs unmöglich sei[200]. Es ist folglich durchaus denkbar, daß er ihn etwa i. S. der Bestimmung der heutigen Landesgesetze betreffend die Unterbringung Geisteskranker gemeint hat. Insofern ist aber die bei Rixen angegebene Zahl dann wieder ungenau. Denn zwischen der „Kriminalität" i. S. d. § 42 b StGB und der „Gefährlichkeit" i. S. d. Unterbringungsgesetze der Länder ist zumindest heute grundsätzlich zu trennen.

Es spricht daher vieles dafür, daß die Zahl von etwa 30 kriminellen Geisteskranken im Jahre 1962 für Schleswig-Holstein annähernd zutreffend ist.

Untersucht man nun die Frage nach der Verbreitung von Geisteskrankheiten unter den gesamten Kriminellen der Durchschnittsbevölkerung, so ergibt sich folgendes Bild: Im Jahre *1962* wurden in Schleswig-Holstein an Hand der amtlichen Kriminalstatistik rd. 22.600 wegen einer Straftat Verurteilte gezählt (vgl. dazu Übersicht II im Anhang). Also kommen auf 1 *Mill.* Einwohner rd. 9.800 *Straffällige,* das sind

---

[197] Zitiert bei *Rixen* S. 77, 78.

[198] Vgl. *Rixen* S. 77, 78.

[199] Vgl. dazu *Rixen* S. 78.

[200] *Rixen* S. 65 zitiert außerdem *Cramers* Vortrag „über Gemeingefährlichkeit vom ärztlichen Standpunkt aus" (Juristisch-psychiatrische Grenzfragen Bd. III, H 4 1905): „Der Begriff der Gemeingefährlichkeit im strafrechtlichen und polizeirechtlichen Sinne ist (für die damalige Zeit) nirgends in der Gesetzgebung festgelegt und genau umschrieben."

etwa 0,98 % der Gesamtbevölkerung. Dabei entfallen auf die rd. 22.600 Straffälligen insgesamt rd. 30 Geisteskranke. Also sind die Psychotiker als kriminelle Geisteskranke innerhalb der Gesamtkriminalität zu 0,13 % bei der Begehung von mit Strafe bedrohten Handlungen beteiligt. Folglich entfällt auf 753 *normale 1 geisteskranker Täter.*

Darüber hinaus kam es auf die Frage an, wieviele kriminelle Psychotiker unter der Zahl der Geisteskranken absolut zu beobachten sind.

Im Jahre 1962 wurde an Hand von Schätzwerten in Schleswig- Holstein eine Belastung der Durchschnittsbevölkerung mit Geisteskrankheiten in Höhe von 2,4 %—3,8 % errechnet (vgl. Tab. 5). Das entspricht einer absoluten Zahl von rd. 55.700 bis 88.800 *Psychotikern.* Legt man — um die Berechnung zu vereinfachen — einen Mittelwert von rd. 72.250 zugrunde, dann entfallen auf diese Zahl 30, oder auf 2.408 ein krimineller Psychotiker. Das entspricht 0,042 % *der Geisteskranken* absolut.

Ein Vergleich mit der Durchschnittsbevölkerung ergibt, daß unter dieser im Jahre 1962 eine Straffälligkeit in Höhe von 0,98 % zu beobachten ist, während unter der absoluten Zahl der Geisteskranken 0,042 % kriminelle Psychotiker ermittelt werden konnten. Dieses Ergebnis erscheint beachtlich. Indessen darf man bei den Zahlen, die die Geisteskranken betreffen, zweierlei nicht vergessen: erstens sind sie nicht genau. Zweitens wurde im Gegensatz zu der normalen Straffälligkeit der Kriminalitätsbegriff nach Maßgabe des § 42 b StGB eng gefaßt, wonach die Übertretungen und sicherlich ein Teil der antragsbedingten Vergehen außer Betracht geblieben sind. Dennoch läßt sich das Resultat der Untersuchung dahingehend zusammenfassen: *es gibt unter den Psychotikern nicht nachweisbar mehr Straffällige als unter den Normalen.*

Über die Frage, ob es unter den Geisteskranken mehr Delinquenten als bei der Durchschnittsbevölkerung gibt, findet sich in der Literatur nur wenig Zahlenmaterial. So verweist Wyrsch[201] auf die Untersuchungen von Wanner[202] und Ehrhardt[203] und stellt fest, daß dort, wo die Berechnung möglich ist, es sich keineswegs erweist, daß die Zahl der Delinquenten unter den Psychotikern verhältnismäßig größer ist.

Hoff[204] stellte umfangreiche Untersuchungen am Krankengut der Wiener Psychiatrischen Klinik an und fand, daß unter 1000 Patienten nur 4 % „kriminelle Handlungen oder nur gemeingefährliche Tendenzen und Absichten" gezeigt hätten, von den derzeit an der Klinik befindlichen 220 Geistes-

---

201 Vgl. *Wyrsch* S. 79.

202 *Wanner*: „Schizophrenie und Kriminalität" (Mschr.Kriminol. 37, 1954), zitiert bei *Wyrsch* S. 79.

203 *Ehrhardt*: „Die biologisch-psychologische Erforschung der Verbrechensursachen..." (Kriminalpol. Gegenwartsfragen 1959), zit. b. *Wyrsch* S. 79.

204 Vgl. *Hoff* III S. 26.

kranken seien es nur 2,5 %. Zu beachten ist aber, daß unter die Hoffsche Definition sowohl die „kriminellen" als auch die i. S. d. Unterbringungsgesetze der Länder „gefährlichen" Psychotiker fallen und ferner, daß das Krankengut an einer psychiatrischen Klinik u. U. noch eine gewisse Minusauslese sein kann.

Es gibt also unter den Geisteskranken ebensogut Delinquenten wie es sie unter den geistig Gesunden gibt[205]. Daß es aber unter den Psychotikern mehr Kriminelle geben sollte als unter der normalen Durchschnittsbevölkerung ist nicht erwiesen; vielmehr ist das Gegenteil wahrscheinlich.

3.

Bei der Frage nach der Beteiligung der verschiedenen Psychosegruppen innerhalb der kriminellen Geisteskranken wurde an Hand des Aktenmaterials von 102 Einweisungsfällen herausgefunden, daß der Schwachsinn mit 43 % der Gesamtzahl am häufigsten vertreten ist. Die nächstgrößte Einzel-Gruppe wird mit 24 % aller Fälle von den endogenen Psychosen gebildet. Danach folgen die Alterspsychosen mit 15 %, die Suchten mit 11 % und die exogenen Psychosen mit 7 % der Gesamtzahl. Der Anteil der Psychosen im eigentlichen Sinne (Hauptgruppe B) beträgt 46 % (vgl. Übersicht III, Tab. 10, 11, Abb. 3).

In der psychiatrischen Literatur finden sich verschiedentlich Hinweise auf die forensische Bedeutung der einzelnen Psychosen. So stellt etwa Mezger[206] fest, daß der Anteil der Oligophrenen an der Kriminalität verhältnismäßig groß sei. Dabei treten, wie sich aus dem eigenen Material hat bestätigen lassen, die schweren Idiotieformen strafrechtlich kaum in Erscheinung[207]. Das Gros schwachsinniger Täter wird von Imbezillen und Debilen gestellt[208]. Dagegen stehen in Schipkowenskys Material die Schwachsinnigen erst an 5. Stelle in der Reihe der kriminellen Geisteskranken[209]. Im übrigen entspringen dem Schwachsinn v. a. dann kriminelle Tendenzen, wenn er in der Kombination mit Psychopathie auftritt, was jedoch häufig vorkommt[210].

Bei den endogenen Psychosen gilt forensisch der Schizophrenie ein besonderes Interesse. In dem Material von Langelüddeke steht sie hinsichtlich der kriminellen Häufigkeit an zweiter Stelle[211]. Dabei bedingen die Unberechenbarkeit und die für die Schizophrenie z. T. charakteristischen Initial-

---

[205] Vgl. *Hoff* III S. 25.

[206] *Mezger* II S. 22.

[207] Vgl. dazu *Langelüddeke* S. 305.

[208] Vgl. dazu *Langelüddeke* S. 305 mit weiteren Lit.-Hinweisen.

[209] Vgl. *Schipkowensky* I S. 86, 87. Jedoch ist z. B. die Zahl der kriminellen Schwachsinnigen in der Schweizer Statistik 4mal höher.

[210] Vgl. dazu *Lemke* S. 273. — *Schipkowensky* I S. 85. Auch an Hand des eigenen Materials konnte bei den Schwachsinnigen eine Belastung mit halt- und willensschwacher Psychopathie in Höhe von ca. 32 % festgestellt werden.

[211] Vgl. *Langelüddeke* S. 367 mit Hinw. auf die Untersuchungen von *Creutz*.

delikte die soziale Gefährlichkeit dieser Kranken[212]. Während die kriminelle Neigung der Epileptiker im allgemeinen als hoch eingeschätzt wird[213], sind Zyklothymiker sozial erheblich anpassungsfähiger, und zwar aus folgenden Gründen: Bei den Kranken des zyklothymen Formenkreises treten depressive Phasen an Zahl und Dauer um mehrfaches häufiger auf als manische[214]. Depressiv Kranke sind — bis auf die sehr seltenen Fälle des erweiterten Selbstmordem — praktisch nicht kriminell. Bei den Manikern dagegen zählen schwere Verbrechen zu den Ausnahmen[215]. Hinzu kommt außerdem, daß die zyklothyme Erkrankung bei Frauen sehr viel häufiger ist[216], wodurch die forensische Bedeutung eine weitere Einschränkung erfärt.

Dagegen ist die forensische Bedeutung der Alterspsychosen sicherlich beträchtlich[217].

Auch die Paralytiker zeigen nach den Feststellungen Lemkes[218] im Rahmen ihrer Psychose bisweilen kriminelle Tendenzen.

Ähnliches gilt von den postencephalitischen Zuständen[219].

Dagegen gehen die Ansichten über die forensische Bedeutung der hirntraumatischen Psychosen auseinander. Während Lindenberg[220] meint, daß die Kriminalität der Hirnverletzten gegenüber der der Gesamtbevölkerung vermehrt sei, findet Leonhardt[221], „daß Hirnverletzte prozentual nicht häufiger straffällig werden, als andere Menschen der entsprechenden Altersklassen in den betreffenden Jahren".

4.

Bei der Untersuchung der Kriminalität der Geisteskranken auf einzelne Deliktsgruppen wurde ermittelt, daß die Gruppe der Sittlichkeitsdelikte (Nr. 1) mit 39 % der 102 Aktenfälle am häufigsten vertreten ist. Danach folgen die Eigentums- und Vermögensdelikte (Nr. 2) mit 36 %, die aggressiven Handlungen (Nr. 3) mit 13 %, die Tötungen (Nr. 4) mit 6 % und die Brandstiftungen (Nr. 5) mit 5 %[222]. Der einzige Fall der Abtreibung (1 %) ist kaum repräsentativ. Sittlichkeitsdelikte

---

[212] Vgl. *Ewald* S. 372; *Hoff* I S. 439; *Lemke* S. 368; *Wyrsch* S. 78; *Schipkowensky* II S. 54, 60, 63, 74, 128.

[213] Vgl. dazu *Langelüddeke* S. 310, 362; *Lemke* S. 324; *Schorsch* in Psych. d. Geg. Bd. II S. 686.

[214] Vgl. dazu: *Langelüddeke* S. 381, 382; *Hoff* I S. 382; *Weitbrecht* in Psych. d. Geg. Bd. II S. 79: $^2/_3$ der Patienten haben nur depressive Phasen.

[215] Vgl. dazu *Bleuler* S. 488; *Lemke* S. 337.

[216] Vgl. u. a. *Langelüddeke* S. 382.

[217] Vgl. *Langelüddeke* S. 329.

[218] Vgl. *Lemke* S. 289.

[219] Vgl. dazu *Ewald* S. 433; *Langelüddeke* S. 320.

[220] Vgl. *Lindenberg* in Rehwald: „Das Hirntrauma" S. 509.

[221] Vgl. *Leonhardt* in Rehwald: „Das Hirntrauma" S. 503.

[222] Vgl. dazu *Creutz* in Allg. Ztschr. f. Psych. Band 111, 1939, S. 137 ff.: Unter den mit Strafe bedrohten Handlungen der Geisteskranken stehen die Sittlichkeitsdelikte mit einem Anteil von etwa 50 % an erster Stelle.

werden typischerweise von Schwachsinnigen und Alterspsychotikern, Eigentums- und Vermögensdelikte vorwiegend von Schwachsinnigen und Süchtigen, aggressive Handlungen und Tötungen typischerweise von endogen Geisteskranken und Brandstiftungen vorwiegend von Schwachsinnigen, aber auch von endogen Geisteskranken begangen (vgl. v. a. Tab. 13, 16 Abb. 6, 8).

5.

Hinsichtlich der Altersverteilung unter den psychotischen Tätern wurde festgestellt, daß die Altersgruppe 21—30 Jahre mit 38 % aller 102 Einweisungsfälle am häufigsten vertreten ist. Aber auch die Gruppen 30—50 Jahre und 50—70 Jahre weisen mit 27 % und 22 % verhältnismäßig hohe Prozentsätze auf. Jugendliche und Heranwachsende finden sich dagegen nur zu 6 % bzw. 7 % (vgl. dazu Tab. 17, Abb. 10). Bei der Aufgliederung in einzelne Psychosegruppen zeigen die Schwachsinnigen und die endogen Geisteskranken eine starke Beteiligung im Altersbereich vom 21.—30. Lebensjahr mit 50 % bzw. 56 %, die Süchtigen und exogen Geisteskranken im Altersbereich vom 30.—50. Lebensjahr mit 73 % bzw. 86 %. Dagegen beherrschen die Alterspsychotiker die Altersgruppe 50—78 Jahre. Die Altersverteilung in den Deliktsgruppen wird bestimmt durch das Kriminalitätsalter der Täter, für die die jeweiligen Deliktsarten typisch sind. So findet sich bei den Sittlichkeitsdelikten eine Schwerpunktbildung in den Altersgruppen 21—30 und 50—78 Jahre, bei den Eigentums- und Vermögensdelikten und Brandstiftungen im Altersbereich von 30—50 und bei den aggressiven Handlungen und Tötungsdelikten in der Altersgruppe 21—30 Jahre.

6.

Die Untersuchung über die Geschlechterverteilung unter den kriminellen Geisteskranken ergab, daß der Anteil der weiblichen Delinquenten mit 9,6 % etwas unter dem Durchschnitt der normalen Straffälligen liegt, obgleich von einer annähernd gleichen Beteiligung von Männern und Frauen an der absoluten Zahl der Psychotiker auszugehen war (vgl. Tab. 21, Abb. 13). Dabei nimmt unter den weiblichen Kriminellen die hinsichtlich der Gesamtzahl nur viertstärkste Gruppe der Suchten mit 45 % der Psychotikerinnen die erste Position ein (vgl. Tab. 22). Die von den kriminellen Psychotikerinnen begangenen Straftaten sind mehr oder weniger typisch für die jeweilige Psychosegruppe und bestehen — insgesamt betrachtet — zu mehr als $^{3}/_{4}$ der Fälle aus wenig intensiven Eigentums- und Vermögensdelikten.

7.

Bei der Gliederung nach Tat- und Wohnorten zeigen die kriminellen Geisteskranken allgemein eine annähernd gleiche Verteilung auf städtische und ländliche Bezirke. Das leichte Überwiegen der ländlichen Tat- und Wohnorte ist vorwiegend auf die zahlenmäßig stärkste Gruppe der Schwachsinnigen zurückzuführen. Die Zahl der Täter ohne festen Wohnsitz beträgt 11 %. Unter den verschiedenen Deliktsgruppen ist die Brandstiftung ein typisches ländliches, die Tötung ein typisch städtisches Delikt. Im übrigen scheinen Sittlichkeitsdelikte auf dem Lande, Eigentums- und Vermögensdelikte in der Stadt etwas häufiger zu sein; letztere sind außerdem die einzigen Deliktsformen, die — zu 19 % — „im Umherziehen" begangen werden.

8.

Bei den kriminellen Geisteskranken wurde allgemein ein beruflich-soziales Abgleiten bzw. Versagen beobachtet. Nur bei 40 % der Täter konnte eine Berufsausbildung nachgewiesen werden. Dabei finden sich bei den Schwachsinnigen mit Berufsausbildung v. a. Industriearbeiter, bei den endogenen, exogenen und Alterspsychosen handwerkliche Berufe, bei den Süchtigen vorwiegend Ärzte und Schwestern.

Im übrigen konnte bis auf die Eigentums-, Vermögensdelikte und die Brandstiftungen, und hier auch nur in sehr begrenzter Form, ein Zusammenhang zwischen Beruf und Kriminalität der Geisteskranken nicht nachgewiesen werden.

9.

Hinsichtlich der familiären Verhältnisse zeigten sich bei den kriminellen Geisteskranken Besonderheiten. Der weitaus größte Teil der Täter ist — obgleich im heiratsfähigen Alter — mit 63 % ledig. 5 % sind geschieden und 7 % verwitwet. Nur 25 % sind verheiratet. Indessen sind mehr als die Hälfte aller Ehen zerrüttet. Die allgemeine Kontaktarmut der Psychotiker zeigte sich praktisch in allen Deliktsgruppen. Zumindest bei den Schwachsinnigen und den Alterspsychotikern kann sie darüber hinaus auch als Voraussetzung für kriminelles Verhalten vorwiegend im Bereich der Sittlichkeitsdelikte betrachtet werden.

10.

Im Rahmen der Untersuchung über die sozialen Auffälligkeiten wurde festgestellt, daß ein erheblicher Teil der kriminellen Geisteskranken, nämlich insgesamt 65 % bereits früher strafrechtlich in Erscheinung getreten sind (vgl. Tab. 37, Abb. 19). 28 % sind vor der letzten Einweisung schon in einer Heil- und Pflegeanstalt gewesen, davon die Hälfte auf Grund gerichtlicher Anordnung. Am häufigsten sind die Schwachsinnigen mit 75 % und die Alterspsychotiker mit 80 % ihrer Gruppen bereits früher mit dem Gesetz in Konflikt geraten. Ausgehend von den einzelnen Deliktsgruppen werden die Sittlichkeits- und die Eigentums- und Vermögensdelikte in hohem Maße, die aggressiven Handlungen und Tötungsdelikte kaum von rückfälligen Tätern begangen (vgl. Tab. 38, Abb. 21).

Außerhalb des kriminellen Bereichs zeigten die kriminellen Geisteskranken mannigfache Besonderheiten. Ausgehend von einem allerdings strengen Maßstab sind nur 18 % aller psychotischen Täter sozial unauffällig (vgl. Tab. 39).

11.

Die Überprüfung der Entlassungsfälle ergab keine günstige Prognose. Innerhalb der kurzen Beobachtungszeit wurden bedingte Entlassungen in Höhe von 24 % der 102 Einweisungsfälle ausgesprochen, von denen nach längerer oder kürzerer Zeit mehr als 1/4 widerrufen werden mußten. Die Tatsache, daß von der Gesamtzahl der Eingewiesenen nur knapp 1/5 — nämlich 17 % — mit Aussicht auf Erfolg entlassen werden konnten, deutet auf erhebliche therapeutische Schwierigkeiten bei der Anstaltsbehandlung der Geisteskranken.

12.

Als Ergebnis ist daher festzuhalten, daß trotz verschiedener Besonderheiten im einzelnen eine erhöhte Kriminalität der Geisteskranken nicht nachweisbar ist. Daß jeder Geisteskranke ein aktueller oder potentieller Verbrecher sei, wird daher heute ebensowenig in Erwägung gezogen werden können, wie der Gedanke, daß jeder Verbrecher als solcher psychopathologisch sei[223]. Aus diesem Grunde ist der Ansicht Seeligs beizustimmen, daß der geisteskranke Verbrecher nicht als eigener kriminologischer Typ, sondern lediglich als eine krankhafte Variante eines oder mehrerer der kriminologischen Haupttypen zu betrachten ist[224]. Denn für eine eigenständige Typologie fehlt v. a. statistisch aber auch phänomenologisch die geeignete Grundlage. Was den psychotischen Täter vom normalen unterscheidet, ist allein der Umstand, daß seine Krankheit als psychisch-kriminogener Faktor in

---

[223] Vgl. dazu *Seelig* S. 178.

[224] Vgl. *Seelig* S. 185.

seiner Tatzeitpersönlichkeit zur Wirkung kommen kann[225] aber keineswegs kommen muß — wie die Zahl der nicht kriminellen Psychotiker beweist. Wo kriminelles Verhalten bei den Geisteskranken zutage tritt, wird man aber in der Psychose eine allgemeine, vielfach sogar — wie die Untersuchungen über die Deliktsgruppen gezeigt haben — eine spezifische Teilursache des Verbrechens vermuten dürfen[226]. Anders ausgedrückt: Geisteskrankheiten prädisponieren speziell zu bestimmten, daher für die Psychose typischen Deliktsarten[227], prädisponieren aber im allgemeinen nicht zur Kriminalität, wie die statistisch kleine Zahl der psychotischen Täter beweist. Eben aus diesem Grunde, nämlich weil Patienten, die an der gleichen Krankheit leiden, größtenteils nicht kriminell sind, wird man mit Hoff[228] annehmen müssen, „daß es offensichtlich nicht die Erkrankung allein sein kann, die die Gemeingefährlichkeit zur Folge hat. Man darf daraus schließen, daß, so wie die Geisteskrankheit als solche multifaktoriell verursacht ist, offensichtlich auch der Tatbestand der drohenden Gemeingefährlichkeit bei einem Patienten mehrfach determiniert sein muß". Maßgeblich für die Tatsache, daß Menschen im Rahmen ihrer Geisteskrankheit gefährlich werden, ist daher nicht nur die Psychose selbst, sondern ihr Zusammentreffen mit einer entsprechend strukturierten präpsychotischen Persönlichkeit oder psychodynamischen Vorentwicklung[229].

Die häufige Vergesellschaftung des Schwachsinns und der Sucht mit psychopathischen Veranlagungen macht dies — wie auch an Hand des eigenen Materials beobachtet wurde — besonders deutlich. Epileptiker können im Stadium der epileptischen Dämmerzustände Verbrechen verüben. Aber die meisten dieser Kranken sind harmlos, nicht selten überaus gewissenhafte Staatsbürger[230]. Viele Menschen leiden an einer paranoiden oder paraphrenen Schizophrenie, leiden unter Halluzinationen und Verfolgungs- oder Beeinträchtigungswahn. Dennoch sind sie imstande, sozial unauffällig zu bleiben. Nur dort, wo die Psychose auf eine zu Aggressionen neigende prämorbide Persönlichkeit trifft, die Halluzinationen — etwa bei den imperativen Stimmen — von besonderer Intensität sind oder das Wahnsystem des Kranken sich gegen eine oder mehrere Personen richtet, wird der Patient gefährlich[231].

Insofern ist das kriminelle Verhalten der Geisteskranken zwar von multifaktorieller Genese. Dennoch entspringt die Tat nach Sinn, Motivation und phänomenologischer Eigenart der Psychose, wird aus ihr

---

225 Vgl. *Seelig* S. 178.

226 Vgl. dazu *Seelig* S. 183 mit Hinweis darauf, daß z. B. Schwachsinn nur für gewisse Kriminalitätsformen prädisponiere; ferner S. 184.

227 Zu den bestimmten Deliktsarten, die sich typisch bestimmten Psychosen zuordnen lassen vgl. u. a. *Hoff* III S. 28.

228 Vgl. *Hoff* III S. 27, 28.

229 Vgl. dazu *Hoff* III S. 32, 42—44.

230 Vgl. *Hoff* III S. 35.

231 Vgl. *Hoff* III S. 37, 40.

heraus erst verständlich, ist je nach dem Maße der Einfühlbarkeit in sie nicht mehr persönlichkeitsfremd. Damit indessen bekommt die Kriminalität des Geisteskranken ein anderes Bild und unterscheidet sich von der des geistig Gesunden[232].

In diesem Zusammenhang ist noch auf die Selbstmordziffer der Geisteskranken aufmerksam zu machen, die zu denken gibt. Obgleich das Zahlenmaterial darüber stark divergiert und die Angaben in den Polizeistatistiken über die Selbstmordmotive nur sehr allgemein gehalten sind[233], nehmen so gründliche Kenner des Selbstmordproblems wie Gruhle und Ringel an, daß der Anteil der Psychotiker unter den Suicidanten mit 10 % bis 20 % beträchtlich sei[234]. Stellt man an Hand der schleswig-holsteinischen Polizeistatistik fest, daß sich im Jahre 1961 allein die Ziffer der vollendeten Suicide auf insgesamt 604 in Schleswig-Holstein belief und legt man die Angaben der oben genannten Autoren zugrunde, so zeigt sich, daß die Zahl der psychotischen Selbstmörder mit mindestens 60 etwa doppelt so hoch ist wie die jährliche Zahl der geisteskranken Täter. Dabei scheinen die Depressiven des zyklothymen Formenkreises in geradezu typischer Weise, aber auch die Schizophrenen suicidgefährdet, wobei sich die Selbstaggressionen durch brutale Heftigkeit und meist tödlichen Ausgang auszeichnen[235]. Die Motive entsprechen der Eigenart der jeweiligen Geisteskrankheit; meist überwiegen Trauer, Niedergeschlagenheit, Teilnahms-, Empfindungs-, Hoffnungslosigkeit und vor allem Angst, — eine elementare, logisch weder begründbare noch einfühlbare Angst vor der Unheimlichkeit des psychopathologischen Geschehens — eine beispielsweise für die beginnende Schizophrenie typische Situation —, Angst vor den unerklärlichen Verfolgungen oder den quälenden Halluzinationen, denen sich die Wahnkranken der paranoiden oder paraphrenen Schizophrenie ausgesetzt fühlen[236]. In der psychiatrischen Literatur finden sich zahlreiche Hinweise auf die Suicidtendenzen der Geisteskranken. An Hand des eigenen Materials konnte auch bei den kriminellen Psy-

---

[232] Vgl. dazu *Hoff* III S. 32, 42.

[233] Vgl. dazu die Angaben bei *Amelunxen* S. 59; *Thomas* S. 11, 12; *Ringel* S. 173; *Gruhle* S. 73, 74. Nach der schleswig-holsteinischen Polizeistatistik schwanken die Angaben über Suicidmotive auf der Grundlage von unheilbarer Krankheit und Nervenleiden zwischen 68 u. 72 %, bei Frauen bis 87 % aller Selbstmordgründe (Zeitraum 1956—1960).

[234] Vgl. *Gruhle* S. 74; *Ringel* S. 173, 174. Aus seinem eigenen Material fand der Autor unter seinen Selbstmördern zu 14 % Geisteskranke. Vgl. auch *Amelunxen* S. 55; *Pfeiffer* S. 108 fand unter seinen Selbstmördern zu 18,7 % gravierende geistige Abnormitäten.

[235] Vgl. dazu *Ringel* S. 174, 175 ff.; *Gruhle* S. 74, 75, 125; *Thomas* S. 56, 57, 75; *Hübner* S. 5, 6, 75, 76.

[236] Vgl. zu der reichhaltigen Phänomenologie der psychotischen Suicidmotive u. a. *Ringel* S. 175—193 v. a. S. 184.

chotikern eine nicht unwesentliche Selbstmordneigung in Höhe von 13 % der 102 Einweisungsfälle beobachtet werden; bei den endogen Geisteskranken — also in erster Linie den Schizoprenen — betrug sie sogar 20 % (vgl. Tab. 39).

Vor allem Schipkowensky hat den Zusammenhang zwischen Schizophrenie, Tötung und Selbstmord aufgedeckt. Er stellte unter fast allen von ihm begutachteten schizophrenen Mördern Selbstmordtendenzen fest und vermutet für die Eigen- wie Fremdaggression ein und dieselbe Ursache: Die Psychose entsperrt durch ihre Wirkung ebenso die biopsychische Bereitschaft zur Selbstvernichtung wie zur „Mordfertigkeit"[237]. Da die Grundstörung der Schizophrenie — sei es durch den pathologisch bedingten Autismus, die Halluzinationen oder das ausgeprägte Wahnsystem — in einem allmählichen Absterben der natürlichen Verbundenheit des Menschen mit der Umwelt liegt[238], entspringen aus der vom Kranken empfundenen Unheimlichkeit der eigenen oder Umweltveränderung ebenso Selbst- wie Fremdaggressionstendenzen[239]. Denn wenn es dem Selbsterhaltungstrieb gelingt, die in der Psychose begründete selbstvernichtende Spannung auf einen anderen abzulenken, wird aus der Suicidtendenz die Mordfertigkeit[240]. Die Schizophrenie versetzt den Kranken fast gesetzmäßig in die unheimliche Getriebenheit einer pathologischen Ambivalenz zwischen Selbstmord und Mord als einer psychomotorischen Umsetzung der psychotischen Getriebenheit zur Selbstvernichtung[241].

Die große Selbstmordtendenz der Geisteskranken zeigt, in welch hohem Maße sich die Kranken mit sich und ihrer Umwelt in Schwierigkeiten befinden. Und trotzdem bleibt die Zahl der Psychotiker gering, die durch ihr kriminelles Verhalten den Strafrichter veranlassen, eine Einweisung n. § 42 b i. V. m. § 51 StGB anzuordnen.

Dritter Abschnitt

Die „gefährlichen" Geisteskranken i. S. d. § 1 des schleswig-holsteinischen Unterbringungsgesetzes

Bei den nun folgenden Untersuchungen geht es um eine Ergänzung der bisherigen Darstellung, da es sich hier nicht um Fälle echter Kriminalität Geisteskranker handelt. Die landesrechtliche Einweisung, über deren Voraussetzungen bereits zu Anfang berichtet wurde, gehört aber in diesen Zusammenhang, weil einerseits auch das Unterbringungsgesetz in § 1 von einem, allerdings anders als in § 42 b StGB definierten, Gefährdungstatbestand ausgeht und zum anderen, weil es sich bei

---

[237] Vgl. *Schipkowensky* II S. 2, 34, 74.
[238] Vgl. *Schipkowensky* II S. 67.
[239] Vgl. dazu *Schipkowensky* II S. 74.
[240] Vgl. *Schipkowensky* II S. 74.
[241] Vgl. *Schipkowensky* II S. 2, 63, 64, 66.

den nach Landesrecht Eingewiesenen um Psychotiker handelt, die sich an der Grenze der Kriminalität bewegen. Schließlich ist die landesgesetzliche Regelung der zweite Weg der Irrenverwahrung und deren Darstellung zumindest eine sinnvolle Ergänzung zu den Untersuchungen zu § 42 b StGB.

Über die Einweisung nach dem Unterbringungsgesetz ergaben sich aus nicht veröffentlichten Erhebungen des Landesjustizministeriums eine Reihe von Zahlen, die in Tab. 41 zusammengefaßt wurden.

Tabelle 41:

Unterbringung von Geistes- und Suchtkranken nach dem schleswig-holsteinischen Unterbringungsgesetz

Jahr	Endgültige rechtskräftige o. sofort wirksame Unterbringungen n. § 1 insgesamt	Einstweilige Unterbringungen n. § 17 II, III, § 18 I insgesamt	Aufhebungsanordnungen n. § 14 insgesamt
1959	219	686	197
1960	314	749	230
1961	377	788	212
1962	310	750	205

Greift man nun das Vergleichsjahr 1962 heraus und berücksichtigt dabei nur die endgültigen Einweisungsanordnungen, so kommt man insgesamt auf 310 i. S. d. § 1 UntG „gefährliche" Geisteskranke, eine Zahl, die etwa 10 mal höher liegt, als die der kriminellen Psychotiker des gleichen Jahres. Verglichen mit der Einwohnerzahl Schleswig-Holsteins von rund 2.340.000 im Jahre 1962 sind das etwa 0,013 %. Nimmt man im gleichen Jahr für die Belastung der Durchschnittsbevölkerung mit Geisteskranken einen Mittelwert von rd. 72.250 Psychotikern an (vgl. Tab. 5), so entfallen auf diese Zahl 310 i. S. d. § 1 UntG gefährliche Geisteskranke. Das entspricht einem Prozentsatz von etwa 0,43 % der absoluten Zahl der Psychotiker.

Nun gibt es bei der Normalbevölkerung keinen vergleichbaren Sachverhalt. Indessen wird deutlich, daß sich diese Zahl noch unter dem Anteil der Straffälligen in der Durchschnittsbevölkerung hält, die im Jahe 1962 in Höhe von 0,98 % zu beobachten war.

Zur besseren Übersicht sind abschließend alle Prozentzahlen über den Vergleich der kriminellen und der gefährlichen Geisteskranken mit der Durchschnittsbevölkerung, den normalen Straffälligen und der absoluten Zahl der Psychotiker in einer selbständigen Tabelle zusammengefaßt worden (vgl. Tab. 42):

Tabelle 42:

Das Verhältnis der Geisteskranken zur Durchschnittsbevölkerung (Zusammenfassung)

Jahr 1962	Absolute Zahlen	% der Gesamtbevölkerung	% der Kriminellen insg.	% der Geisteskranken absolut	% der gefährl. Geisteskranken insg.
1. Gesamtbevölkerung	2.340.000				
2. Straffällige Bevölkerung	22.600	0,98 %			
3. Zahl der Geisteskranken absolut	72.250	3,1 %			
4. Kriminelle Geisteskranke i. S. d. § 42 b StGB, § 7 JGG	30	0,0014 %	0,13 %	0,042 %	9 %
5. Gefährliche Geisteskranke i. S. d. § 1 UntG	310	0,013 %		0,43 %	91 %
6. Gefährliche Geisteskranke insg. (StGB, JGG und UntG)	340	0,0144 %		0,472 %	

Selbst wenn man den Anteil der gefährlichen Geisteskranken nach dem StGB und nach dem UntG zusammennimmt, erreicht man mit insgesamt 0,472 % der absoluten Zahl der Psychotiker nicht den Prozentsatz, den die normalen Straffälligen unter der Durchschnittsbevölkerung einnehmen.

Statistisch haben die Untersuchungen ergeben: Der Geisteskranke ist unter den derzeitigen sozialen und rechtlichen Verhältnissen nicht gefährlicher als der geistig normale Mensch.

Dritter Teil

Die Rückschlüsse aus der Symptomatik der einzelnen Geisteskrankheiten auf Verbrechensneigung nach gerichtsmedizinischer Praxis und an Hand des eigenen Untersuchungsmaterials

Der Zweck der Darlegung im ersten und zweiten Teil bestand darin, neben einer kurzen Erörterung der gesetzlichen Grundlagen der Irrenverwahrung die Kriminalität der Geisteskranken primär im Lichte der *statistischen Bedeutung* und Gegenüberstellung zu anderen Kollektivgegenständen, wie Durchschnittsbevölkerung, normale Straffälligkeit, Belastung der Durchschnittsbevölkerung mit Geisteskrankheiten u. dergl. erscheinen zu lassen. Auch Einzelheiten wie: den Anteil der einzelnen Geisteskrankheiten, die Deliktsgruppen, Kriminalitätsalter, Tat-, Wohnorte, Schul- und Berufsbildung, familiäre Verhältnisse und soziale Auffälligkeiten der kriminellen Psychotiker sind erörtert worden. Daneben konnte ein zumindest *statistischer* Zusammenhang zwischen bestimmten Geisteskrankheiten und bestimmten Deliktsarten nachgewiesen werden, — aber eben nur ein statistischer. Aus diesem Grund erscheint es notwendig, für diesen statistisch nachweisbaren Sachverhalt eine Erklärung, gewissermaßen einen *psychologischen* Kausalzusammenhang zwischen Psychose und Verbrechen zu finden. Daher sollen aus der Vielfalt der psychopathologischen Erscheinungen die forensisch wichtigsten Psychosen herausgegriffen und die kriminelle Bedeutung der Geisteskranken *nach ihrem Krankheitsbild* auf typische Deliktsarten untersucht werden. Die Beschreibung der psychopathologischen Erscheinungen erfolgt dabei auf Grund medizinisch-empirischer Praxis, die Darstellung typischer Deliktsarten an Hand des eigenen Aktenmaterials. In einem abschließenden Kapitel strebt daher die Untersuchung in bescheidenem Rahmen an, einen Beitrag zur Tat- und Täterphänomenologie des psychotischen Verbrechens zu leisten.

I. Die Oligophrenie

1. *Symptomatologie*

Wie die Untersuchungen ergeben haben, steht der Schwachsinn in der Reihenfolge der forensischen Wichtigkeit an erster Stelle. Nach einer Definition von Langelüddeke sind „die Schwachsinnszustände ...

von einem gedachten Durchschnitt abweichende und insofern abnorme Zustände mit Krankheitswert, bei denen die intellektuelle Minderbegabung im Vordergrund steht"[1]. Dabei lassen sich die Schwachsinnsformen ätiologisch und der Symptomatologie nach in verschiedene Gruppen einteilen[2].

Abgesehen von der Prognose und Therapie spielt für die forensische Beurteilung die Symptomatik der Zustandsbilder die entscheidende Rolle. Dabei unterscheidet man nach dem Grad des Intelligenzmangels zwischen Idiotie, Imbezillität und Debilität, die ohne scharfe Grenzen ineinander übergehen. Unter Idiotie ist ein Schwachsinnsgrad zu verstehen, der mangels jeglicher Objektvorstellung selbst eine einfachste Schulausbildung nicht zuläßt, unter Imbezillität ein Entwicklungsstillstand weit unter der Entlassungsreife der Volksschule. Bei der Debilität hat die volle intellektuelle Ausreifung — gemessen an einer einfach strukturierten Persönlichkeit — versagt.

Da die Einteilung der Schwachsinnszustände weitgehend eine Frage der Übereinkunft ist[3], sind die Bemessungsmethoden des Intelligenzmangels verschieden[4]. Schwachsinn ist also das Ergebnis einer intellektuellen Entwicklungshemmung, ein Zustand, bei dem die Intelligenz als „zusammengesetzte Fähigkeit des Individuums, zweckvoll zu handeln, vernünftig zu denken und sich mit seiner Umgebung wirkungsvoll auseinanderzusetzen"[5], in hohem Maße zurückgeblieben ist.

Seine allgemeine intellektuelle Unzulänglichkeit ordnet den Schwachsinnigen in eine soziale Gruppe ein, deren Funktionsniveau ihm den Wettbewerb mit der Umwelt unmöglich macht. Seine Handlungen sind daher oft sinnlos, unangemessen, schlecht oder gar antisozial[6].

2. *Kriminalität*

Der Zusammenhang zwischen Kriminalität und Schwachsinn ist nach den Untersuchungen Exners[7] in drei Punkten zu suchen:

---

1 Vgl. *Langelüddeke* S. 302; vgl. auch *Wechsler* S. 61.

2 Über die endogenen und exogenen Ursachen des Schwachsinns vgl. ausführlich *Schipkowensky* I S. 15, 16, mit Literaturhinweisen; *Lemke* S. 273; *Ewald* S. 283; *Bleuler* S. 420 ff.; *Langelüddeke* S. 303.

3 Vgl. *Ewald* S. 283.

4 Über die Bemessungseinheit des Intelligenzalters vgl. *Langelüddeke* S. 303, 304; *Schipkowensky* I S. 7—9; *Wechsler* S. 16—23, 31—46. Über die Bemessungseinheit des Intelligenzquotienten vgl. u. a. *Schipkowensky* I S. 10.

5 So *Wechsler* S. 13.

6 Vgl. dazu *Wechsler* S. 63.

7 Vgl. *Exner* S. 163—166.

a) Ein unmittelbarer psychologischer Zusammenhang ergibt sich aus der allgemeinen Intelligenzschwäche, die geringe Hemmungen und damit eine eingeschränkte Steuerung des Trieblebens zur Folge haben kann.

b) Ein mittelbarer Zusammenhang besteht darin, daß der Schwachsinnige im Daseinskampf, Wettbewerb am Arbeitsplatz und im erotischen Wettbewerb erheblich behindert, wenn nicht so gut wie ausgeschlossen ist.

c) Sicher eine wichtige Erwägung ist jedoch, daß eine Vergesellschaftung von Intelligenzmangel mit Psychopathie, Neurose oder Milieuschädigung ohne Krankheitswert zu antisozialem Verhalten prädisponieren kann.

Schipkowensky[8] ist der Ansicht, daß dem „reinen" Schwachsinn kaum kriminogene Triebfedern entspringen, — soweit nicht charakterologische Eigenheiten hinzukommen. Daher findet man unter den Oligophrenen jeden Grades durchaus solche, die harmlos und gutartig sind; sie können geradezu etwas Bemitleidenswertes, in ihrer Anhänglichkeit und Fröhlichkeit sogar Liebenswertes haben. Dabei sind sie gut lenkbar und bei geschickter Beaufsichtigung auch in einfachen Verrichtungen zuverlässig[9]. Allerdings treten bei den Schwachsinnigen neben dem Intelligenzmangel bisweilen auch abnorme Charakterzüge auf[10]. Eine Belastungsquote wird in der Literatur wegen der Schwierigkeit der Abgrenzung von Psychopathie, Neurose und Krankheit zwar nirgendwo genannt, jedoch dürfte die Zahl bei der starken Häufigkeit des Schwachsinns nicht sehr hoch sein. Schwer beurteilen läßt sich ferner, ob abnorme Züge — soweit sie auftreten — als Psychopathie angeboren oder als Neurose erworben sind. Anzunehmen ist aber, daß die abnorme Erlebnisreaktion überwiegen wird. Schwachsinnige werden bereits als Kinder von ihrer Umwelt nicht hinreichend akzeptiert. Ihre Wehrlosigkeit einerseits und der bisweilen grausame Umgang mit „Doofen" andererseits sind wesentliche Ursachen für eine bereits früh einsetzende neurotische Fehlentwicklung. Die Gefahr, daß Milieuschädigungen in ihrer Wirkung den Grad von Neurosen errreichen, ist wahrscheinlich bei Schwachsinnigen besonders groß. Dennoch ist es wegen der flüssigen Grenzen auch hier schwierig, aber notwendig, zwischen Neurosen mit echtem Krankheitswert und Umweltschädigungen ohne Krankheitswert zu trennen.

Beim Vorhandensein solcher durch Psychopathie, Neurose oder Mileuschädigung verursachter Ausfälle in Gewissen und Schamgefühl, bei leichter Beeinflußbarkeit infolge Umweltlabilität ohne Ich-Konstanz, bei Willens- und Triebstörungen finden sich Geltungssucht, Neid, Rachsucht, heimtückische Rohheit, Neigung zum Lügen, zur Kleptomanie, Haltlosigkeit, Unzuverlässigkeit, Verwahrlosung, Umhertreiben und Neigung zu triebhaftem, affektivem, sexuellem Entgleisen, ohne daß

---

[8] Vgl. *Schipkowensky* I S. 85, 86.

[9] Vgl. dazu *Ewald* S. 287; *Lemke* S. 273.

[10] Vgl. dazu *Langelüddeke* S. 305; *Bleuler* S. 425; *Lemke* S. 273; *Ewald* S. 287.

intellektuelle Hemmungen zur Verfügung stehen, wo sogar das Restchen praktischer Intelligenz, in den Dienst losgelassener Triebe gestellt, zu „eingleisiger“ Raffinesse führen kann[11]. Dann entstehen soziale Komplikationen, aber auch kriminelles Verhalten. Insoweit gehört die Oligophrenie zu den Verbrechensursachen[12].

Indessen prädisponiert der Schwachsinn — wie sich gezeigt hat — nur zu bestimmten Kriminalitätsformen, wobei das Gros der schwachsinnigen Täter v. a. von Debilen und Imbezillen gestellt wird[13]. Im eigenen Untersuchungsmaterial fanden sich:

	abs. Zahl		Prozent	
schwachsinnige Täter insgesamt:		44		100 %
davon Debile:		22		50 %
Imbezille:	20		46 %	
Idioten:	2		4 %	
	22		50 %	

Schwachsinnige Frauen verfallen wegen ihrer Halt-, z. T. auch Hemmungslosigkeit nicht selten der Prostitution[14]. Männliche Schwachsinnige begehen — soweit sie kriminell werden — relativ *primitive* mit Strafe bedrohte Handlungen, „Torheitsdelikte“, wie Exner sie treffend bezeichnet[15]. Man kann auch zum großen Teil i. S. d. Definition Seeligs von primitivreaktiven Verhaltensweisen sprechen[16]. Darunter finden sich — wie dies die eigenen Untersuchungen bestätigt haben (vgl. Tab. 15 und 16) — in erster Linie Sittlichkeitsdelikte, Eigentums- und Vermögensdelikte und Brandstiftungen[17], kriminelle Handlungen also, die durch Unbändigkeit des Trieblebens und mangelhafte intellektuelle Hemmungen verursacht erscheinen[18].

---

11 Vgl. dazu *Langelüddeke* S. 305; *Ewald* S. 287; *Lemke* S. 272, 273.

12 Vgl. *Seelig* S. 183.

13 Vgl. dazu *Langelüddeke* S. 305: Die Idioten sind nicht nur quantitativ in der Minderzahl; da sie wegen ihrer Pflegebedürftigkeit bereits früh zu Anstaltsinsassen werden, bietet sich ihnen kaum Möglichkeit zu krimineller Betätigung. Vgl. auch *Lemke* S. 271.

14 Vgl. dazu *Ewald* S. 288; *Lemke* S. 273.

15 Vgl. *Exner* S. 161 (vgl. auch seine Hinweise auf die unterschiedliche Intelligenz von Betrügern und Sittlichkeitsverbrechern).

16 Vgl. *Seelig* S. 161.

17 Vgl. dazu *Lemke* S. 275; *Exner* S. 161; *Hoff* III S. 28, 40; *Ewald* S. 288; *Bleuler* S. 420.

18 Vgl. dazu *Schipkowensky* I S. 23—25 ff.

a) Sittlichkeitsdelikte

Für die Sittlichkeitsdelikte Schwachsinniger sind Rohheit und Gewaltanwendung bei der Vornahme unzüchtiger Handlungen durchaus typisch, da den primitiven Tätern jede Möglichkeit einer verfeinerten Annäherung an den Geschlechtspartner fehlt. Aus dem eigenen Material fand sich unter den Sittlichkeitsdelikten oligophrener Täter folgende Gruppierung, bei der Notzuchts- und Unzuchtsdelikte mit Gewaltanwendung bei weitem an erster Stelle stehen[19]:

	absol. Zahlen	Prozent
Sittlichkeitsdelikte mit Gewaltanwendung: §§ 177, 43; 176 I 1 u. 3; i. V. m. 223; 223 a StGB	11	46 %
Sittlichkeitsdelikte ohne Gewaltanwendung: §§ 176 I 3; 173, 174 Ziff. 1 i. V. m. § 176 I 3 StGB	7	29 %
Öffentliches Ärgernis nach § 183 StGB	1	4 %
Sittlichkeitsdelikte i. V. m. Eigentums- und Vermögensdelikten aus sexuellen Motiven: §§ 177, 43; 176 I 1; 175 b; 185 i. V. m. 242, 250 I 3, 5; 308 StGB	5	21 %
Sittlichkeitsdelikte insgesamt:	24	100 %

Der kriminogene Hintergrund für die in dieser Weise typischen Sittlichkeitsdelikte Schwachsinniger ist offensichtlich das pathologisch begründete Unvermögen zur Aufnahme natürlicher Beziehungen zum anderen Geschlecht, verbunden mit einer Schwäche intellektueller und ethischer Hemmungen sowie das Fehlen jeder ästhetischen Differenziertheit[20]. Folgender Fall ist in dieser Hinsicht demonstrativ:

Fall Nr. 1

(Aktz. StA beim LG Itzehoe 3 KLs 2/57)

Ernst P. wurde 1936 als 14. Kind geboren. Die Familienverhältnisse waren ungünstig. P. besuchte — wie weitere 6 seiner Brüder — die Hilfsschule, wurde aus der 6. Klasse ohne Abschluß entlassen. P. hat keinen Beruf erlernt. Nach der Entlassung aus der Hilfsschule trieb er sich eine Zeitlang vagabundierend umher, arbeitete auch an verschiedenen Orten als landwirtschaftlicher Hilfsarbeiter.

Bereits 1944 wurde wegen seiner Tendenz zu Diebstahlshandlungen die Fürsorgeerziehung angeordnet. 1949 wurde P. als Jugendlicher wegen Raubes bestraft. In der Zeit von 1956 bis 1957 begann P. damit, sich in der Umgebung seines Wohnortes während der Abendstunden mit dem Fahrrad herumzutreiben und ihm unbekannte Frauen zu überfallen, um mit ihnen geschlechtlich zu verkehren, was ihm jedoch wegen der erfolgreichen

---

[19] Vgl. auch das Material bei *Schipkowensky* I S. 49, 50 mit gleichem Ergebnis.

[20] Vgl. dazu *Schipkowensky* I S. 49.

Gegenwehr der Betroffenen nicht gelang. 1957 wurde er wegen Verletzung der §§ 176 I, 43, 223 a in mehreren Fällen n. §§ 51 I, 42 b StGB, § 429 a StPO in eine Anstalt eingewiesen. Zur Person des Angeklagten äußerte sich das medizinische Gutachten wie folgt: P. leidet an einer vermutlich angeborenen leichten Imbezillität. Seine Persönlichkeit ist primitiv, ohne Kritik- und Urteilsfähigkeit. Es besteht eine haltlose, gemüts- und willensschwache Psychopathie. Hinzu kommen außerdem psychische Veränderungen durch endokrine Störungen, verursacht durch eine Erkrankung des Zentralnervensystems, die außerdem eine spinale progressive Muskelatrophie zur Folge gehabt hat. Im ganzen besteht v. a. auf sexuellem Gebiet eine auffällige primitive Triebhaftigkeit ohne Selbstbeherrschung.

P. begründete sein Verhalten damit, daß er nicht in der Lage sei, mit dem anderen Geschlecht einen normalen Umgang zu pflegen. Außerdem halte er seine „Werbungen" wohl für stürmisch, aber doch nicht für strafbar.

Ähnlich gelagert ist auch der folgende Fall, der darüber hinaus noch die enorme Verführbarkeit des Schwachsinnigen deutlich werden läßt:

Fall Nr. 2

(Aktz. StA beim LG Flensburg 3 KLs 1/60)

Adolf G. wurde 1936 geboren. 1938 wurde die Ehe der Eltern geschieden. Der Mutter — selbst eine leicht debile, primitive Frau — oblag die Erziehung des Kindes. G. besuchte die Volksschule, wurde 3mal nicht versetzt und schließlich aus der 4. Klasse ohne Abschluß entlassen. G. kann nicht lesen und schreiben. Einen Beruf hat er nicht erlernt, fand aber an verschiedenen Orten eine Beschäftigung als Landarbeiter.

Seit 1952 ist G. wegen Mundraubes, Hausfriedensbruchs, Entfernung von Verkehrsschildern, Bereiten von Hindernissen und Fahrens ohne Führerschein aufgefallen und auch bestraft worden.

An einem Juniabend des Jahres 1959 begab sich G. zu einem Tanzvergnügen. Bei seiner Rückkehr begegnete er auf der Straße außerhalb des Ortes gegen 23.30 Uhr einem unbekannten 21jährigen Mädchen. Ohne es weiter anzusprechen, zerrte er es in den Straßengraben und versuchte es zu vergewaltigen, ließ jedoch alsbald von ihr ab, als er Leute kommen hörte.

In der Nacht des 2. Augusts 1959 drang G. in der Nähe des Hofes, auf dem er beschäftigt war, maskiert und mit einem Luftgewehr bewaffnet, in ein Waldhaus ein und versuchte, der dort allein lebenden ihm unbekannten 43jährigen Eigentümerin Gewalt anzutun. Der Frau gelang es jedoch, sich in Sicherheit zu bringen. „Gute" Freunde hatten den G. zu diesem abenteuerlichen Vorhaben überredet und zusätzlich behauptet, daß die Frau „leicht zu haben" sei.

Wegen dieser beiden Fälle wurde G. n. §§ 51 I, 42 b, 177, 43, 74 StGB, § 429 a StPO in eine Anstalt eingewiesen. Das medizinische Gutachten stellte eine angeborene Debilität fest, zu der ein früherworbener organischer Defekt infolge infantiler Encephalitis mit Hirnatrophie und cerebraler Funktionsstörung (Stottern) hinzugetreten ist. G. macht den Eindruck einer im ganzen imbezillen, primitiven, leicht verführbaren, erethischen Persönlichkeit mit enorm enthemmtem ungezügelten Sexuatrieb. Außerdem erscheint er wegen seines üblen Umgangs milieugeschädigt.

G. erklärte zu seinen Straftaten, er habe keine Freundin und daher sei ihm plötzlich der Gedanke gekommen. in dieser Weise zu verfahren. Außerdem hätten ihn seine „Freunde" beraten, die er nach eigenen Angaben als „Raubüberfäller" bezeichnet.

Selbst dort, wo die Opfer der schwachsinnigen Sittlichkeitstäter minderjährig sind, beherrscht die Gewaltanwendung das Tatgeschehen. Dafür besonders eindrucksvoll sind die beiden folgenden Beispiele:

Fall Nr. 3

(Aktz. StA beim LG Flensburg 7 KLs 10/56)

August Ch. wurde 1911 geboren und ist unter ungünstigen familiären Verhältnissen aufgewachsen (Vater bösartig und Trinker, 8 Geschwister). Er besuchte ohne Erfolg die Volksschule, wurde schließlich ohne Abschluß entlassen und fand als berufslose Hilfskraft in der Landwirtschaft Beschäftigung. Der Vater kümmerte sich nicht um den Sohn.

1932 erfolgte eine Verurteilung n. § 176 I 3, 51 II StGB; 1938 wurde eine Sterilisation durchgeführt.

1944 wurde Ch. i. S. d. § 176 I 3 wieder straffällig, eine Einweisung aber abgelehnt. 1953 erfolgte eine Entmündigung auf Antrag des Vaters.

1956 nahm Ch. auf der Feldmark an einem ihm bekannten 11jährigen Mädchen gewaltsam unzüchtige Handlungen i. S. d. § 176 I 1, 3 StGB vor, weswegen er n. §§ 51 I, 42 b StGB eingewiesen wurde.

Die psychiatrische Untersuchung ergab eine angeborene schwere Imbezillität, zu der eine Schwerhörigkeit infolge Mittelohrentzündung hinzugekommen war. Sonst erschien Ch. gutmütig, lenkbar, aber leicht beeinfluß- und verführbar. Er litt unter seiner als Benachteiligung empfundenen Kontaktlosigkeit, zeigte aber geringe sittlich-moralische Wertbildung. Auffällig waren seine Hilflosigkeit und mangelnde Beherrschung seiner wenn auch nicht starken sexuellen Regungen. Zu seinem Verhalten erklärte Ch., er sei durch obszöne Handlungen der Kinder verführt worden. Erwiesenermaßen ist Ch. von Kindern und Jugendlichen oft gehänselt worden.

Fall Nr. 4

(Aktz. StA beim LG Itzehoe 2 KLs 6/59)

Bruno H. wurde 1931 geboren. Vater, Bruder und 2 Stiefschwestern sind schwachsinnig. H. hat weder die Schule besucht noch einen Beruf erlernt. Er fand als ungelernter Fabrikarbeiter und in der Landwirtschaft Beschäftigung. Auf Wunsch der Eltern befand er sich mehrere Jahre im Landeskrankenhaus Schleswig. In der Zeit von 1952 bis 1955 versuchte er wiederholt, sich an Kindern oder Dienstmädchen zu vergreifen. Bei Weigerung reagierte er oft jähzornig und drohte mit Brandlegung — auch gegenüber dem Bauern, bei dem er arbeitete. 1958 versuchte H. durch einen über die Straße gespannten Draht eine Frau zu Fall zu bringen, um dann mit ihr geschlechtlich zu verkehren.

Im gleichen Jahr nahm er am Rande eines Feldweges an einem 6jährigen ihm unbekannten Mädchen gewaltsam unzüchtige Handlungen i. S. d. § 176 I 1 und 3 StGB vor, nachdem er das Opfer gefesselt und geknebelt hatte. Wegen dieser Tat wurde er n. §§ 51 I, 42 b StGB, § 429 a StPO in eine Anstalt eingewiesen.

Das Gutachten stellte bei H. eine früherworbene Imbezillität mit Hydrozephalus internus infolge frühkindlicher Hirnverletzung oder Encephalitis fest. Beim Angeklagten handelt es sich um eine primitive Persönlichkeit ohne jede Rechts- und Sozialvorstellung. Es besteht eine allgemeine Insuffizienz der Selbstbeherrschung bei völligem Nachgeben v. a. sexuellen Neigungen, außerordentlicher ungehemmter Triebhaftigkeit und Tendenz zu sexuellen Ersatzhandlungen.

H. erklärte zu seinen Handlungen, er sei nicht in der Lage, Mädchenbekanntschaften auf andere Art zu machen.

Dort, wo Sittlichkeitsdelikte ohne Gewaltanwendung zu beobachten sind, gestaltet sich oft die Tatsituation günstig, etwa weil das Opfer für den schwachsinnigen Täter „leicht zu haben" ist, wie die zwei folgenden Beispiele zeigen:

Fall Nr. 5

(Aktz. StA beim LG Lübeck 3 KLs 6/60)

Paul B. wurde 1925 in ärmlichen Verhältnissen geboren. Aus der Volksschule wurde er nach der 3. Klasse ohne Abschluß entlassen und arbeitete danach als berufsloser landwirtschaftlicher Hilfsarbeiter.

1946 wurde er wegen unzüchtiger Handlungen an Kindern i. S. d. § 176 I 3 und eines Notzuchtversuchs i. S. d. § 177, 43 n. § 51 I, 42 b StGB in eine Heilanstalt eingewiesen, aus der er 1950 entlassen wurde.

Im Juli 1960 begab P. sich mit einem 12jährigen ihm bekannten hochgradig schwachsinnigen Mädchen, das sich mit dem Vorhaben einverstanden zeigte, in ein Stallgebäude des Hofes, auf dem er arbeitete, und nahm dort an ihm beischlafähnliche Handlungen vor. In dem eingeleiteten Sicherungsverfahren wurde er n. §§ 51 I, 42 b StGB, § 429 a StPO in eine Heilanstalt eingewiesen.

Die psychiatrische Untersuchung des Angeklagten ergab eine Imbezillität mit Neigung zu Unbeherrschtheit und Erregungszuständen als Folge frühinfantiler Englischer Krankheit mit Hydrozephalus internus und Schädigungen des Zentralnervensystems (spastische Zeichen an den rechten Gliedmaßen, Augenmuskellähmungen, erhebliche Schwerhörigkeit). P. findet notdürftig Kontakt zu Kindern, zu Erwachsenen so gut wie gar nicht. Neben der derart verkümmerten Persönlichkeit findet sich auf sexuellem Gebiet eine impulsive Entladungstendenz, infolge des hinzutretenden Schwachsinns ohne jede Hemmungsmöglichkeit. Von normalen Kindern wurde P. häufig gehänselt.

Fall Nr. 6

(Aktz. StA beim LG Kiel 11 KLs 3/61)

Karl G. wurde 1909 geboren. Nach erfolgreichem Abschluß der Volksschule absolvierte er eine Meiereiausbildung trotz einer empfindlichen Kopfverletzung, die nicht vollständig auskuriert werden konnte. G. wechselte häufig seinen Arbeitsplatz. Im II. Weltkrieg erhielt er einen Kopfsteckschuß und wurde verschüttet. Nach 1945 heiratete er und begann eine Maurerlehre, stürzte vom Baugerüst und wurde infolge Arbeitsunfähigkeit Rentner. Seit 1953 ist er wegen Verkehrsübertretung, Randalieren im Rausch, Beleidigung,

Nötigung und ruhestörenden Lärms aufgefallen, 1957 auch vorübergehend n. § 1 schl.-hol. UntG in eine Anstalt eingewiesen worden. Außerdem beging er einen Selbstmordversuch und wurde schließlich entmündigt.

Im Juli 1960 fuhr G. mit seiner 13jährigen Tochter zum Baden. Bei der Rückfahrt hielt er an einem Waldstück sein Moped an und überredete das Mädchen, das jetzt von ihm ein Kind erwartet, mit ihm geschlechtlich zu verkehren.

Wegen dieses Vorfalls wurde er n. §§ 173 I, 174 Ziff. 1, 176 I 3, 51 II, 42 b StGB nach Verbüßung seiner Strafe in eine Anstalt eingewiesen.

Zur Person erklärte der psychiatrische Sachverständige: Der Angeklagte leidet unter einer spätestens 1950 manifest gewordenen hirntraumatisch bedingten Debilität, die eine erhebliche Persönlichkeitsveränderung mit Alkoholintoleranz, Unberechenbarkeit, Aggressivität und v. a. enthemmter sexueller Triebhaftigkeit zur Folge gehabt hat. Die Zurechnungsfähigkeit des Angeklagten wurde als erheblich vermindert angesehen.

Soweit bei schwachsinnigen Tätern Torpidität als Charaktervariante dominierend ist, äußert sich sexuelles Fehlverhalten, etwa in der Form der Erregung öffentlichen Ärgernisses, in weit weniger intensiver Weise. Wie die Untersuchungen ergeben haben, sind derartige Fälle aber selten. Dazu folgendes Beispiel:

Fall Nr. 7

(Aktz. StA beim LG Flensburg 3 KMs 4/58)

Wilhelm D. wurde als Sohn schwachsinniger Eltern geboren. Er hat weder die Schule besucht noch einen Beruf erlernt. Seit dem 17. Lebensjahr befindet er sich in der Privatanstalt des Landeskrankenhauses Schleswig, wo er mit landwirtschaftlichen Arbeiten beschäftigt war.

Seit 1958 benutzte er den ihm öfter gewährten Ausgang, aber auch das Koppelgelände der Anstalt dazu, öffentlich vor vorübergehenden weiblichen Personen zu onanieren.

Aus diesem Grunde wurde er n. §§ 51 I, 42 b StGB, § 429 a StPO eingewiesen, da das Gericht seinen Privataufenthalt in der Anstalt nicht für ausreichend hielt.

Der psychiatrische Sachverständige diagnostizierte eine angeborene Imbezillität. Er bezeichnete D. als torpidprimitive Persönlichkeit mit enorm hemmungsloser sexueller Triebhaftigkeit, die ihn veranlaßt, jede Situation zu onanistischen Ersatzhandlungen zu benutzen. Im übrigen ist D. willig, arbeitsam und lenkbar.

Häufiger dagegen finden sich bei schwachsinnigen Tätern fetischistische aber auch pyromanische Tendenzen, die objektiv in der Begehung von Eigentums- und Vermögensdelikten ihren Ausdruck finden, bei denen aber motivationsmäßig ein sexueller Hintergrund zu beobachten ist. Dazu die folgenden Beispiele:

Fall Nr. 8

(Aktz. StA beim LG Itzehoe 3 KLs 1/61)

Johannes L. wurde 1934 geboren. Er wurde aus der 2. Klasse der Volksschule ohne Abschluß entlassen und fand als berufslose landwirtschaftliche Hilfskraft Beschäftigung.

1958 nahm er an verschiedenen Kühen seines Bauern beischlafähnliche Handlungen vor. 1959/60 stahl er mehrere Damenschlüpfer, um mit ihnen zu onanieren. 1960 begab er sich in den Abendstunden mit seinem Fahrrad auf die Straße und stieß wiederholt mehrere Frauen in wollüstiger Absicht von ihren Fahrrädern, ohne sie jedoch weiter zu belästigen.

Wegen dieser Vorfälle erfolgte seine Einweisung n. §§ 175 b, 242, 177, 43, 51 I, 42 b StGB, § 429 a StPO. Der medizinische Sachverständige stellte eine leichte Idiotie fest und bezeichnete L. als primitive, entwicklungsgehinderte, zu hemmungslosen sexuellen Triebperversitäten (Fetischismus) neigende Persönlichkeit. Freisteigenden Ideen sofort nachgebend, stand er den erst mit 24 Jahren einsetzenden Pubertätserscheinungen völlig hilflos gegenüber. Trotz Unberechenbarkeit und ohne jedes Rechtsbewußtsein war er im übrigen gutmütig, willig und fleißig. Dem Vorhalt, daß sein Verhalten strafbar sei, begegnete er mit einem ungläubig-verlegenen Lächeln.

Fall Nr. 9

(Aktz. StA beim LG Itzehoe 2 KLs 18/57)

Werner S. wurde 1932 geboren. Aus der 4. Klasse der Volksschule ohne Abschluß entlassen, war er als berufsloser Baumschulenarbeiter am Wohnort beschäftigt. Vor seinen Serienbrandstiftungen war er bereits durch sodomistische, onanistische Akte und häufigen Alkoholgenuß aufgefallen.

Von 1956 bis 1957 legte er am Stadtrand Hamburgs in Schuppen und Ställen insgesamt 5 Brände, um beim Anblick des brennenden Feuers zu onanieren, — weswegen er n. §§ 308, 74, 51 I, 42 b StGB untergebracht wurde.

Nach dem medizinischen Gutachten bestand eine angeborene leichte Imbezillität mit gemütsarmer, haltloser, triebhaft sexuell-perverser Psychopathie und Alkoholintoleranz. S. erschien im übrigen flach, sorglos-heiter, gutartig, hilfsbereit, nicht gewalttätig, litt aber unter sexuell bedingten pyromanen Attacken, besonders nach schon geringen Alkoholmengen, die den geringfügigen Rest seiner Hemmungen vollends beseitigten[21].

b) Eigentums- und Vermögensdelikte

Die Eigentums- und Vermögensdelikte schwachsinniger Täter (über die Häufigkeit vgl. Tab. 15 und 16) zeigen einen ähnlich primitiven Tathergang wie schon die Sittlichkeitsdelikte, — indessen mit einem bezeichnenden Unterschied: Während den schwachsinnigen Delinquenten bei der Begehung von Sittlichkeitsdelikten kaum eine Wahl zwischen solchen mit oder ohne Gewaltanwendung blieb, zeigt sich nun bei den Eigentums- und Vermögensdelikten — und noch deutlicher in der überaus geringen Zahl der aggressiven Handlungen —, daß die

---

[21] Vgl. über die Brandstiftung als sexuelle Triebhandlung *Thoma* in „Brandermittlung“ S. 159 ff.

Oligophrenen im allgemeinen nicht zu Gewalttätigkeiten neigen. Typisch für die Eigentums- und Vermögensdelikte der Schwachsinnigen sind einfacher und schwerer Diebstahl (§§ 242, 243 StGB), der mit 64 % zahlenmäßig dreimal höher liegt als beispielsweise Raub und Erpressung.

Ganz untypisch sind dagegen Betrug und Urkundenfälschung, — was jedoch zu erwarten war.

Die Analyse aus dem eigenen Material ergab folgendes Bild:

Eigentums- und Vermögensdelikte der Oligophrenen	absol. Zahlen	Prozent
Diebstahl einschließlich schwerer Diebstahl: §§ 242; 242, 43; 243; 244 StGB	9	64 %
Raub, Erpressung i. V. m. Diebstahl: §§ 249; 250; 253; 255; 242 StGB	3	22 %
Diebstahl und Urkundenfälschung: §§ 242; 267 StGB	1	7 %
Betrug und Urkundenfälschung: §§ 263; 267 StGB	1	7 %
Eigentums- und Vermögensdelikte insgesamt:	14	100 %

Dazu folgende Beispiele:

Fall Nr. 10

(Aktz. StA beim LG Itzehoe 2 KLs 2/58)

Walter S. wurde 1920 geboren. Nach dem Besuch der Hilfsschule war er als berufsloser landwirtschaftlicher Gehilfe am Wohnort beschäftigt.

1925 bis 1945 befand er sich auf Wunsch der Eltern in einer Anstalt. Nach seiner Entlassung war er wiederholt durch Landstreicherei, Bettelei und einen ausgeprägten Hang zum Diebstahl aufgefallen. S. ist mehrfach wegen Diebstahls, einmal wegen fahrlässiger Brandstiftung und Betruges vorbestraft.

Im Jahre 1957 stahl S. ein Fahrrad und mehrere Bekleidungsstücke seines Arbeitskameraden, wobei er einen Spind aufbrach. 1958 erfolgten: ein weiterer Fahrraddiebstahl, Wegnahme von Lebensmitteln, Diebstahl einer Aktentasche in einer Gastwirtschaft.

Wegen dieser Vorfälle wurde S. nach Verbüßung seiner Strafe n. § 242 in 4 Fällen sowie wegen §§ 243, 244 i. V. m. §§ 51 II, 42 b StGB in eine Anstalt eingewiesen.

Der medizinische Sachverständige stellte eine angeborene Debilität in Verbindung mit gemütsarmer, willensschwacher Psychopathie fest. Er bezeichnete S. als hypomanisch enthemmte haltlose Persönlichkeit mit Hang zum Lügen, zu krankhafter Phantasie und kleptomanen Attacken.

Der folgende Fall ist für weibliche Schwachsinnige, soweit sie kriminell werden, nicht untypisch:

Fall Nr. 11

(Aktz. StA beim LG Lübeck 4 MS 83/59 HW)

Edith G. wurde 1940 geboren. Der Vater war Trinker und mehrfach wegen Diebstahls bestraft, die Mutter Serviererin und nach der Scheidung der Ehe 1941 auch Prostituierte.

E. G. war erzieherisch schwierig, zeigte Tendenz zu Unehrlichkeit und Poriomanie, kam 1952 ins Erziehungsheim, 1954 auch in eine Anstalt, aus der sie 1955 auf Wunsch der Mutter entlassen wurde. Nach dem Besuch der Hilfsschule beging sie einige Diebstähle und begann, sich als Dirne herumzutreiben, weswegen 1955 die Fürsorgeerziehung angeordnet wurde. Nachdem G. mehrfach entwichen, wieder aufgegriffen, vom Jugendheim Selent in das feste Fürsorgeheim Glückstadt verlegt worden war, erfolgte 1958 ihre Entlassung wegen Unerziehbarkeit. Seit 1958 trieb sie sich als Prostituierte in der Lübecker Hafengegend herum. Eine feste Anstellung scheiterte.

1959 beging sie beim Abholen einer Rente, für die nur die Mutter empfangszuständig war, eine Urkundenfälschung (§ 267). Außerdem stahl sie einem Mann, den sie in Travemünde kennengelernt hatte, anläßlich des Geschlechtsverkehrs eine Geldbörse, ein paar Tage später einem anderen bei gleicher Gelegenheit ebenfalls eine Geldbörse und eine Jacke.

Wegen dieser Handlungen wurde sie n. §§ 267, 242, 74, 51 I, 42 b StGB, § 7 JGG in eine Anstalt eingewiesen.

Laut medizinischem Gutachten bestand eine angeborene Debilität in Verbindung mit schwerer asozial-amoralischer Psychopathie. G. ist ein haltlos-willensschwacher, triebhafter, geltungsbedürftiger Typ ohne jegliche praktische Lebensbewährung und sittliche Hemmung. Sie kennt keinerlei Bremsfähigkeit gegen aufsteigende Wünsche und Triebregungen, zeigt poriomanes und kleptomanes Verhalten. Daneben erscheint sie milieugeschädigt.

Rohheit und ausgesprochen törichte Motivationen zeichnen folgendes Raubdelikt eines Schwachsinnigen aus:

Fall Nr. 12

(Aktz. StA beim LG Kiel 2 Ks 1/60)

Heinz W., ohne festen Wohnsitz, wurde 1936 geboren. Nach 5jährigem Besuch der Volksschule wurde er aus der 3. Klasse ohne Abschluß entlassen und fand an verschiedenen Orten als berufsloser Gelegenheitsarbeiter Beschäftigung. Mit 13 Jahren beging er einen Notzuchtversuch, mehrere Diebstähle und einen Raub und kam in eine Erziehungsanstalt, 1953 bis 1957 auch in eine Heilanstalt, da er durch tätliche Angriffe auf die Mutter, Aggressivität in der Öffentlichkeit und Selbstmordtendenz aufgefallen war. Außerdem hatte er sich durch Umgang mit Prostituierten syphilitisch infiziert.

1959 begab er sich mit einem gestohlenen Fahrrad auf die Straße und schlug am Ortsausgang eine ihm unbekannte Frau mit einem Stein nieder, um ihr den Personalausweis zu rauben, den er als derzeitiger Zirkusarbeiter zu einer Auslandsfahrt benutzen wollte.

Nach Verbüßung seiner Strafe erfolgte seine Einweisung n. §§ 250 I 3, 223 a, 51 II, 42 b StGB.

Der medizinische Sachverständige stellte eine angeborene Imbezillität mit haltlos-willensschwacher Psychopathie fest. Er bezeichnete W. als primitiv-stupide, hilflose, stimmungslabile, zu unüberlegten Aggressionen und Wutausbrüchen neigende Persönlichkeit.

c) Brandstiftungen

Der Anteil der *Brandstiftungen* innerhalb der Kriminalität der Schwachsinnigen ist — zumindest an Hand des eigenen Materials — mit insgesamt 4 Fällen (einer davon aus sexuellen Motiven, vgl. Fall Nr. 9), entsprechend 9 % aller Straftaten Oligophrener nicht hoch und mit Abstand geringer als der der Sittlichkeits- und Vermögensdelikte. (Vgl. auch Tab. 15 und 16.)

Brandstiftungen werden von Schwachsinnigen teils aus unberechenbarer Rachsucht, teils aus einem normalpsychologisch kaum einfühlbaren, wegen des Intelligenzmangels so gut wie unkontrollierbaren krankhaften Trieb i. S. d. Pyromanie (besser: der motivlosen Brandstiftung) begangen[22]. Das bedeutet, daß hier die Brandstiftung aus tiefen, dunklen Untergründen der gefühlsmäßigen und triebhaften Regungen heraus entsteht, wobei dranghafte Entladungen auf dem Boden primitiv-emotionaler Stauungen und Tendenzen den Ausgangspunkt bilden[23]. Solche und Brandstiftungen Schwachsinniger aus Rache sind typische Kurzschlußhandlungen als Ausdruck einer Primitivreaktion, weil affektive Erlebnisenergie in besonderen alle Bremsmöglichkeiten überspringenden Bahnen verläuft[24]. Zur Veranschaulichung seien abschließend noch zwei Fälle angeführt:

Fall Nr. 13

(Aktz. StA beim LG Itzehoe 7 b Ls 11/61 jg)

Herbert P. wurde 1943 geboren. Er ist Vollwaise. Mehrfach sitzengeblieben, wurde er aus der 6. Klasse der Volksschule ohne Abschluß entlassen und fand 1960 nach mehrfachem Stellenwechsel als berufsloser landwirtschaftlicher Gehilfe am Wohnort Beschäftigung.

Bereits 1958 war er verschiedentlich durch kleinere Diebstähle (Spardosen der Bauernkinder) aufgefallen; im übrigen zeigte er eine gute Führung, obgleich er von den Kindern häufig gehänselt wurde.

1961 setzte er, trotz des guten Verhältnisses zum Arbeitgeber, aus Rache das kombinierte Wohn- und Wirtschaftsgebäude seines Bauern in Brand, weil sein Vormund ihm eine neue Uhr verweigert hatte.

---

[22] Vgl. dazu *Schipkowensky* I S. 56 (mit Lit.-Hinweisen). Ferner: *Bleuler* S. 420; *Lemke* S. 273. Vgl. zum Problem der „Pyromanie" kritisch *Hallermann* in „Vorträge über Fragen der Brandstiftung" S. 307 ff.

[23] Vgl. dazu *Hallermann* a.a.O. S. 307, 311.

[24] Vgl. dazu *Hallermann* a.a.O. S. 309, 310. Zur Rachsucht der Schwachsinnigen vgl. ferner: *Schipkowensky* I S. 54; *Lemke* S. 273; *Ewald* S. 287.

P. wurde deswegen n. §§ 306, 51 II, 42 b StGB, § 7 JGG in eine Anstalt eingewiesen, nachdem n. § 5 III 7 JGG von Strafe abgesehen worden war.

Der medizinische Sachverständige fand eine angeborene Imbezillität und bezeichnete P. als primitive, zu Kurzschlußreaktionen neigende, bisweilen jähzornige Persönlichkeit. P. zeigte eine auffällige Tendenz zu in Richtung des geringsten Widerstandes fixierten primitiven Racheakten gegenüber harmlosen und völlig unbeteiligten Menschen bzw. Objekten.
Im übrigen ist er gutmütig und lenkbar.

Fall Nr. 14

(Aktz. StA beim LG Kiel 2 KLs 2/60)

Heinrich D. wurde 1937 geboren. Die Familie ist mit Schwachsinn belastet. D. zeigte bereits als Kind Auffälligkeiten: Er hatte Angst vor der Dunkelheit, zeigte Tendenz zu triebhafter Unruhe, Zerstörungsdrang, Faxen, Grimassieren, weswegen er von Kindern und später von seinen Kameraden der Bundeswehr ständig als „Piefke" gehänselt wurde.

D. brachte mit Mühe die Volksschule zum Abschluß und bestand gerade noch die Bäckergesellenprüfung. Im übrigen zeigte er sich unauffällig, freundlich, gutmütig und stets hilfsbereit.

Von April bis Juni 1959 setzte er in seinem Wohnort eine Stallung, ein Wohnhaus und ein kombiniertes Wohn- und Wirtschaftsgebäude in Brand, weswegen er nach Verbüßung seiner Strafe n. §§ 308, 306 in zwei Fällen, 74, 51 II, 42 b StGB in eine Anstalt eingewiesen wurde.

Die psychiatrische Untersuchung ergab eine auf Geburtstrauma beruhende schwere Debilität mit dem Reifezustand eines 12jährigen. Der Sachverständige bezeichnete D. als gehemmte, selbstunsichere Persönlichkeit mit Tendenz, freisteigenden Gedanken und Wünschen kurzschlußartig nachzugeben. Ferner zeigte sich bei D. ein auffälliger infantiler pyromanisch gefärbter Erlebnis- und Abenteuerdrang. Zu den Brandlegungen hatten ihn die Berichte der Großmutter über verschiedene Brände im Dorf angeregt. Einer plötzlichen Eingebung folgend, wollte D. selber derartiges erleben. Nach der Brandstiftung freut er sich über die Aufregung, die anfahrende Feuerwehr, darüber, daß er besser informiert sei als alle anderen, mit glücklichem Gesicht hilft er bei der Brandbekämpfung fleißig mit.

Beide Fälle demonstrieren in deutlicher Weise den primitiv-emotionalen Motivationsprozeß des Schwachsinnigen, der schließlich zur Brandstiftung führt.

Bei dem einen ist es stumpf-primitive Rache, die sich raptusartig an irgendeinem, meist aber an dem Objekt Luft macht, von dem der geringste Widerstand und bei dem die sichtbarste Zerstörung zu erwarten ist. Bei dem anderen ist es ein eigenartig affektierter Erlebnisdrang, einmal etwas Aufregendes, Großes zu inszenieren und darüber mehr und besser Bescheid zu wissen als die anderen. Im Falle D. verdrängt nach der Brandlegung ein zufriedenes Selbstgefühl seine sonst vorhandene Selbstunsicherheit und verleitet zu weiteren Brandstiftungen.

II. Endogene Psychosen

(Schizophrenie, Zyklothymie, Epilepsie)

1. *Schizophrenie*

Die Untersuchungen haben ergeben, daß unter den kriminellen Psychotikern die endogen Geisteskranken, namentlich die Schizroprenen von erheblicher forensischer Bedeutung sind.

a) Symptomatologie

Für die schizophrene Erkrankung wird — wie berichtet wurde — von den Medizinern mangels eines pathologisch-anatomischen Befundes auch heute noch primär die Erbanlage verantwortlich gemacht[25]. Der Ausbruch der Krankheit ist — wie auch die eigenen Untersuchungen gezeigt haben — zu einem überaus großen Teil in der Pubertät und zwischen dem 20. und 30. Lebensjahr zu beobachten; Spätmanifestationen sind sehr viel seltener[26]. Die Schizophrenie als eine in Schüben verlaufende Prozeßkrankheit ergreift den Menschen in seiner Gesamtheit; im Sinne des „Spaltungsirreseins" erscheint die Persönlichkeit auseinandergeborsten, in einen ich-eigenen und einen ich-fremden Teil, ein „Durcheinandertaumeln der Psychismen hat Platz gegriffen. Die Hypotonie des Bewußtseins läßt trotz Wachheit eine traumähnlich-alogische Erlebnisweise entstehen"[27].

Die Symptomatik des pathologischen Prozesses ist reichhaltig, weswegen nicht von einer Krankheit, sondern von einem Formenkreis gesprochen wird.

Je nach dem mehr oder weniger intensiven Auftreten verschiedener Syndrome teilt die psychiatrische Wissenschaft die Schizophrenie typologisch in einzelne Formen auf.

So ist die *Hebephrenie* ein symptomarmes Bild (dementia simplex) der Schizophrenie, die bei schleichend zunehmender Gemütsverödung mit flacher, läppisch-heiterer Grundstimmung zum allmählichen Zerfall des Denkens und der Persönlichkeit führt. Die Patienten wirken autistisch, interesselos, stumpf, antriebsarm, auch disziplinlos, kindlich-albern, neigen zu Verwahrlosung, Poriomanie; Triebhandlungen (Suicid, sexuelle Auffälligkeiten) sind selten. Halluzinationen und Wahnideen fehlen, die Motorik ist eckig (übertrieben schlacksige Pubertätsmotorik)[28].

---

[25] Vgl. dazu u. a. *Bleuler* S. 277, 317; *Langelüddeke* S. 367, 368; *Lemke* S. 339; *Ewald* S. 396.

[26] Vgl. dazu *Lemke* S. 339; *Langelüddeke* S. 370.

[27] So *Ewald* S. 373. Vgl. auch *Lemke* S. 339; *Langelüddeke* S. 370.

[28] Vgl. dazu *Lemke* S. 357; *Ewald* S. 387; *Langelüddeke* S. 375; *Hoff* I S. 445, 446; *Kolle* II S. 168, 169.

Dagegen zeichnet sich die schubweise verlaufende *Katatonie* in erster Linie durch symptomreiche motorische Antriebs- und Bewegungsstörungen aus (Spannungsirresein). So finden sich häufig wechselnde akinetische und hyperkinetische Bilder von stuporöser Starrsucht (einsch. Nahrungsverweigerung), kataleptischer Biegsamkeit, Bewegungsstereotypien bis zu katatoner Erregung und Tobsucht. Auch Halluzinationen, v. a. Stimmen, sind häufig, ebenso Erklärungswahnideen, auch das paranoide Syndrom (Beobachtungs-, Bedrohungs-, Verfolgungswahn). Dadurch wirken die Kranken — abgesehen von ihrer fremdartigen bizarren Motorik — oft feindselig, mißtrauisch, erregbar, mit Tendenz zu Suicidhandlungen und Aggressionen gegen die vermeintlichen Gegner[29].

Die *paranoid-halluzinatorische Form* der Schizophrenie (schizophrene Halluzinose) wird ausschließlich beherrscht von einer Fülle von, überwiegend jedoch akustischen, Trugwahrnehmungen, denen sich verschiedenartige sekundäre Wahnideen vom Erklärungs- und Bedeutungswahn bis zu häufigen Formen des paranoiden Syndroms (Beeinträchtigungs-, Beobachtungs-, Verfolgungswahn) anschließen. Vielfach erscheinen die Kranken äußerlich unauffällig, da Motorik und Intelligenz selten eine Beeinträchtigung erfahren, bis dann plötzliche befremdende Handlungen, eigenartige Sicherungsvorkehrungen durch die Kranken oder Eigen- und Fremdaggressionen von erheblicher Explosivität den großen inneren Spannungszustand offenbar werden lassen, in dem sich die Patienten befinden[30].

Dagegen wird die *Paraphrenie* ausschließlich vom primären Wahn ohne Halluzinationen als einzigem Krankheitssymptom beherrscht. Die übrige Persönlichkeit zeigt keine gröberen Störungen, wirkt nicht schizophren, sogar unauffällig. Das Wahnthema kann durchaus reichhaltig sein und sich mit Liebe, Haß, Ruhm, Teufel, Gott, Beeinträchtigung und Verfolgung beschäftigen. Außerdem systematisieren die Kranken ihre Wahnideen, die für sie u. U. mehr Realitätswert besitzen als ihre Umwelt, oder die abgekapselt eine abgespaltene eigene, „private" Umwelt des Patienten neben der realen bilden und von der man erst etwas erfährt, wenn der sonst unauffällige Kranke plötzlich wie ein Prophet auftritt, als General über Truppen befehligt oder blutige Aggressionen gegen seine Verfolger oder aus den gleichen Gründen — je nach der Eigenart der prämorbiden Persönlichkeit — grauenvolle Verstümmelungs- oder Suicidhandlungen vornimmt[31].

Soweit die beschriebenen Krankheitsformen auf endogenen Schwachsinn treffen — was nicht selten der Fall ist — spricht man von Pfropfschizophrenie — einem pathologischen Bild mit vorwiegend schizophrener Symptomatik[32].

b) Kriminalität

Die oben im einzelnen erläuterte Symptomatik läßt durchaus möglich erscheinen, daß ein innerer Zusammenhang zwischen Schizophrenie

[29] Vgl. dazu *Lemke* S. 358; *Ewald* S. 389; *Langelüddeke* S. 375; *Hoff* I S. 447 bis 452; *Kolle* II S. 170.

[30] Vgl. zum Ganzen: *Lemke* S. 359; *Ewald* S. 391; *Langelüddeke* S. 375; *Hoff* I S. 465—467; *Kolle* II S. 271—273.

[31] Vgl. zum Ganzen: *Ewald* S. 391—393; *Hoff* I S. 457—460; *Langelüddeke* S. 375; *Lemke* S. 360.

[32] Vgl. dazu *Lemke* S. 361.

und Verbrechen bestehen kann, jedoch nicht muß, wie die sehr kleine Zahl der kriminellen Schizophrenen beweist. Dem großen Teil der Kranken gelingt es, sich sozial anzupassen. Wo jedoch kriminelle Neigungen auftreten, lassen sie sich meist auf die psychopathologischen Veränderungen der Persönlichkeit zurückführen. Und zwar in dreierlei Hinsicht:

Erstens besteht die Grundstörung der Schizophrenie in einem allmählichen Absterben der natürlichen Verbundenheit des Menschen mit seiner Umwelt, so daß die Kranken ihre eigenen pathologisch gesetzten Vorstellungen als objektiv gegeben erleben und daß ihr Sensorium seine Reize aus einer andersartigen, eigenen „Umwelt" bekommt. Dabei können prämorbide und psychotische Persönlichkeit wechseln oder im Sinne eines „Homo duplex" gleichzeitig das Verhalten des Kranken bestimmen, so daß das Leben in doppelten Geleisen verläuft. Bei der meist unausbleiblichen Überschneidung der wirklichen Welt mit der autistischen Welt des Schizophrenen entstehen unerträgliche Spannungen und jene Reibungen, die zu Gewalttaten führen können.

Zweitens sind es meist unerfreuliche und bedrohliche Dinge, die dem Kranken im Rahmen des pathologischen Geschehens begegnen. Durch die Realitätsausschaltung „entdeckt" er also die Urheber seiner Krankheit und seines Verfolgtseins in der Außenwelt, aus der er unheimliche gegen sich gerichtete Kräfte zu spüren glaubt und reagiert aus einer „Notwehrsituation" heraus mit Abwehrmaßnahmen, einem Opfer, das er zu seiner oder zur Rettung eines anderen oder der Welt erbringen muß oder mit heftigen bis zur Tötung des Verfolgers reichenden Fremdaggression oder mit Suicidhandlungen.

Drittens können Halluzinationen, v. a. imperative Stimmen, direkt ein bestimmtes Verhalten befehlen und damit auch Ursache für kriminelle Handlungen sein.

Bezeichnenderweise fanden sich bei den kriminellen Schizophrenen des eigenen Materials die paranoid-halluzinatorischen und paraphrenen Formen mit 62 % aller Fälle zahlenmäßig weit mehr vertreten als alle übrigen Krankheitsbilder:

Schizophrenie und Pfropfschizophrenie:

Gliederung nach Krankheitsbildern	absol. Zahlen	Prozent
1. Paranoid-halluzinatorische Form	9	43 %
2. Paraphrenie	4	19 %
3. Hebephrenie	4	19 %
4. Katatonie	4	19 %
Schizophrenien insgesamt:	21	100 %

Dabei konnte unter mindestens 80 % der Wahnkranken (Nr. 1 u. 2) der Beeinträchtigungs- und Verfolgungswahn als überwiegend deliktsauslösendes Krankheitssymptom beobachtet werden.

Die Asozialität des Schizophrenen ist also die Resultante aus den beiden Strömungen der Psychose: Dem Absterben der Umweltverbundenheit und dem Hinauswachsen der bizarren, unheimlichen Welt des psychotischen Autimus in eine Realität, die der Kranke nicht begreift und die ihn nicht mehr verstehen kann[33].

Forensisch am wichtigsten und geradezu typisch sind daher Gewaltverbrechen[34], wogegen andere Deliktsarten an Bedeutung weit zurücktreten.

Dieser Sachverhalt ist durch die eigenen Untersuchungen bestätigt worden. Bei den schizophrenen Tätern (einschließlich Pfropfschizophrenie) fand sich folgende Verteilung der Deliktsgruppen:

Deliktsgruppen der schizophrenen Kriminellen	absol. Zahlen	Prozent
Tötung, Tötungsversuch, Körperverletzung mit Todesfolge: §§ 211; 212; 211, 212, 43; 226 StGB	5	24 %
Aggressive Handlungen: §§ 223; 223 a; 113; 123; 303; 240; 241; 185 StGB	9	43 %
Sittlichkeitsdelikte: §§ 176 I 3; 183 StGB	2	9 %
Eigentums- und Vermögensdelikte: §§ 242; 243; 249; 250; 263; 265 StGB	4	19 %
Brandstiftungen: § 308 StGB	1	5 %
Deliktsgruppen insgesamt:	21	100 %

Nimmt man die Fremdaggressionen — also Tötungen und aggressive Handlungen — zusammen, so ergeben sie allein 67 % aller Straftaten der schizophrenen Täter. Ausgehend von der Intensität der Rechtsgutverletzung sind dabei die Tötungsdelikte von besonderer Bedeutung. Schipkowenskys Annahme, daß der schizophrene Mord die häufigste Mordtat aller Geisteskranken ist, findet damit ihre Bestätigung[35]: Im eigenen Material fanden sich unter den 6 Tätern der Tötungsdelikte 5 schizophrene und ein Epileptiker.

Zur Darstellung des schizophrenen Tötungsdeliktes folgende 2 Fälle:

---

33 Vgl. zum Ganzen v. a. *Schipkowensky* II S. 54, 65, 66, 67, 69, 74, 131, 179; ferner *Ewald* S. 399, 400; *Hoff* I S. 464, 472.

34 Vgl. *Langelüddeke* S. 376, mit weiteren Lit.-Hinweisen. *Schipkowensky* II S. 2; *Hoff* III S. 28.

35 Vgl. *Schipkowensky* II S. 2.

Fall Nr. 15

(Aktz. StA beim LG Kiel 10 Ls 38/57)

Leo V. wurde 1936 geboren. Mutter und Schwester sind an Schizophrenie erkrankt. V. schloß die Mittelschule 1956 mit der mittleren Reife ab, beschäftigte sich danach aber nur als berufsloser landwirtschaftlicher Hilfsarbeiter.

1957 besuchte V. seine geisteskranke Schwester in der Kieler Nervenklinik. Während eines Spaziergangs begab er sich mit ihr in einen Neubau der Klinik und erschlug sie dort auf grausame Weise mit einem Kanteisen. Die Tatortbesichtigung bot einen grauenhaften Eindruck.

Wegen dieser Tat wurde V. n. §§ 212, 51 I, 42 b StGB in eine Anstalt eingewiesen.

Der medizinische Sachverständige stellte eine 1956 manifest gewordene Schizophrenie — paranoid-halluzinatorische Form — mit technischem Verfolgungswahn, religiösem Wahn, imperativen Stimmen und Erregungszuständen fest. Die Exploration des Patienten ergab folgendes: V. hörte seit 1956 — ähnlich wie Mutter und Schwester — eigenartige Stimmen. Man diskutierte über sie und las dabei in der Bibel. Vor der Tat hatte V. ein Berufungserlebnis: Eine Stimme sagte ihm, daß er Christus sei und durch Erschlagen und Vergewaltigen seiner Schwester ein Opfer bringen müsse. Der Angeklagte folgte diesem Auftrag, fuhr mit der Bibel in der Tasche nach Kiel und tötete seine Schwester. Die Vergewaltigung mißlang jedoch. Danach stellte sich V. dem Klinikpförtner. Der diensttuende Arzt fand ihn betend im Wartezimmer. V. erklärte: „Sie brauchen keine Angst zu haben, Ihnen tue ich nichts." Er schilderte die Tat ohne Gemütserregung und meinte: „Als Christus und Gottes Sohn wollte ich sie (die Schwester) durch den Verkehr mit ihr vor Gott und den Menschen reinigen ... es war ein Zwang."

Der Angeklagte erschien ruhig und erleichtert, äußerte, in der Bibel stehe, daß Gott von ihm ein Opfer verlangt habe, und er werde noch mehr Menschen töten müssen, wenn die Stimme es ihm befehle.

Während der Behandlung zeigten sich bei V. Wahnstimmungen, Selbstverletzung und Aggressivität. Zuweilen äußerte er: „Ich habe meine Schwester nicht ermordet, ... das muß der Teufel gewesen sein." Es folgten lebhafte Halluzinationen, Beeinträchtigungsgefühle durch elektrische Strahlen.

Fall Nr. 16

(Aktz. StA beim LG Lübeck 17 Ks 6/62)

Ernst M. wurde 1906 geboren. Er absolvierte mit Erfolg die Volksschule und eine Landwirtschaftslehre, wechselte bald zum Polizeidienst und wurde Oberwachtmeister. Schließlich bestand er noch eine Verwaltungsprüfung und wurde zum Zollbeamten ernannt. Seine berufliche Entwicklung verlief normal, ebenso seine durchaus harmonische Ehe. Erst nach der Rückkehr aus der Gefangenschaft 1947 geriet M. in Auseinandersetzungen mit seiner Familie und seiner Dienststelle. Nach einem Herzinfarkt wurde er 1959 vorzeitig pensioniert.

Seit 1961 kam es mehrfach zu z. T. tätlichen Auseinandersetzungen mit der Ehefrau. Anläßlich eines solchen Streites geriet M. in heftige Erregung, griff zu einem Messer, das er seit einiger Zeit in seine Nähe zu legen pflegte, und brachte seiner Ehefrau tödliche Schnitt- und Stichverletzungen am Hals bei. Danach unternahm er mit der gleichen Waffe einen Suicidversuch.

Wegen dieser Tat wurde M. n. §§ 212, 51 I, 42 b StGB in eine Heilanstalt eingewiesen.

Der psychiatrische Sachverständige stellte eine etwa 1945 manifest gewordene Schizophrenie — paraphrene Form — mit ausgeprägten Beziehungs-, Beeinträchtigungs- und Verfolgungswahnideen fest, die der Kranke z. T. sogar systematisiert hatte.

Im Rahmen der Exploration wurde folgendes in Erfahrung gebracht:

Nach der Rückkehr aus der Gefangenschaft setzte sich bei M. unbegründet der Gedanke fest, seine Frau sei ihm untreu geworden. Außerdem glaubte er, bei der Beförderung im Dienst böswillig übergangen worden zu sein. 1951 verdächtigte er bei der Behandlung einer Kreislaufstörung die Ärzte, sie wollten ihm nicht helfen und arbeiteten gegen ihn mit seiner Dienststelle konspirativ zusammen. Schließlich glaubte er sich auch von seiner Familie bedroht, das Essen sei vergiftet. 1959 kamen hypochondrische Ideen hinzu (Betrachten im Spiegel, glaubt sich krebskrank u. ä.).

1960 entstand mehrfach ein heftiger Familienstreit, weil M. erklärte, daß seine Angehörigen, die Ärzte und die Dienststelle miteinander in Geheimverbindung ständen, um ihn umzubringen.

Als die Ehefrau 1961 eine Arbeit aufnahm, da durch die Sonderwünsche des M., der sein eigenes Essen mit getrennter, von ihm überwachter, Zubereitung haben wollte, die Pension nicht reichte, vermutete er ehewidrige Beziehungen seiner Frau zum Arbeitgeber. Aus diesem Grunde kam es mehrfach zu z. T. tätlichen Auseinandersetzungen zwischen den Eheleuten. Schließlich versprach die Frau, ihre Arbeitsstelle zu wechseln. Als der alte Arbeitgeber im Hause erschien, um wegen der Kündigung Rückfrage zu halten, begegnete ihm M. mit mißtrauischer Eifersucht und wurde aggressiv. Kurz vor Mittag des nächsten Tages erschien eine Frau, um Eier zu verkaufen. M. „bemerkte", daß sie mit seiner Ehefrau getuschelt und ihr eine Waffe zugesteckt habe. Seine Frau konnte ihn vom Gegenteil nicht überzeugen; es kam zum Streit, in dem M. zum Messer griff und ihr die tödlichen Verletzungen beibrachte.

Die dem eigenen Material entnommenen Fälle zeigen also deutlich: Die unheimlichen Gesetze der schizophrenen Tötung entspringen aus der tiefen „Irrationalität" des psychotischen Prozesses[36].

Die „Fremdheit" ihrer Handlung ist den Tätern häufig selbst bewußt: Sie können die Tat begangen als auch nicht begangen haben, erklären als auch nicht erklären (vgl. Fall 15), ein Widerspruch, der der Fähigkeit des Schizophrenen entspringt, sich zur Tat gleichzeitig mit der prämorbiden und mit der psychotischen Persönlichkeit zu beziehen[37]. Daher zeichnet sich im ganzen die schizophrene Tötung aus durch

---

[36] Vgl. *Schipkowensky* II S. 168.

[37] Vgl. dazu *Schipkowensky* II S. 122.

uneinfühlbare, unbegreifliche Motivation, Nichtigkeit der Anlässe, Grausamkeit und bizarre Ausführung, nicht selten mit Wohlbefinden des Täters nach der Tat und einer psychopathologischen Ambivalenz zwischen Selbstmord und Mord[38].

Wenn bereits früher von einem inneren Zusammenhang zwischen den Tötungen und den aggressiven Handlungen schizophrener Täter gesprochen wurde, so bestätigt sich diese Vermutung jetzt in dem Sinne, als für beide Verhaltensweisen ein ähnlicher psychopathologischer Hintergrund zu beobachten ist. Dazu die folgenden 2 Fälle:

Fall Nr. 17

(Aktz. StA beim LG Flensburg 8 KMs 1/59)

Arno K. wurde 1914 geboren. Er schloß die Oberschule mit dem Abitur ab, machte eine Kaufmannsgehilfenprüfung und wurde Bankangestellter, nach 1945 Neulehrer in Dresden. 1954 flüchtete er aus der SBZ in die BRD und war bis 1955 beim Bankverein für die BRD beschäftigt. Seit 1955 wurde er unstet, wechselte häufig seine Arbeitsstelle und verfiel der Verwahrlosung.

Im Okt. 1958 suchte K. einen ihm bekannten Arzt in Wyk auf Föhr auf. Nach kurzem Gespräch schlug er unvermittelt mit den Worten: „Was haben Sie mit Ihrer Frau gemacht?" — mit einem Dosenöffner auf den Arzt ein, der erheblich verletzt wurde. Bevor K. von der alarmierten Polizei festgenommen wurde, erklärte er der Ehefrau des Opfers: „Ich wollte Ihnen nur helfen."

Wegen dieser Tat wurde der nicht vobestrafte K. n. §§ 223, 223 a, 303, 51 I, 42 b StGB, § 429 a StPO in eine Anstalt eingewiesen.

Der psychiatrische Sachverständige fand eine etwa 1955 manifest gewordene Schizophrenie, paranoid-halluzinatorische Form mit Halluzinationen, abnormen Körpersensationen, Beziehungs-, Beeinträchtigungs- und Verfolgungswahn, sowie mit Tendenz zu unberechenbaren „Abwehr"- und Impulshandlungen. Die Exploration des Patienten ergab folgendes Bild:

K. fühlte sich schon in der SBZ beeinträchtigt und politisch verfolgt, sowohl im privaten als auch beruflichen Bereich. Auch in der BRD werde ihm nachspioniert, politische Differenzen auf seinem Rücken ausgetragen. Man habe seine Gedanken beeinflußt, dadurch könne er nicht arbeiten. Zeitweilig verspüre er einen Drang, aus dem Fenster zu springen. Wegen der Verfolgungen sei er seit 1956 arbeitslos und habe mehrfach die Wohnung gewechselt. Hier, auf Föhr, dürfe man nur 2 Monate an einem Ort wohnen, sonst stehe man unter Vormundschaft. Aus Furcht vor Wasseradern, Feuchtigkeits- und Erdstrahlen, von denen eine geheimnisvolle Kraft ausgehe, habe er mehrmals sein Bett umstellen müssen. Bei seiner Mutter hatte K. Gift im Essen „festgestellt", das sie im Auftrag anderer hineingetan hätte. Eine Reihe ihm unbekannter Leute würden ihn bevormunden, andere belästigen und verfolgen. Aus diesem Grunde meide er jeden Kontakt mit anderen Menschen. K. berichtet ferner von Immunisierungs-

---

[38] Vgl. *Schipkowensky* II S. 182.

versuchen mit Thallium und anderen Grobinfektionsmitteln, da v. a. die Ärzte versucht hätten, ihn „drogenmäßig zu unterminieren“.

K. erschien äußerlich hilfsbereit, zurückhaltend, unauffällig, initiativlahm und bei Schilderung seiner Wahnideen sogar affektlos. Zunächst wußte er nichts von seiner Tat, dann beklagte er sich, daß der Arzt ihm nicht die Hand geben wollte. Schließlich meinte er, daß von den Ärzten eine Gefahr ausgehe, vor der man sich in acht nehmen müsse.

Das Verhältnis Psychose-Tat erschien verworren, kaum einfühlbar. Alles deutet darauf hin, daß er den verletzten Arzt in sein Wahnsystem einbezogen hatte.

Fall Nr. 18

(Aktz. StA beim LG Lübeck 8 Ms 52/58)

Horst Z., ohne festen Wohnsitz, zwischen 1957 und 1958 mehrfach vorbestraft wegen Diebstahls, Betruges, Hausfriedensbruchs, Bettelei und Landstreicherei, wurde 1928 geboren. Er absolvierte die Volksschule und schloß eine Klempnerlehre ab. Nach 1953 arbeitete er v. a. beim Bau und im Hafen.

1956 begab er sich zur Beobachtung in eine psychiatrische Klinik. Nach seiner Entlassung wurde er unstet. Die 1956 manifest gewordene Schizophrenie wurde in den Strafverfahren der Jahre 1957/58 nicht entdeckt.

Als Z. Mitte 1958 wegen Verdachts eines Fahrraddiebstahls in U-Haft genommen wurde, begann er eines Tages, die Zelleneinrichtung zu zertrümmern und sich gegen die Gefängnisbeamten massiv zur Wehr zu setzen.

Wegen dieser Handlungen wurde Z. n. §§ 303, 113, 223, 51 I, 42 b StGB in eine Anstalt eingewiesen.

Die psychiatrische Untersuchung ergab eine auf eine leichte Debilität aufgepfropfte, etwa 1956 manifest gewordene Schizophrenie, paranoid-halluzinatorische Form mit Klopf-Zeichen-Halluzinationen, politischem Beziehungs-, Verfolgungs- und Prophetenwahn, eigenartigen sexuellen Wahnvorstellungen, bizarren Handlungen.

Bei der Exploration zeigte sich bei Z. eine reichhaltige schizophrene Symptomatik: Bereits 1956 hatte Z. zuweilen Leute auf der Straße sexuell belästigt. In der U-Haft verhielt er sich zunächst kontaktarm und autistisch, klagte zuweilen über „Geräteeinwirkung von auswärts“. Plötzlich jedoch habe Z. bemerkt, daß eine Person im Raum sein müsse, die ihn ärgern wolle. Auch das Essen sei vergiftet. Außerdem seien die Gefängnisbeamten verkleidete Männer, die ihn verschleppen wollten. Geheimnisvolle politische Dinge gingen vor sich: Gewisse Russen und Amerikaner nähmen mit in die Ferne wirkenden Geräten auf ihn Einfluß. Er spüre das an stechenden Schmerzen oder mehr oder weniger starken Klopfzeichen, die aus der Nähe der Heizung kämen.

Z. behauptete ferner, der Bundeskanzler Adenauer befinde sich in seinem Daumen, und es bestünde so zwischen ihm und dem Kanzler eine ständige politische, „geistige Wechselbeziehung“. Er habe außerdem bestimmte Geheimaufträge, er müsse sich eine Pistole beschaffen und nach Bonn fahren. Z. erklärte, Metallteile seien ihm durch die Regierung einverleibt worden, er werde von Mikrophonen und vom Fernsehen beobachtet. Jemand bewege sein Auge. Schließlich hielt sich Z. für einen Arbeiterführer, glaubte einen

Zwang zu verspüren, einen Menschen zu töten, damit man ihn zwecks Experimente ins Gefängnis bringen könnte. Möglich sei auch, daß er den Befehl zum Selbstmord erhalten werde.

Auch sexuelle Wahnvorstellungen traten bei Z. zutage: Die Fernwirkung seiner Onanie sei in der Lage, Sperma über Kontinente zu übertragen. Außerdem legte sich Z. häufig auf die Bettkante in der Annahme, eine ihm vom Klinikaufenthalt bekannte Schwester werde sich zu ihm legen.

Beide Fälle zeigen, daß es eine Frage der Nuancierung oder des Zufalls ist, ob das kriminelle Verhalten zu einer aggressiven Handlung oder zu einer Tötung ausartet.

In welch massiver Weise Wahnstimmungen oder Halluzinationen das Verhalten schizophrener Täter bestimmen, sei abschließend noch an Hand zweier Fälle demonstriert, die in den Bereich der — allerdings für schizophrene Kriminelle zahlenmäßig seltenen — Eigentums- und Vermögensdelikte und der Brandstiftung gehören.

Fall Nr. 19.

(Aktz. StA beim LG Kiel 8 VRs 18/61)

Alfred R., staatenlos, ledig, ohne festen Wohnsitz, unter Verkennung seiner Geisteskrankheit 1958—1961 mehrfach vorbestraft wegen Diebstahls, Mundraubes, Hausfriedensbruchs, Sachbeschädigung, Landstreicherei, Bettelei, §§ 1, 2, 11 PaßG und § 13 Aus.-Pol. VO, wurde 1932 geboren. Er verließ die Volksschule ohne Abschluß. Einen Beruf hat er nicht erlernt. Nach eigenen Angaben sei er Schriftsteller. Bis zu seiner Einweisung zog R, in Europa planlos umher, arbeitete gelegentlich, ist mehrfacher Flüchtling aus Polen und der SBZ.

1961 benutzte er die Bahn Ulzburg-Kaltenkirchen ohne Fahrausweis, weswegen er n. §§ 265 a, 361 Ziff. 3, 51 I, 42 b StGB in eine Anstalt eingewiesen wurde.

Die psychiatrische Untersuchung ergab eine auf Debilität aufgepfropfte etwa 1958 manifest gewordene Schizophrenie, paraphrene Form mit Zerfahrenheit, Größenwahn ohne Verfolgungsideen, wenigen, vereinzelten Halluzinationen. Daneben bestand Erregbarkeit, Mißtrauen, mürrische Verstimmtheit, Willens- und Haltlosigkeit ohne Aggressivität.

Die Exploration des kaum zu fixierenden Patienten stieß auf Schwierigkeiten, da wegen der örtlich, zeitlich und sachlich mangelhaften Orientierung, des stark gelittenen Gedächtnisses und der nicht einfühlbaren Logik eine zielgerichtete Unterhaltung nicht möglich war. Der Angeklagte trug langes Haar nach der Art eines Propheten, ließ sich aber körperlich nicht untersuchen mit der Begründung, Geister schützten ihn vor Krankheit, außerdem besitze er weder Herz noch Lunge. Aus dem regelrechten „Wahnchaos" des R. ergab sich etwa folgendes Bild:

Der Patient stamme von den Römern ab, jedoch sei seine Vergangenheit in Dunkel gehüllt. Er kenne alle Sprachen der Erde und wisse, daß das Papiergeld den 3. Weltkrieg herbeiführen werde.

R. hält sich für einen Zigeunerkönig. Aus Sudeten, Oberschlesien und Westpommern müßte ein Zigeunerkönigreich gegründet werden. Nach einem

Testament stehe ihm persönlich ein Anspruch auf das Fürstentum Monaco zu. Außerdem besitze er übersinnliche Kräfte, könne Menschen vom Tode auferwecken. Dr. Schiwago sei keine Romanfigur, sondern einer seiner Bekannten. Die Heilanstalt Landsberg/Warthe sei aufgrund seiner übersinnlichen Kräfte vom Erdboden verschwunden. Ihn persönlich schützten eine Reihe von Geistern, die ihm Befehle erteilten, über die er aber nicht sprechen dürfte. Auf der Suche nach seinem Zigeunerstamm sei er von einer Grenze zur anderen abgeschoben worden. Deswegen wolle er jetzt endgültig nach Polen, wo der Stamm z. Z. lebe. Das Geld dazu besitze er, es läge im Erdmittelpunkt und sei nur für ihn erreichbar. Indessen sei er als Angehöriger der „Schnellen Tausend" an keine menschlichen Rechtsvorschriften gebunden und fahre daher auf allen Verkehrsmitteln kostenlos. Befragt, was das sei, erklärte R., das sei sein Geheimnis.

Fall Nr. 20

(Aktz. StA beim LG Itzehoe 3 Ls 13/57)

Walter A. wurde 1902 geboren. Nach dem Besuch der Volksschule arbeitete er in der Landwirtschaft. Bis 1955 galt er als guter Ehemann, ruhig, arbeitsam, friedfertig und unauffällig. Danach kam es zu gelegentlichen Tobsuchtsanfällen und Gewalttätigkeiten gegenüber seiner Ehefrau, die deswegen Scheidungsklage einreichte.

1958 steckte er bei einem Fußmarsch in Richtung Hamburg ein Waldstück in Brand, weswegen er n. §§ 308, 51 I, 42 b StGB in eine Heilanstalt eingewiesen wurde.

Der psychiatrische Sachverständige diagnostizierte eine 1953 manifest gewordene Schizophrenie, paranoid-halluzinatorische Form mit wahnhaften Verfolgungs- und Eifersuchtsideen und unberechenbarer Affektivität.

Die Exploration des A. ergab folgendes: A. fühlte sich hypnotisiert, auch von seiner Frau bedroht, die sein Essen vergifte. Der „Fernhypnotiseur", den er, wenn er rauskomme, zur Verantwortung ziehen werde, habe ihm auf dem Weg nach Hamburg den Befehl zur Brandstiftung erteilt. Dagegen habe A. befehlswidrig nicht ein Wohnhaus, sondern nur ein Waldstück angezündet. Außerdem habe der Hypnotiseur, der auch hinter seiner Ehescheidung stehe, veranlaßt, daß ihm unterwegs falsche Wegauskunft gegeben wurde.

In der U-Haft fühlte sich A. durch eine Zimmerantenne beeinflußt: „Das Kommando Lotosblüte steckt dahinter."

Es ist eine kaum einfühlbare, unheimliche, bizarre Welt, die sich vielfach erst durch das kriminelle Verhalten des Schizophrenen dem Außenstehenden öffnet, nicht zuletzt deswegen, weil man in ihr oft gleichzeitig der prämorbiden wie der psychotischen Persönlichkeit begegnet, die nicht selten miteinander zu ringen und die Dinge und das Verhalten auf ihre Weise zu erklären scheinen. Daher rührt die eigenartige Irrationalität, die Unberechenbarkeit und schließlich die Gefährlichkeit dieser Kranken. Sie bindet weder die Logik noch die menschliche Rechtsordnung und ihre durch mangelhafte Bewußtseinsstraffung pathologisch bedingte pseudotraumhafte Erlebnisweise läßt sie mit der

Realität in jenen Widerspruch geraten, der dem normalpsychologisch Beurteilenden so oft ein Rätsel bleibt.

2. *Zyklothymie*

Dagegen ist die Zyklothymie[39] eine endogene Gemüts- oder Temperamentskrankheit, deren Affektsyndrome dem psychisch Gesunden verwandter, daher nacherlebbarer sind als die zum Teil fremd erscheinende schizophrene Symptomatik[40].

a) Symptomatologie

Die Krankheit entsteht von innen heraus, also endogen, ohne äußeren Anlaß oder körperliches Grundleiden — wenn auch Krisenzeiten (Kindheit, Pubertät, Postpubertät, Wochenbett, Klimakterium, Senium) zuweilen von reaktiver Bedeutung sind[41]. Die Zyklothymie ist gekennzeichnet durch 3 Symptombilder: Die Depression, die Manie und die Mischzustände, die entweder für sich allein oder miteinander abwechselnd in Wochen bis Monate dauernden Phasen oder zirkulär verlaufen[42].

Die *Melancholie* wird beherrscht durch grundlose, „vitale" Traurigkeit, trostlose Verzweiflung, Hoffnungs- und Mutlosigkeit, Hemmungen des Denkens und der Motorik, Versündigungsideen bis zum „Kleinheitswahn" und schließlich von „wesenlosen" Angstgefühlen. Das Erlöschen des Trieblebens mit Umkehr des Selbsterhaltungstriebs zum Selbstmorddrang führt zu den für die Depression geradezu typischen, nicht selten raptusartigen Suicidhandlungen[43]. Dagegen ist die *Manie* gekennzeichnet durch eine exaltive, erregt-heitere Stimmung, bis zum Größenwahn krankhaft erhöhtem Selbstgefühl, Ideenflucht, allgemeine Enthemmung, Beschäftigungs- und Bewegungsdrang, Besserwisserei, Überschätzung der eigenen Fähigkeiten, sinnlose Verwirtschaftung des Vermögens, chaotische Unordnung, übermäßiger Alkoholgenuß, Neigung zum Lärmen, zu Unfug, Krakeelen, sexuellen Entgleisungen, Taktlosigkeiten bis zu Zusammenstößen mit der Umgebung, obgleich die Kranken sonst gutmütig sind und nicht zu groben Gewalttätigkeiten neigen[44].

---

[39] V. a. *Schneider* I S. 7 hat darauf aufmerksam gemacht, daß die Bezeichnung „manisch-depressives Irresein" unsachlich erscheint, denn — da Intellekt und Persönlichkeit intakt bleiben — sind die Patienten wohl gemütskrank, aber nicht „irre". Vgl. auch *Hoff* I S. 375; *Ewald* S. 348, 358; *Langelüddeke* S. 379.

[40] Vgl. *Lemke* S. 328; *Ewald* S. 348.

[41] Vgl. dazu *Hoff* I S. 376; *Lemke* S. 332; und zum Erbgang: *Ewald* S. 349; *Weitbrecht* in Psych. d. Geg. Bd. II S. 102 ff.; *Langelüddeke* S. 379.

[42] Vgl. dazu *Ewald* S. 352; *Langelüddeke* S. 380.

[43] Vgl. dazu *Ewald* S. 353—356; *Lemke* S. 329—331; *Langelüddeke* S. 380; *Hoff* I S. 392—404.

[44] Vgl. dazu *Ewald* S. 356—358; *Lemke* S. 328—329; *Bleuler* S. 325; *Langelüddeke* S. 381; *Hoff* I S. 388—389.

b) Kriminalität

Die Kriminalität der Zyklothymen ist gering, einmal, weil die Erkrankung öfter bei Frauen auftritt als bei Männern und zweitens, weil depressive Phasen um mehrfaches häufiger vorkommen als manische[45].

Dabei treten die Depressiven, abgesehen von den sehr seltenen Fällen des erweiterten Selbstmordes, forensich so gut wie nie in Erscheinung[46]. Häufiger dagegen ist bei manischen Kranken ein Verhalten zu beobachten, daß das Maß des bloßen Unfugs überschreitet und kriminell wird:

Eigentums- und Vermögensdelikte (v. a. Betrug infolge der Fähigkeit zu täuschen und zu blenden), Sittlichkeitsdelikte, meist wenig intensive aggressive Handlungen (nicht selten mit querulatorischem Hintergrund) sind die Folge[47]. Von den lediglich 3 manischen Tätern des eigenen Materials (Depressive waren nicht vorhanden) wurden begangen:

Eine Brandstiftung, eine Beleidigung (taktlose Annäherungsversuche an junge Mädchen) und eine aggressive Handlung. Der letzte der Fälle erschien typisch, so daß er hier wiedergegeben wird.

Fall Nr. 21

(Aktz. StA beim LG Kiel 8 KMs 1/56)

Jasper M., 1949 und 1954 unter Verkennung seiner Geisteskrankheit wegen mehrfacher Beleidigung vorbestraft, wurde 1884 geboren. Die Familie war psychotisch belastet. M. schloß die Oberrealschule mit dem Abitur ab und zeigte eine gute berufliche Entwicklung bis zum Zollamtmann.

Seit 1942 zeigten sich bei ihm eine Reihe von Absonderlichkeiten.

1949 beschuldigte M. ohne Grund seine Nachbarin, ihren Bauernhof nicht richtig führen zu können und drang auch nachts in ihr Schlafzimmer ein. In einem anderen Falle blätterte er unbefugt in verschiedenen Anwaltsakten.

1952 drang M., nur mit durchsichtiger Netzunterhose bekleidet, in eine Nachbarwohnung ein, um mit den Kindern um 5.30 Uhr „Tautreten“ zu gehen.

1953 verursachte er ruhestörenden Lärm in seiner Untermieterwohnung durch nächtliches Klavierspielen. Bei Aufforderung zur Ruhe spuckte er seiner Vermieterin ins Gesicht und machte ihr unsittliche Anträge. Später brach er die verschlossene Küchentür auf und brachte eine zweifelhafte Frau ins Haus.

---

[45] Vgl. zum Ganzen: *Weitbrecht* in Psych. d. Geg. Bd. II S. 79, 93 ff.; *Langelüddeke* S. 381, 382; *Lemke* S. 333, 334, *Bleuler* S. 334.

[46] Vgl. dazu v. a. *Lemke* S. 337; *Langelüddeke* S. 382.

[47] Vgl. dazu *Langelüddeke* S. 383; *Lemke* S. 337.

1954 verursachte M. zweimal falschen Feuerwehralarm, trommelte nachts gegen die Fenster, inszenierte groben Unfug und Lärm. Außerdem band er einer Katze einen Karton an den Schwanz und jagte sie durch die Straßen.

Ferner inserierte er als Autovermietung, ohne die dazugehörenden Wagen zu besitzen. In seiner Dienststelle erschien er herrschsüchtig, unkameradschaftlich und unzuverlässig und wurde vorzeitig in den Ruhestand versetzt. Schließlich nahm M. einen in seinem Garten spielenden 9jährigen Jungen fest, schlug ihn und sperrte ihn „zwecks Feststellung seiner Personalien" in seinen Pkw.

1954/55 drang M. trotz Verbot und Protest in die Wohnung eines Bekannten ein.

Während einer Zeugenvernehmung in einem Prozeß steckte er sich eine Zigarre an und kommentierte die Ordnungsstrafe damit, daß er sich über den Richter „wegen Weltfremdheit" beschweren werde. Wegen grob verkehrswidrigen Verhaltens wurde M. die Fahrerlaubnis entzogen. 1955 machte er eine 7stündige „Probefahrt" mit einem fremden Moped und begegnete den Vorhaltungen des Eigentümers mit Beschimpfungen. In dem gegen ihn eingeleiteten Verfahren lehnte er sämtliche Richter „wegen Befangenheit" ab.

1956 nahm M. eine Person unter Androhung von Prügeln „wegen Diebstahls" fest, obgleich der Betroffene unschuldig war.

Im gleichen Jahr verlobte er sich im Alter von 72 Jahren mit einer Witwe.

Die Verlobte gibt an, M. sei gegen sie aggressiv gewesen, habe in ihrer Wohnung gepfiffen und gesungen, sei barfuß und im Schlafanzug auf die Straße gegangen, habe getobt und einen Baum umgesägt. M. sei auch mehrfach gegen ihren Willen in ihre Wohnung eingedrungen, habe Fenster zerschlagen, ihr um 3.00 Uhr morgens Blumen ins Gesicht geworfen als sie im Bett lag und dann ihre Freundin, die in der gleichen Wohnung schlief, unsittlich belästigt. Schließlich habe M. ihr eines Tages einen Krankenwagen bestellt, obgleich sie gar nicht krank gewesen sei.

Wegen der Vorfälle aus den Jahren 1955 und 1956 wurde M. n. §§ 248 b, 185, 223, 240, 241, 51 I, 42 b StGB, § 429 a StPO in eine Heilanstalt eingewiesen.

Der psychiatrische Sachverständige stellte neben einer beginnenden Arteriosklerose eine etwa 1942 manifest gewordene Zyklothymie mit vorwiegend manischen Phasen fest. Bei M. handele es sich um eine allgemein enthemmte, zu gereizten Erregungszuständen, Querulieren, aggressiven Handlungen und manischer Getriebenheit und Betriebsamkeit neigenden Persönlichkeit.

3. Genuine Epilepsie

Auf der Grenze zwischen den endogenen und exogenen Geistesstörungen liegt die genuine Epilepsie.

a) Symptomatologie

Ätiologisch gilt sie als Erbkrankheit, pathologisch-anatomisch finden sich jedoch in der Hirnstromkurve des EEG paroxysmale Dysrhythmien mit Krampfpotentialen in Form großer langsamer Wellen als Folge einer allgemeinen oder herdförmigen cerebralen Regulationsstörung mit krankhafter elektrischer Entladungstendenz[48]. Die Manifestation erfolgt in der Pubertät bis etwa Ende des 30. Lebensjahres, selten später[49].

Forensisch ist das Hauptsymptom der Epilepsie, der ca. 1—2 Minuten dauernde generalisierende *Krampfanfall*[50], ohne größeres Interesse, da die dabei vorhandene totale Bewußtlosigkeit mit nachfolgender Amnesie praktisch schon das Handeln im juristischen Sinne ausschließt[51]. Ähnliches gilt auch für die *Anfallsäquivalente:* Die Absencen (Sekunden dauernde Bewußtseinstrübung, Innehaltung jeder Bewegung, Geistesabwesenheit) und die kleinen sog. „Petitmal"-Anfälle (kurze Verwirrtheit, Zuckungen der Gesichtsmuskulatur, kein Hinschlagen auf den Boden)[52]. Viel bedeutsamer sind dagegen die *epileptischen Verstimmungs- und Dämmerzustände*, die entweder prodromal, anfallsäquivalent oder postparoxysmal auftreten und Stunden, Tage, seltener auch Wochen lang dauern, sowie die u. U. bis zur Verblödung reichenden *Persönlichkeitsveränderungen*, die bei fortschreitender Krankheit in Erscheinung treten[53].

Die Verstimmungen sind oft depressiv, mit Suicidneigung, häufiger jedoch zornmütig-gereizter Art mit poriomanen, dipsomanen Attacken, Tendenz zu brutalen Gewalttaten und Triebhandlungen[54].

Die Dämmerzustände werden beherrscht von traumhafter Benommenheit, Desorientierung, Verkennung von Personen und Situationen, deliranten, pseudohalluzinatorischen Erscheinungen, aber auch von Angst, ekstatitischen Visionen u. ä. Die Kranken wirken geistesabwesend, nicht ansprechbar, tätigen unsinnige Geschäfte, befremdliche Handlungen[55], aber auch explosive Trieb- und Gewalthandlungen[56]. Hinzu kommen außerdem die epileptischen Wesensveränderungen, die sich auszeichnen durch eine deutliche Abnahme der intellektuellen Funktionen, durch Schwung-, Phantasielosigkeit, die Kranken werden umständlich, pedantisch, schwerfällig, zähflüssig, neigen neben ihrer euphorischen Selbstzufriedenheit und feierlich-salbungsvollen Gehobenheit zu Zornausbrüchen und gereizt-explosiver Geladenheit[57].

---

[48] Vgl. dazu *Ewald* S. 406; *Lemke* S. 304, 313.

[49] Vgl. *Lemke* S. 314.

[50] Über die ausführliche Beschreibung des großen Krampfanfalls und seiner Aura, der tonischen und klonischen Phase vgl. *Langelüddeke* S. 360, 361; *Ewald* S. 408, 409; *Lemke* S. 305, 306; *Hoff* I S. 244—246.

[51] Vgl. *Langelüddeke* S. 365.

[52] Vgl. dazu *Lemke* S. 309, 310.

[53] Vgl. dazu *Ewald* S. 411; *Langelüddeke* S. 362, 365.

[54] Vgl. *Ewald* S. 411; *Lemke* S. 309; *Langelüddeke* S. 363.

[55] Vor einigen Jahren kuppelte in Kiel ein Epileptiker im Dämmerzustand einen Straßenbahnanhänger ab.

[56] Vgl. dazu *Lemke* S. 310, 311; *Ewald* S. 411, 412; *Langelüddeke* S. 363.

[57] Vgl. dazu *Langelüddeke* S. 363.

b) Kriminalität

Soweit Epileptiker kriminell werden, dominieren folglich primitive und grobschlächtige Handlungen: v. a. Gewalttaten, Sittlichkeitsdelikte, aber auch Eigentums- und Vermögensdelikte und Brandstiftungen[58].

Aus dem eigenen Material wurden insgesamt folgende 3 Fälle bekannt:

Epilepsie: (bei etwa ähnlicher Symptomatik nur ätiologisch gegliedert)	Zahl	Mit Strafe bedrohte Handlungen
Genuine Epilepsie:	1	§§ 211, 43
Symptomatische Epilepsie (Schädeltrauma) insgesamt:	2	
davon:	1	§§ 175 a Nr. 3; 176 I 3
	1	§ 223 b
Epilepsien insgesamt:	3	

Alle kriminellen Handlungen wurden in epileptischen Verstimmungszuständen begangen.

III. Alterspsychosen

1. *Symptomatologie*

Bei den ätiologisch[59] verschiedenen, aber symptomatisch verwandten *senilen Psychosen* handelt es sich um psychopathologische Zustandsbilder, die alle gewisse Ähnlichkeit mit den physiologischen Altersveränderungen aufweisen, wobei aber die Defekte weit tiefer und die Charakterzüge pathologisch abgewandelt erscheinen[60].

Forensisch wichtiger als die Ätiologie ist das allen Formen etwa gemeinsame Zustandsbild.

Bereits äußerlich findet sich nicht selten ein beginnender oder ausgeprägter Parkinsonismus (Zittern, gestörte Motorik, Verarmung aller Spontan- und Ausdrucksbewegung, die Kranken wirken automatenhaft wie eine

58 Vgl. *Langelüddeke* S. 365; *Hoff* I S. 254; *Lemke* S. 308; *Ewald* S. 412.

59 Über die etwa um das 70. Lebensjahr beginnende senile Demenz vgl. *Lemke* S. 289, 290; *Ewald* S. 458; *Langelüddeke* S. 324. Über die seltenen, etwa im 45.—65. Lebensjahr beginnenden präsenilen Psychosen (Alzheimersche und Picksche Hirnatrophie) vgl. *Ewald* S. 462, 463; *Lemke* S. 291, 292; *Langelüddeke* S. 327. Über die etwa im 40.—60. Lebensjahr beginnende Zerebralarteriosklerose vgl. *Langelüddeke* S. 325; *Lemke* S. 158; *Ewald* S. 457.

60 Vgl. *Hoff* I S. 134.

Puppe)[61]. Im emotionalen Bereich entwickelt sich eine allgemeine Affektverflachung und -labilität: Depressionen (auch mit Suicidtendenz), weinerliche Rührseligkeit wechseln mit hypochondrischen, mißtrauischen Ideen, Querulieren und Gereiztheit. Auf geistigem Gebiet machen sich grobe Desorientierung und Gedächtnisstörung, Verwirrtheit, das Korsakowsche Syndrom (Vergeßlichkeit, Konfabulation, Verwechslung), zuweilen Redseligkeit ohne auffallende Urteils- aber mit starker Merkstörung, kurz: erhebliche Ausfälle, bemerkbar. Hinzu kommen merkwürdige Drangzustände (Sammeltrieb, Beschäftigungs-, Rededrang) und v. a. eine allgemeine Enthemmung der zerfallenden Persönlichkeit[62]. Die Folge sind Verwahrlosung, Selbst- und Fremdgefährdung durch unvorsichtigen Umgang mit Energie und zuweilen auch asoziales Verhalten.

2. *Kriminalität*

Soweit Alterspsychotiker kriminell werden — und ihre forensische Bedeutung ist nicht unbeträchtlich — so äußert sich das v. a. in Sittlichkeitsdelikten, aber auch in Eigentums- und Vermögensdelikten, die auf den allgemeinen Persönlichkeitszerfall, eine grobe Enthemmung und Urteilsschwäche zurückzuführen sind[63]. Die 15 Fälle des eigenen Materials zeigten folgende Deliktsverteilung:

Von Alterspsychotikern begangene kriminelle Handlungen	absol. Zahlen		Prozent	
Sittlichkeitsdelikte insgesamt:	11		74 %	
dav.: mit Gewaltanwendung				
§§ 175 a Z. 1, 176 I 3, 223 StGB		1		7 %
ohne Gewaltanwendung				
§§ 175 a Z. 3, 176 I 3 StGB		3		20 %
§§ 176 I 3, 185 StGB		6		40 %
§§ 176 I 3, 174 Ziff. 1 StGB		1		7 %
Eigentums- und Vermögensdelikte:	4		26 %	
dav.: §§ 242, 243, 244 StGB		2		13 %
§§ 263, 264 StGB		2		13 %
Kriminelle Handlungen insgesamt:	15		100 %	

Die Sittlichkeitsdelikte können also für die kriminellen Alterspsychotiker als typisch gelten. Dabei zeichnen sie sich — und das unterscheidet sie grundsätzlich von denen der Schwachsinnigen — durch ausgesprochene „Schwächetatbestände" aus[64]: Unzucht mit Personen unter 14 Jahren, und zwar in aller Regel ohne Gewaltanwendung. Die Opfer waren überwiegend, nämlich zu 64 %, weiblichen und zu 36 %

---

[61] Vgl. dazu *Lemke* S. 290.

[62] Vgl. dazu *Langelüddeke* S. 324—327; *Lemke* S. 158, 290; *Bumke* S. 785 bis 798; *Ewald* S. 457—460.

[63] Vgl. dazu *Langelüddeke* S. 327, 329, 330 mit Lit.-Hinweisen; *Lemke* S. 158, 290; *Bumke* S. 799.

[64] So *Exner* S. 158.

männlichen Geschlechts. Bei den Jungen überwog ebenfalls das Alter unter 14 Jahren, nur in einem Falle war § 175 a Ziff. 3 bei Opfern zwischen dem 14. und 21. Lebensjahr gegeben.

Zu erklären sind diese Delikte durch die Abnahme der geschlechtlichen Leistungsfähigkeit, nicht selten verbunden mit dem Wiederaufflackern der schon erloschenen Libido[65]. Dabei versuchen die Kranken infolge ihrer pathologisch-dementen Urteilsschwäche und sittlichen Abstumpfung auch auf eine Weise der senilen Vereinsamung auszuweichen, die schließlich kriminell wird, indem sie Kontakt und auch erotische Beziehungen zu Personen aufnehmen, zu denen sie überhaupt noch Zugang finden, eben zu Kindern. Folgende 3 Fälle mögen als Beispiel dienen:

Fall Nr. 22

(Aktz. StA beim LG Flensburg 8 KLs 6/60)

Otto G., nicht vorbestraft, ledig, wurde 1879 als uneheliches Kind geboren. Er besuchte die Waisenschule und wurde als gelernter Landarbeiter beschäftigt. Später arbeitete er im Großhandel, zuletzt auf dem Friedhof. Als Rentner wurde er mit zunehmendem Alter absonderlich und nicht selten von Kindern gehänselt, mit denen er jedoch oft draußen oder in seiner Wohnung zusammen war.

Dabei kam es 1959 mit einem 8jährigen Mädchen aus dem Obdachlosenheim hinter dem Zaun des Hauses und später im nahen Wald zu manuellen unzüchtigen Handlungen, weswegen G. n. §§ 176 I 3, 51 I, 42 b StGB, § 429 a StPO in eine Anstalt eingewiesen wurde.

Der medizinische Sachverständige diagnostizierte eine etwa 1958 manifest gewordene Arteriosklerose mit seniler Demenz erheblichen Grades, Parkinsonismus und Tremor senilis. G. zeigte sich stumpf, apathisch, mit hochgradiger Merk-, Konzentrations- und Urteilsschwäche. Mit zerstörter ethischer Wertwelt und allgemeiner Willensschwäche war der Patient seiner trotz erloschenen Potenz aufflackernden Libido nicht mehr gewachsen.

Fall Nr. 23

(Aktz. StA beim LG Itzehoe 4 KLs 8/61)

Adam M., wegen unzüchtiger Handlungen an Kindern und Beleidigung vorbestraft, Ehefrau und Kinder vermißt, wurde 1885 in der Ukraine geboren. Nach normalem Volksschulbesuch lernte er Stellmacher. Seit 1957 neigte er zum Umgang mit Kindern des Barackenlagers, in dem er wohnte.

1961 zeigte sich M. in seiner Wohnung unbekleidet einem 12jährigen Jungen und einem 13jährigen Mädchen und veranlaßte beide, in seiner Gegenwart den Geschlechtsverkehr zu vollziehen, um sich selbst sexuell zu erregen.

M. wurde nach Verbüßung seiner Strafe n. §§ 176 I 3, 185, 51 II, 42 b in eine Anstalt eingewiesen.

---

[65] Vgl. *Langelüddeke* S. 330.

Laut medizinischem Gutachten bestand bei M. etwa seit 1958 neben einer Stirn- und Scheitelhirnatrophie eine Arteriosklerose mit Alkoholintoleranz, Verlust der Hemmungen auf ethisch-moralischem Gebiet und Tendenz zu sexuellen Entgleisungen.

Fall Nr. 24

(Aktz. StA beim LG Flensburg 5 b KLs 8/55)

Willi P., ledig, 1949 bestraft wegen § 259 StGB und Erwerbs bezugsbeschränkter Erzeugnisse ohne Bezugsschein, wurde 1897 geboren. In der Volksschule blieb er zweimal sitzen. Einen Beruf hat er nicht erlernt, sondern arbeitete in der Schlachterei des Vaters, später in der Landwirtschaft. Seit 1949 ist er arbeitslos.

Seit etwa dieser Zeit zeigten sich Vereinsamung, Tendenz zu übermäßigem Alkoholgenuß und insbesondere dann zu homosexueller Betätigung, ohne daß dies jedoch aufgefallen wäre.

In der Zeit von 1953—1955 veranlaßte er einen 20jährigen Hilfsarbeiter, einen 17jährigen und einen 15jährigen Lehrling, einen 16jährigen Landarbeiter und mehrere Schüler unter 14 Jahren, mit ihm, dem P., homosexuelle Handlungen verschiedenster Art vorzunehmen. Da P. den Jugendlichen dafür Geld und Süßigkeiten gab, boten sie sich z. T. sogar freiwillig dafür an.

Wegen dieser Taten wurde P. n. §§ 175, 175 a Ziff. 3, 176 I 3 in mehreren Fällen, §§ 51 I, 42 b StGB in eine Heilanstalt eingewiesen.

Der psychiatrische Sachverständige fand eine angeborene Debilität, zu der etwa seit 1953 eine Alzheimersche Hirnatrophie (Schläfen-, Scheitellappen, z. T. Stirnhirn) hinzugekommen war. In deren Folge zeigten sich bei P. Vereinsamung, Verwahrlosung, Verstimmung, Verfall der Persönlichkeit mit hochgradiger Merk-, Kritik- und Urteilsschwäche und hemmungslosem Nachgeben gegenüber Alkohol und v. a. seiner homosexuellen Veranlagung.

Neben den Sittlichkeitsdelikten treten dagegen die Eigentums- und Vermögensdelikte der Alterspsychotiker an Bedeutung weit zurück. Auch für sie dürften die pathologisch bedingte allgemeine Enthemmung, die Urteilsschwäche und der Zerfall der moralischen Werte von ursächlicher Bedeutung sein. Gewaltsame Wegnahmehandlungen kommen bezeichnenderweise nicht vor. Die Diebstähle erscheinen primitiv. Lediglich die Betrüger verfügen über eine gewisse, aber deutlich eingleisige Raffinesse. Abschließend seien folgende zwei Fälle angeführt:

Fall Nr. 25

(Aktz. StA beim LG Lübeck 8 Ls 17/60)

Robert Sch., ohne festen Wohnsitz, wegen Diebstahls, Bettelei und Landstreicherei mehrfach vorbestraft, vorübergehend ins Arbeitshaus eingewiesen, verwitwet, wurde 1902 geboren. Sch. besuchte die Hilfsschule, brachte eine Schiffsbauerlehre nicht zu Ende, arbeitete eine zeitlang auf der Werft und in der Landwirtschaft. Bereits mit jungen Jahren wurde er unstet, zeigte Scheu vor regelmäßiger Arbeit und einen Hang zu Eigentumsdelikten, weswegen er auch mehrfach bestraft wurde.

1960 stahl er — ohne selbst dafür ein vernünftiges Motiv zu wissen — aus einem Hauseingang einen Krankenfahrstuhl und trieb sich mit ihm fast die ganze Nacht in den Straßen herum.

Wegen dieser Tat wurde er n. §§ 242, 244, 51 I, 42 b StGB in eine Heilanstalt eingewiesen.

Der medizinische Sachverständige fand eine angeborene Debilität, zu der etwa seit 1956 eine Arteriosklerose mit beträchtlicher Niveausenkung der ohnehin primitiven Persönlichkeit hinzugekommen war. Sch. zeigte sich stumpf, arbeitsscheu, einsichts-, urteils-, sowie halt- und willensschwach, freisteigenden Einfällen und einem kleptomanen Hang wie ein Kind folgend.

Fall Nr. 26

(Aktz. StA beim LG Itzehoe 4 KLs 7/57)

Alfred W., ohne festen Wohnsitz, mehrfach vorbestraft wegen Diebstahls, Unterschlagung, Betruges und Urkundenfälschung, verwitwet, wurde 1886 geboren. W. entstammt geordneten Familienverhältnissen. Er besuchte die Oberschule bis Untersekunda, fuhr dann 4 Jahre zur See. Dabei erlitt er 1906 beim Erdbeben von San Francisco erhebliche Verletzungen und nahm zur Linderung der Schmerzen Morphium und Kokain. Nach Beendigung seiner abenteuerlichen Fahrten führte er Schreibmaschinenreparaturen aus. 1921 heiratete er seine Cousine, 1930 wurde er geschieden, 1933 heiratete er seine Frau wieder. Die Ehe war aber wenig harmonisch. 1953 verstarb seine Frau.

In der Zeit von 1955—1957 unterschlug W. in mehreren Fällen Schreibmaschinen, die ihm zur Reparatur ausgehändigt worden waren und verkaufte sie. Außerdem erschwindelte er sich, z. T. unter falschem Namen auftretend, Vorschußzahlungen und Darlehen, ohne den Gegenwert zu leisten bzw. sie zurückzuzahlen.

Wegen dieser Vorfälle wurde W. n. §§ 246, 74, 263, 264, 51 I, 42 b StGB, § 429 a StPO in eine Heilanstalt eingewiesen.

Der psychiatrische Sachverständige fand eine mit Hirnatrophie einhergehende Arteriosklerose sowie eine Hirnlues im Anfangsstadium. W. zeigte bei sicherem und gewandtem Auftreten, Fachkenntnissen und Beziehungen eine allerdings „eingleisige" Raffinesse, hinter der sich eine haltlos-willensschwache Persönlichkeit verbarg, mit der deutlichen Tendenz, infolge der arteriosklerotisch bedingten Urteilsschwäche und des moralischen Verfalls bei der geringsten Not aus der Bahn geworfen zu werden.

Daneben ist eine Neigung zu Betäubungsmitteln vorhanden, deren Beschaffung den W. zuweilen in wirtschaftliche Schwierigkeiten brachte.

IV. Exogene Psychosen

Unter den exogenen Geisteskrankheiten werden psychische Ausnahmezustände zusammengefaßt, die als Begleitsymptome bekannter körperlicher Krankheiten zu betrachten sind. Ihre forensische Bedeutung ist — zumindest auf Grund des eigenen Material — ausgesprochen gering (vgl. Tab. 11). Strafrechtlich wurden in erster Linie Eigentums- und Vermögensdelikte, zu einem weit geringeren Prozentsatz Sittlichkeitsdelikte und aggressive Handlungen beobachtet (vgl. Tab. 15 u. 16).

1. *Progressive Paralyse*

Von gewisser Bedeutung war dabei die progressive Paralyse, eine auf syphilitischer Infektion beruhende Geisteskrankheit, die mit Nachlassen des Gedächtnisses und der Merkfähigkeit, Störungen des Gefühlslebens, Vergröberung der Persönlichkeit, auffallender Taktlosigkeit, Kritiklosigkeit und moralischer Enthemmung einhergeht und meist in organischer Demenz endet[66]. Forensisch wurden bei den Paralytikern des eigenen Materials ausschließlich relativ primitive Abzahlungsbetrügereien in Zusammenhang mit Unterschlagung beobachtet[67].

2. *Traumatische Epilepsie*

Noch weniger bedeutungsvoll ist auf Grund des eigenen Materials die traumatische Epilepsie. Von lediglich zwei Tätern wurden Sittlichkeitsdelikte (§§ 175 a Nr. 3, 176 I 3), im anderen Falle eine Kindesmißhandlung begangen (vgl. S. 174. Über die Symptomatik vgl. S. 173).

3. *Sonstige Erkrankungen*

Dagegen sind psychotische Bilder auf der Grundlage einer Athetose double (§ 183 StGB) und einer Buergerschen Krankheit (§ 263 StGB) sowohl psychiatrisch als auch forensisch ausgesprochene Einzelfälle.

V. Suchten

Unter der Sucht ist ein „mehr oder weniger hemmungsloses Streben nach Befriedigung besonderer Wünsche, nach Erhöhung des Lebensgefühls“[68] unter Zuhilfenahme rauscherzeugender Medikamente zu verstehen. Die Erörterung beschränkt sich dabei auf Gifte, die durch eine eintretende Gewöhnung und eine dadurch bedingte Erhöhung der Dosis charakterisiert sind. Die Gewöhnung besteht darin, daß der Organismus bei regelmäßiger Zufuhr die Fähigkeit gewinnt, immer größere Mengen des Giftes anscheinend reaktionslos zu vertragen, weswegen zur

---

[66] Vgl. dazu *Langelüddeke* S. 313, *Ewald* S. 426; *Hoff* I S. 99.

[67] Vgl. auch *Langelüddeke* S. 317, der bei paralytischen Kriminellen v. a. Diebstähle und Sittlichkeitsdelikte fand.

[68] So *Langelüddeke* S. 348.

Erreichung des Rauschzustandes immer größere Einheiten verabreicht werden müssen. Bei Süchtigen handelt es sich vielfach um konstitutionell nervöse Menschen, v. a. aber um haltlose, willensschwache, stimmungslabile Psychopathen, die dazu neigen, in Lebenskonflikten schnell zu versagen[69] und dabei — meist aus beruflichen Gründen — in der Lage sind, sich rauscherzeugende Medikamente zu beschaffen.

Bei sämtlichen 11 kriminellen Süchtigen des eigenen Materials konnte eine halt- und willensschwache Psychopathie beobachtet werden.

Die Motive zur erstmaligen Einnahme von Rauschgiften zeigten dabei folgende Verteilung:

	absol. Zahlen	Prozent
Schmerzen verschiedener Art:	7	64 %
Berufliche Sorgen, Überarbeitung:	2	18 %
Familiäre Schwierigkeiten:	2	18 %
	11	100 %

Besonders gefährdet erschienen die Heilberufe[70]. Im eigenen Material fand sich folgende Berufsgliederung:

	absol. Zahlen	Prozent
Ungelernte Krankenhaushilfe	1	9 %
Maurer	1	9 %
Ingenieur	1	9 %
Sprechstundenhilfe, Schwester	2	18 %
Arzt	6	55 %
	11	100 %

Außerdem waren von den insgesamt 11 süchtigen Tätern allein 4 weiblichen Geschlechts; die Beteiligung der Frau ist folglich mit 36 % der Gruppe ausgesprochen hoch[71].

Die Wirkungen des Rauschgift- und Medikamentenmißbrauchs zeigen sich auf physischem wie psychischem Gebiet.

Körperlich sind enge Pupillen, Durchblutungsstörungen, Ausmergelung, Appetitmangel, schlaffe trockene Haut, Tremor, Ohnmachtsanfälle und die charakteristischen Entziehungserscheinungen: krisenhafte Unruhezustände, Herzklopfen, Schlaflosigkeit, Schwindel, Frieren, Schwitzen u. ä. zu beobachten[72]. Im psychischen Bereich finden sich im Rauschzustand gehobenes Lebens- und Glücksgefühl, Euphorie mit allgemeiner Enthemmung. Bei Absetzen des Mittels sind infolge der Gewöhnung, der Tendenz zur Mengensteigerung und der körperlichen Entziehungserscheinungen depressiv-ge-

---

69 Vgl. dazu *Langelüddeke* S. 348; *Ewald* S. 449; *Kolle* II S. 272.

70 Vgl. dazu *Langelüddeke* S. 349; *Lemke* S. 302; *Ewald* S. 451 u. *Kolle* II S. 273, 274, mit ausführlicher Darstellung über den Anteil der Heilberufe unter den Süchtigen.

71 Vgl. auch die Darstellung S. 83, 84.

72 Vgl. dazu *Langelüddeke* S. 350, 351; *Lemke* S. 301; *Ewald* S. 450.

reizte Stimmung, Schwerbesinnlichkeit, auch intellektuelles Versagen, Gemüts- und Willensstörungen (Verlust des Selbstwert- und Ehrgefühls), moralisches Abgleiten, durchaus die Regel. Unter Vernachlässigung des Berufs und der Familie engt sich das Interesse des Süchtigen auf die Erlangung des Rauschzustandes ein. Er wird zur Vermeidung der unangenehmen Entziehungserscheinungen geradezu getrieben, sich das Gift auf rücksichtslose Weise zu beschaffen, gleichgültig mit welchen Mitteln. Der physiologische Ausnahmezustand und die moralische Enthemmung führen zum Lügen, Betrügen, zum Diebstahl von Rezepten, Ampullen und Tabletten, zur Rezeptfälschung und regelmäßig zu Verstößen gegen das Opiumgesetz, also zu kriminellem Verhalten[73], das aber bei süchtigen Tätern bezeichnenderweise den Bereich der Eigentums- und Vermögensdelikte zwecks Giftbeschaffung nicht überschreitet.

Unter den verwendeten Rauschgiften scheint das Alkaloid des Opiums, das Morphium (speziell Pantopon) und seine Derivate (Eukodal, Dilaudid), von erheblicher Bedeutung zu sein[74]. Aber auch andere Betäubungsmittel, Barbiturate und Weckamine werden verabreicht.

An Hand des eigenen Materials wurden folgende rauscherzeugende Gifte beobachtet:

I. Opiumalkaloide und -präparate davon:	insg.:	5 Fälle
1. Morphium (rein)	2 Fälle	
2. Morphium-Atropin	1 Fall	
3. Morphium-Pantopon, Dilaudid	1 Fall	
4. Dilaudid-Atropin	1 Fall	
II. Sonstige Mittel: überwiegend Kombinationen von Morphiumderivaten, anderen Betäubungsmitteln, Stimulantia, Weckaminen davon:		
1. Polamidon	1 Fall	
2. Polamidon, Pervetin (Weck.)	1 Fall	
3. Eukodal, Dolantin, Polamidon, Dilaudid-Atropin, Morphium, Jetrium (ähnlich Polamidongruppe), Ticarda	2 Fälle	
4. Dromoran	1 Fall	
5. Ritalin (Weck.), Paracodin	1 Fall	

Innerhalb der 11 geprüften Fälle tauchten die o. a. Suchtmittel allein oder in Kombinationen insgesamt 26 mal auf. Dabei betrug:

der Anteil der Opiumgruppe: 10
der Anteil der sonstigen Mittel: 16

Aus der Gruppe der kriminellen Süchtigen seien folgende Beispiele angeführt:

---

[73] Vgl. dazu *Langelüddeke* S. 350; *Lemke* S. 301; *Ewald* S. 450; *Kolle* II S. 273, 274.

[74] Vgl. auch *Lemke* S. 301; *Langelüddeke* S. 350, 353.

Fall Nr. 27

(Aktz. StA beim LG Kiel 2 KMs 1/60)

Dr. med. Karl C., verheiratet, nicht vorbestraft, wurde 1916 geboren. Nach dem Universitätsbesuch promovierte er zum Dr. med. und eröffnete eine Praxis in der SBZ. 1956 wurde er wissenschaftlicher Mitarbeiter einer Kosmetikfirma in der BRD. Anschließend war er vorübergehend arbeitslos und übernahm Urlaubsvertretungen bei verschiedenen Ärzten in Schleswig-Holstein. Aus Enttäuschung über seine beruflichen Schwierigkeiten verabreichte er sich Ende 1956 Dilaudid-Atropin-Spritzen und steigerte die Dosis bis zu 8—10 Ampullen pro Tag.

1957 unternahm er eine freiwillige Entziehungskur. Danach folgte übermäßiger Alkoholgenuß, Einnahme von Preludin-Tabletten und schließlich spritzte C. seit 1960 wieder Dilaudid-Atropin. Die Ampullen verschaffte er sich durch auf Patienten ausgestellte Rezepte, die er selbst einlöste und die Medikamente für sich behielt. Deswegen wurde C. n. § 263 StGB, §§ 10 I, 8 OpG, § 6 Verschreibungs-VO, §§ 51 I, 42 b StGB, § 429 a StPO in eine Heilanstalt eingewiesen.

Der medizinische Sachverständige fand bei C. prämorbid eine weiche, haltlose, geltungsbedürftige, durchschnittlich intelligente Persönlichkeit mit heftigen Entziehungserscheinungen (Unruhe, Schlaflosigkeit, Angst) infolge Dilaudid-Atropin-Sucht.

Die Schuld für seine Süchtigkeit gab S. nicht seiner haltlosen Person, sondern den zerrütteten Familien-, Berufs- und Finanzverhältnissen — die jedoch als typische Folgen der Sucht gefunden wurden.

Fall Nr. 28

(Aktz. Z. StA beim LG Kiel 15 KMs 2/55)

Dr. med. Karl-Heinz L., verheiratet, wegen eines Verkehrsdelikts, § 218, 43 und Verletzung der Verschreibungs-VO vorbestraft, wurde 1920 geboren. Nach dem Medizinstudium eröffnete er eine Arztpraxis. Im II. Weltkrieg bekam er Morphiumspritzen gegen ein Magen-Leber-Gallen-Leiden.

Seit 1951 übernahm L. im Raum Kiel verschiedene Arztvertretungen und begann etwa 1953 wegen einer wirtschaftlichen und beruflichen Misere wiederum Morphium zu spritzen. Bis 1955 hatte er sich mittels Unterschlagung und Rezeptfälschung ca. 1300 Ampullen verschafft.

L. wurde n. §§ 246, 263 StGB, § 1, 8, 10 OpG, § 6, 9 Verschreibungs-VO, §§ 51 I, 42 b StGB in eine Anstalt eingewiesen.

Laut medizinischem Gutachten fand sich bei L. eine ausgeprägte Morphiumsucht mit heftigen Entziehungserscheinungen (Schwitzen, Tremor, Unruhe u. a.), Enthemmung, Verflachung des Gefühlslebens auf dem Boden einer willensschwachen und haltlosen Persönlichkeit.

Fall Nr. 29

(Aktz. StA beim LG Lübeck 17 KMs 3/57)

Edith H., verheiratet, nicht vorbestraft, 1927 geboren, war ungelernte Krankenhausgehilfin, nach ihrer Heirat 1947 Hausfrau.

1951—55 machte sie mehrere schwere Operationen durch und bekam Dromoran zur Schmerzlinderung. Seit 1955 ließ sie sich bei verschiedenen Ärzten, z. T. unter falschem Namen, auf private oder auf Kosten der AOK und unter Veränderung der Rezepte, weiter Dromoran verschreiben.

H. wurde n. §§ 263, 267 StGB, §§ 1, 3, 10 OpG, §§ 51 I, 42 b StGB, § 429 a StPO in eine Anstalt eingewiesen.

Der psychiatrische Sachverständige fand eine Dromoran-Betäubungsmittelsucht mit Entziehungserscheinungen auf dem Boden einer leichten Psychopathie.

Schlußwort

An Materialien räumlich und zeitlich begrenzt, kam der vorangegangenen Untersuchung in erster Linie eine methodische Aufgabe zu.

Darüber hinaus hat sich immerhin folgendes gezeigt:

Soweit Geisteskranke interniert werden müssen, ist die Einweisung nach Landesrecht zumindest statistisch von viel größerer Wichtigkeit als die Unterbringung nach den §§ 42 b, 51 StGB, § 429 a StPO, — und zwar auf Grund von Tatbeständen, die eingreifen, bevor die Psychotiker mit Strafe bedrohte Handlungen begehen. Wie ihre Kriminalität aussehen würde, wenn die landesrechtlichen Einweisungsgesetze nicht vorhanden wären, läßt sich allerdings nicht sagen.

Der überaus größte Teil der Psychotiker ist trotz Krankheitssymptomatik imstande, zumindest im strafrechtlichen Sinne sozial unauffällig zu bleiben, obgleich allein die starke Selbstmordtendenz der Geisteskranken zeigt, in welch hohem Maße sich die Kranken mit sich und ihrer Umwelt in Schwierigkeiten befinden. Also bedeutet Geisteskrankheit keineswegs eine erhöhte Tendenz zu Kriminalität und Asozialität[1]. Und selbst dort, wo Geisteskranke kriminell werden, bilden sie täterphänomenologisch keinen eigenen Typ, sondern die krankhafte Variante eines oder mehrerer kriminologischer Haupttypen. Krankhaft und andersartig deswegen, weil die kriminogene Wirkung der Umwelt *objektiv* auf ein Minimum reduziert erscheint und lediglich *subjektiv* von der pathologischen Psyche des psychotischen Delinquenten falsch beurteilt oder gedeutet wird. Die Tat des Geisteskranken entspringt nach Motivation und Durchführung seiner Krankheit, erhält Grund, Sinn und Verständlichkeit in dem Maße, wie man sich in sein Krankheitsbild hineinfühlen kann[2]. Sie ist symptomatisch für die Psychose, auf deren Boden sie entsteht und das letzte Glied in der Kette des Zwiespalts, in dem sich der Kranke mit sich und seiner Umwelt infolge eines Zustandes befindet, der entweder durch einen Verstandes- oder einen Willensmangel oder durch beides bedingt sein kann[3].

---

1 Vgl. dazu noch *Hoff* III S. 27; *Mayer* S. 158.

2 Vgl. dazu *Wyrsch* S. 78, 79.

3 Vgl. dazu noch *Bleuler* S. 432.

Schließlich aber erscheint die Kriminalität des Geisteskranken häufig nicht als Ergebnis verbrecherischer Energie im Sinne einer bewußten und gewollten Auflehnung gegen die Rechtsordnung, sondern sie ist oft — etwa beim Schwachsinnigen — das Ergebnis mangelnder Einsichts- und Urteilsfähigkeit in tatsächliche Vorgänge oder rechtliche Anforderungen einer für ihn viel zu komplizierten Gesellschaftsordnung oder etwa das Ergebnis eines Rechtfertigungswillens in der „Notwehrsituation" des paranoid Schizophrenen, der nicht die Rechtsordnung verletzen will, sondern glaubt, sich gegen seine Verfolger verteidigen zu dürfen. Oft mögen die Kranken nicht das Böse wollen, und dennoch gelingt es ihnen nicht, es zu vermeiden, teils weil die psychotische Symptomatik zu mächtig ist, teils aber auch, weil die Umwelt, sei es aus Unwissenheit oder Gleichgültigkeit, ihnen falsch begegnet und sie mißtrauisch und böse macht.

Anhang

Übersicht I

Absolute Zahl der Geisteskranken in Schleswig-Holstein nach Erhebungen des Statistischen Landesamtes und des Sozialministeriums

Jahr	Bevölkerungszahl in Schleswig-Holstein	Zahl der belegten Betten a	b	c	in Familienpflege	Zahl der Geisteskranken insgesamt
1956	2.252.691	4.168	1.659	927	210	6.964
1957	2.258.094	4.291	1.925	889	236	7.341
1958	2.268.655	4.308	2.077	893	220	7.498
1959	2.284.390	4.333	2.216	819	257	7.625
1960	2.299.252	4.437	2.260	1.068	299	8.064
1961	2.317.441	4.392	2.234	1.021	284	7.931
1962	2.341.212	5.801	1.138	konnten nicht ermittelt werden		
1963	2.363.894	5.887	1.181	konnten nicht ermittelt werden		

Zeichenerklärung: a = Kranken- und Heilanstalten für Geisteskranke (insg. fünf, seit 1962 sechs Anstalten); b = Allg. Krankenhäuser mit Abt. für Geisteskranke (schwankende Zahl zwischen 107 u. 127); c = Kommunalheime d. Land- und Stadtkreise, bei denen ebenso wie im Falle der Familienpflege das Land Kostenträger ist.

Übersicht II

Bevölkerungsangaben für Schleswig-Holstein

Zeitliche Bevölkerungs- und Kriminalitätsbewegung (absolute Zahlen)

Jahr	Gesamtbevölkerung Jahresdurchschnitt	Strafmündige Bevölkerung nach Jahren: insg.	davon 14—18	davon 18—21	davon 21 u. m.	davon wegen einer Straftat verurteilt nach: insg.	davon Allg. Strafrecht	davon Heranw.	davon JGG	davon Heranw.
1956	2 252 691	1 810 096	181 010	120 449	1 508 637	16 570	14 081	1 086	2 489	1 135
1957	2 258 094	1 816 521	168 868	125 431	1 522 222	18 940	15 964	1 179	2 976	1 445
1958	2 268 655	1 830 271	156 939	135 085	1 538 247	17 648	14 513	1 166	3 135	1 674
1959	2 284 390	1 840 123	141 400	137 784	1 560 939	19 675	15 735	1 299	3 940	2 146
1960	2 299 252	1 845 942	129 382	131 950	1 584 610	20 391	16 605	1 348	3 786	2 211
1961	2 317 441	1 879 193	121 340	117 308	1 640 545	21 601	17 705	1 665	3 896	2 151
1962	2 341 212	1 875 506	121 035	113 069	1 641 402	22 650	18 696	k. Ang.	3 954	k. Ang.
1963	2 363 894	1 888 355	124 201	104 332	1 659 822	21 984	18 543	k. Ang.	3 441	k. Ang.

Übersicht III

Anteil der verschiedenen Psychosen unter den kriminellen Geisteskranken
Gliederung nach:
Hauptgruppen, Einzelgruppen, absoluten und relativen Zahlen

Hauptgruppen	Lfd. Nr. der Einzelgruppen	Psychosegruppen und einzelne Psychosen	Zahl insgesamt =102 Fälle =100 % davon Zahl	% gemessen an der Gesamtzahl	Anteil der einzelnen Psychosen innerhalb ihrer Gruppe Zahl	%
A		Schwachsinn insgesamt	44	43		
	I	Angeborener Schwachsinn	29	28	29	66
	II	Erworbener Schwachsinn	15	15	15	34
	1.	Frühtraumat. Schwachsinn	7	7	7	46
	2.	Schädeltraumat. Schwachsinn	4	4	4	27
	3.	Encephal, Engl. Krankheit	4	4	4	27
B		Psychosen i. e. S. insgesamt	47	46		
	III	Endogene Psychosen insg.	25	24	25	54
	1.	Schizophrenie	14	14	14	56
	2.	Pfropfschizophrenie	7	7	7	28
	3.	Zyklothymie	3	3	3	12
	4.	Genuine Epilepsie	1	1	1	4
	IV	Alterspsychosen insgesamt	15	15	15	32
	1.	Cerebralarteriosclerose	9	9	9	61
	2.	Senile Demenz, Hirnatrophie	6	6	6	39
	V	Exogene Psychosen insges.	7	7	7	14
	1.	Progressive Paralyse	3	3	3	42
	2.	Traumat. Epilepsie	2	2	2	29
	3.	Sonstige Erkrankungen	2	2	2	29
C		Suchten insgesamt	11	11		
	VI	Sonstige Mittel	6	6	6	55
	VII	Opiumpräparate	5	5	5	46

Übersicht IV

Zeitliche Kriminalitätsbewegung

Zusammenfassung

Einzelne Psychosen	Zahl insg.	Davon entfielen auf die Jahre						
		1956	1957	1958	1959	1960	1961	1962
I-II *Schwachsinn*								
I. Angeb. Schwachsinn	29	2	6	7	4	4	2	4
II. Erworbener Schwachsinn	15	2	-	1	1	6	2	3
Schwachsinn insgesamt	44	4	6	8	5	10	4	7
III *Endogene Psychosen*								
1. Schizophrenie	14	-	3	1	3	2	-	5
2. Pfropf-schizophrenie	7	-	1	1	2	-	3	-
3. Zyklothymie	3	-	1	1	-	-	-	1
4. Genuine Epilepsie	1	-	-	-	-	-	-	1
Endogene Psychosen insgesamt	25	-	5	3	5	2	3	7
IV *Alterspsychosen*								
1. Senile Demenz, Hirnatrophie	6	1	1	-	1	2	-	1
2. Arteriosclerose	9	-	3	1	-	3	-	2
Alterspsychosen insgesamt	15	1	4	1	1	5	-	3
V *Exogene Psychosen*								
1. Progressive Paralyse	3	-	1	1	-	1	-	-
2. Traumatische Epilepsie	2	-	-	1	-	-	1	-
3. Sonstige Erkrankungen	2	-	-	1	-	-	1	-
Exogene Psychosen insgesamt	7	-	1	3	-	1	2	-
VI-VII *Suchten*								
VI. Sonstige Mittel	6	1	2	-	1	1	-	1
VII. Opium-präparate	5	1	2	-	1	-	1	-
Suchten insges.	11	2	4	-	2	1	1	1

Übersicht V

Im Jahre 1960 verurteilte Straftäter in Schleswig-Holstein insgesamt, gegliedert nach Deliktsgruppen

Deliktsgruppen	Verurteilte								Insgesamt
	Nach allgemeinem Strafrecht				Nach Jugendstrafrecht				
	Erwachsene		Heranwachsende		Jugendliche		Heranwachsende		
	m	w	m	w	m	w	m	w	
1. Sittlichkeitsdel. insgesamt	316	23	10	1	49	1	77	-	477
darunter:									
Unzucht mit Kindern (§ 176 I 3)	67	-	-	-	18	1	15	-	101
Notzucht (§ 177, 178)	34	-	3	-	7	-	12	-	56
2. Eigentums- und Vermögensdelikte	2.911	780	181	40	888	101	806	120	5.827
davon:									
Diebst., Unterschl. (§ 242—248 c)	1.723	496	145	24	851	96	692	103	4.130
Raub, Erpressung (§ 249—256)	20	4	1	-	7	-	22	-	54
Betrug, Untreue (§ 263—266)	1.168	280	35	16	30	5	92	17	1.643
3. Aggressive Handlungen insg.	2.486	161	384	9	185	3	376	7	3.611
davon:									
Vorsätzl. Körperverl. (§ 223—225)	431	38	68	1	53	-	113	-	704
Fahrl. Körperverletzung (§ 230)	1.867	122	274	8	56	3	164	7	2.501
Sachbeschädigung (§ 303—305)	188	1	42	-	76	-	99	-	406
4. Tötungen insgesamt	90	11	7	1	3	1	5	1	119
davon:									
Vorsätzl. Tötung (§ 211 ff.)	5	6	-	-	1	1	1	1	15
Fahrl. Tötung (§ 222)	85	5	7	1	2	-	4	-	104
5. Brandstiftung insg.	38	26	3	-	8	1	6	2	84
davon:									
Vorsätzl. Brandstiftung (§ 306—308)	10	-	-	-	-	-	2	1	13
Fahrl. Brandstiftung (§ 309)	28	26	3	-	8	1	4	1	71
6. Abtreibung insgesamt	10	41	1	5	-	4	1	2	64

Übersicht VI

Kriminelle Geisteskranke
Aufgliederung in Psychose- und Deliktsgruppen
Anteil der Deliktsgruppen in den Psychosegruppen

Geisteskrankheiten Einzelne Gruppen	Gesamtzahl	1 Sittlichkeitsdelikte u. Erreg. öff. Ärgernisses u. Vermög.-del. aus sex. Motiven		2 Eigentums- u. Vermögensdelikte einschl. § 303, 304		3 Aggressive Handlungen (§ 223, 223 a, mit § 240, 241, 113, 303)		4 Tötung, Körperverletzung m. Todesfolge, Tötungsversuch		5 Brandstiftung		6 Abtreibung	
		Zahl	%	Zahl	%	Zahl	%	Zahl	%	Zahl	%	Zahl	%
I–II Schwachsinn	44 davon	24	55 %	14	32 %	2	4 %	—	—	3	7 %	1	2 %
III Endogene Psychosen	25 davon	3	12 %	4	16 %	10	40 %	6	24 %	2	8 %	—	—
IV Alterspsychosen	15 davon	11	73 %	4	27 %	—	—	—	—	—	—	—	—
V Exogene Psychosen	7 davon	2	29 %	4	57 %	1	14 %	—	—	—	—	—	—
VI–VII Suchten	11 davon	—	—	11	100 %	—	—	—	—	—	—	—	—
Insgesamt	102 davon	40	39 %	37	36 %	13	13 %	6	6 %	5	5 %	1	1 %
ohne Suchten	91 davon	40	43,9 %	26	28,6 %	13	14,3 %	6	6,6 %	5	5,5 %	1	1,1 %

Übersicht VII

Kriminelle Geisteskranke:
Gliederung nach Psychosegruppen und Deliktsgruppen;
Anteil der Psychosegruppen in den Deliktsgruppen

Einzelne Deliktsgruppen	Gesamtzahl	davon Psychosegruppen I—II	III	IV	V	VI—VII
1. Sittlichkeitsdelikte	40	24	3	11	2	—
2. Eigentums- und Vermögensdelikte	37	14	4	4	4	11
3. Aggressive Handlungen	13	2	10	—	1	—
4. Tötungen	6	—	6	—	—	—
5. Brandstiftungen	5	3	2	—	—	—
6. Abtreibung	1	1	—	—	—	—
Deliktsgruppen insgesamt	102	44	25	15	7	11

Übersicht VIII

Aufgliederung nach Psychosegruppen, Delikts- und Altersgruppen, Altersverteilung in den Deliktsgruppen Kriminelle Geisteskranke

Geisteskrankheiten Einzelne Gruppen, die an den Deliktsgruppen beteiligt waren	Zahl insg.	davon Jugendliche 14—18 Jahre	Heranwachsende 18—21 Jahre	Erwachsene 21—30 Jahre	Erwachsene 30—50 Jahre	Erwachsene 50—78 Jahre
Gruppe 1: Sittlichkeitsdelikte						
I-II Schwachsinn	24	2	3	14	3	2
III Endogene Psychosen	3	—	—	2	—	1
IV Alterspsychosen	11	—	—	—	—	11
V Exogene Psychosen	2	—	—	—	2	—
insgesamt:	40	2	3	16	5	14
Gruppe 2: Eigentums- und Vermögensdelikte						
I-II Schwachsinn	14	2	3	6	3	—
III Endogene Psychosen	4	—	—	3	1	—
IV Alterspsychosen	4	—	—	—	—	4
V Exogene Psychosen	4	—	—	1	3	—
VI-VII Suchten	11	—	—	2	8	1
insgesamt:	37	2	3	12	15	5
Gruppe 3: Aggressive Handlungen						
I-II Schwachsinn	2	—	—	1	1	—
III Endogene Psychosen	10	—	1	5	3	1
V Exogene Psychosen	1	—	—	—	1	—
insgesamt:	13	—	1	6	5	1
Gruppe 4: Tötungen						
III Endogene Psychosen	6	1	—	4	—	1
Gruppe 5: Brandstiftungen						
I-II Schwachsinn	3	1	—	1	1	—
III Endogene Psychosen	2	—	—	—	1	1
insgesamt:	5	1	—	1	2	1
Gruppe 6: Abtreibung						
I-II Schwachsinn	1	—	—	—	1	—

Übersicht IX

Kriminelle Geisteskranke: Altersverteilung in den Psychosegruppen (Zusammenfassung)

Geisteskrankheiten Einzelne Gruppen	Zahl insgesamt	davon				
		Jugendliche 14—18 J.	Heranwachsende 18—21 J.	Erwachsene 21—30 J.	Erwachsene 30—50 J.	Erwachsene 50—78 J.
I—II Schwachsinn	44	5	6	22	9	2
III Endogene Psychosen	25	1	1	14	5	4
IV Alterspsychosen	15	—	—	—	—	15
V Exogene Psychosen	7	—	—	1	6	—
VI—VII Suchten	11	—	—	2	8	1
insgesamt	102	6	7	39	28	22

Übersicht X

Kriminelle Geisteskranke: Altersverteilung in den Deliktsgruppen (Zusammenfassung)

Deliktsgruppen Nr. 1—6	Zahl insgesamt	davon				
				Erwachsene		
		Jugendliche 14—18 J.	Heranwachsende 18—21 J.	21—30 J.	30—50 J.	50—78 J.
1. Sittlichkeitsdelikte	40	2	3	16	5	14
2. Eigentums- und Vermögensdelikte	37	2	3	12	15	5
3. Aggressive Handlungen	13	—	1	6	5	1
4. Tötungsdelikte	6	1	—	4	—	1
5. Brandstiftungen	5	1	—	1	2	1
6. Abtreibungen	1	—	—	—	1	—
Deliktsgruppen insgesamt	102	6	7	39	28	22

Übersicht XI

Straffällige Bevölkerung in Schleswig-Holstein

Jahr	Straffällige Bevölkerung, davon: Verurteilt n. Allgem. Strafrecht				Verurteilt n. JGG			
	Erwachsene		Heranwachsende		Jugendliche		Heranwachsende	
	m.	w.	m.	w.	m.	w.	m.	w.
1956	11.355	1.640	944	142	1.209	145	997	138
1957	13.034	1.751	1.025	154	1.365	166	1.262	183
1958	11.871	1.476	1.049	117	1.327	134	1.520	154
1959	12.841	1.595	1.189	110	1.617	177	1.955	191
1960	13.620	1.637	1.250	98	1.438	137	2.027	184
1961	16.040		1.665		1.745		2.151	
1962	17.210		1.486		1.801		2.153	

Zusammenfassung

Jahr	Straffällige insg.:	davon m.	%	w.	%
1956	16.570	14.505	87 %	2.065	13 %
1957	18.940	16.686	88 %	2.254	12 %
1958	17.648	15.767	88 %	1.881	12 %
1959	19.675	17.602	89 %	2.073	11 %
1960	20.391	18.335	90 %	2.056	10 %
1961—62		nicht gegliedert			

Übersicht XII

Kriminelle Geisteskranke
Geographische Verteilung von Wohn- und Tatort

Geisteskrankheiten Einzelne Gruppen	Wohnort			Tatort		
	Stadt	Land	o. festen Wohnsitz	Stadt	Land	im Umher-ziehen
I-II Schwachsinn insgesamt:	15	24	5	12	29	3
davon:						
I Angeborener Schwachsinn	10	14	5	8	20	1
II Erworbener Schwachsinn	5	10	-	4	9	2
davon:						
1. Frühtraumatischer Schwachsinn	2	5	-	3	4	-
2. Schädeltrauma n. d. 6. Lebensjahr	3	1	-	1	1	2
3. Encephalitis, Englische Krankheit	-	4	-	-	4	-
III Endogene Psychosen insg.:	13	10	2	12	12	1
davon:						
1. Schizophrenie	8	6	-	8	6	-
2. Pfropfschizophrenie	3	2	2	3	3	1
3. Zyklothymie	1	2	-	-	3	-
4. Genuine Epilepsie	1	-	-	1	-	-
IV Alterspsychosen insgesamt:	7	6	2	7	6	2
davon:						
1. Arteriosclerose	6	1	2	6	1	2
2. Senile Demenz, Hirnatrophie	1	5	-	1	5	-
V Exogene Psychosen insg.:	2	4	1	5	1	1
davon:						
1. Progressive Paralyse	-	2	1	3	-	-
2. Traumatische Epilepsie	1	1	-	1	1	-
3. Sonstige Erkrankungen	1	1	-	1	-	1
VI-VII Suchten insgesamt:	4	6	1	7	3	1
VI Sonstige Mittel insg.	2	3	1	4	1	1
VII Opiumpräparate insg.	2	3	-	3	2	-
insgesamt:	41	50	11	43	51	8

Übersicht XIII a

Die im Jahre 1960 polizeilich erfaßten 78.993 Straftaten verteilen sich nach Tatorten folgendermaßen

Tatort	% d. Gesamtbevölkerung	Straftaten	% d. Gesamtzahl d. Straftaten	Häufigkeitsziffer auf je 100.000 Einwohner
Großstadt	21,86 %	21.711	27,48 %	4.320,30
Mittelstadt	19,40 %	20.256	25,64 %	4.541,43
Kleinstadt	20,12 %	13.585	17,20 %	2.936,02
Landgebiet	38,62 %	23.441	29,68 %	2.639,85
insgesamt	100,00 %	78.993	100,00 %	3.435,63

Übersicht XIII b

Nach der polizeilichen Kriminalstatistik Schleswig-Holstein wurde 1960 unter 48.931 Straftätern folgender Anteil reisender Täter ermittelt

Straftaten	Gesamtzahl der Täter	davon Reisende Zahl	davon Reisende %
insgesamt	48.931	2.330	4,76 %
darunter:			
Diebstahl, Raub, Erpressung	11.528	854	11,29 %
Unterschlagung	1.886	71	3,76 %
Einbruchsdiebstahl (Banken)	23	10	43,48 %
Verbreitung von Falschgeld	3	1	33,33 %

Übersicht XIV a

Kriminelle Geisteskranke
Tat- und Wohnortverteilung, gegliedert nach Deliktsgruppen

Gliederung nach Psychose- und Deliktsgruppen	Wohnort			Tatort		
	Stadt	Land	o. festen Wohnsitz	Stadt	Land	im Umher-ziehen
I-II Schwachsinn insgesamt	15	24	5	12	29	3
davon entfielen auf die Deliktsgruppen:						
1. Sittlichkeitsdelikte	10	14	—	8	16	—
2. Eigentums- und Vermögensdelikte	4	6	4	3	9	2
3. Aggressive Handlungen	—	1	1	1	1	—
4. Tötungen	—	—	—	—	—	—
5. Brandstiftungen	—	3	—	—	3	—
6. Abtreibung	1	—	—	—	—	1
III Endogene Psychosen insg.	13	10	2	12	12	1
davon entfielen auf die Deliktsgruppen:						
1. Sittlichkeitsdelikte	2	1	—	1	2	—
2. Eigentums- und Vermögensdelikte	2	1	1	1	2	1
3. Aggressive Handlungen	4	5	1	4	6	—
4. Tötungen	5	1	—	6	—	—
5. Brandstiftungen	—	2	—	—	2	—
IV Alterspsychosen insg.	7	6	2	7	6	2
davon entfielen auf die Deliktsgruppen:						
1. Sittlichkeitsdelikte	5	6	—	5	6	—
2. Eigentums- und Vermögensdelikte	2	—	2	2	—	2
V Exogene Psychosen insg.	2	4	1	5	1	1
davon entfielen auf die Deliktsgruppen:						
1. Sittlichkeitsdelikte	1	1	—	2	—	—
2. Eigentums- und Vermögensdelikte	1	2	1	3	—	1
3. Aggressive Handlungen	—	1	—	—	1	—
VI-VII Suchten insgesamt	4	6	1	7	3	1
davon entfielen auf die Deliktsgruppe:						
2. Eigentums- und Vermögensdelikte	4	6	1	7	3	1

Übersicht XIV b

Kriminelle Geisteskranke

Tat- und Wohnortverteilung, gegliedert nach Deliktsgruppen

Zusammenfassung der Übersicht XIV a

Deliktsgruppen	Zahl insg.	Davon entfielen auf: Tatort Stadt	Tatort Land	Tatort i.U.z.	Wohnort Stadt	Wohnort Land	Wohnort o.f.W.
1. Sittlichkeitsdelikte	40	16	24	—	18	22	—
2. Eig.- u. Vermögensdelikte	37	16	14	7	13	15	9
3. Aggr. Handlungen	13	5	8	—	4	7	2
4. Tötungen	6	6	—	—	5	1	—
5. Brandstiftungen	5	—	5	—	—	5	—
6. Abtreibung	1	—	—	1	1	—	—
Deliktsgruppen insg.:	102	43	51	8	41	50	11

Übersicht XV

Kriminelle Geisteskranke

Schulbildung und Berufsausbildung

Geisteskrankheiten		Zahl insg.	Schulbildung			Berufsausbildung										nicht beschäftigt z. Z. der Tat	
Einzelne Gruppen			Hilfsschule, Gehörlosenschule	Volksschule	Höhere Schule (Mittel- u. Oberschule)	Ohne Beruf	Beruf (Lehrling 2 Fälle)	Berufsloser Gelegenheitsarbeiter, Landw. Hilfsarbeiter, Ungelernte Krankenhausgehilfin	Gelernte Arbeiter (Brunnenbauer, Eisenflechter, Werftarbeiter, Sonstige)	Handwerk (Schlachter, Bäcker, Schlosser, Schmied, Schuhmacher, Mechaniker, Maurer, Schreibmasch.-Rep.)	Krankenschw., Sprechstundenhilfe	Kaufmann, Handelsvertreter, Kontor	Berufe mit höherer Schulbildung (Zollbeamter, Lehrer, Bücherrev., Ingenieur)	Akad. Berufe Arzt	Ohne nähere Angaben	Arbeitslos	Rentner
I-II	Schwachsinn	44	17	25	2	37	7	37	3	2	1	1	-	-	-	17	1
III	Endog.-Psych.	25	2	19	4	15	10	15	-	6	-	-	4	-	-	11	1
IV	Alterspsych.	15	2	9	4	5	10	5	-	5	-	1	1	-	3	4	10
V	Exog.-Psych.	7	1	5	1	4	3	4	-	2	-	1	-	-	-	3	-
VI-VII	Suchten	11	-	3	8	1	10	1	-	1	2	-	1	6	-	2	1
	insgesamt	102	22	61	19	62	40	62	3	16	3	3	6	6	3	37	13

Übersicht XVI

Kriminelle Geisteskranke

Kriminogene Wirkung beruflicher und sozialer Verhältnisse

Aufgliederung nach Delikts- und Psychosegruppen

Delikts- und Psychosegruppen	Zahl insg.	davon Beruf	Berufl. soz. Abgleiten Häufiger Berufs- u. Stellenwechsel	Arbeitsunlust, unstetes Umhertreiben	ohne Beruf	Ausgeprägtes Vagabundieren, Verwahrlosung	ohne festen Wohnsitz	arbeitslos
Gruppe 1: Sittlichkeitsdelikte								
I-II Schwachsinn	24	3	—	4	21	1	—	9
III Endogene Psychosen	3	1	1	1	2	—	—	2
IV Alterspsychosen	11	7	—	3	4	—	—	1
V Exog. Psychosen	2	1	—	1	1	—	—	—
insgesamt:	40	12	1	9	28	1	—	12
Gruppe 2: Eigentums- u. Vermögensdelikte								
I-II Schwachsinn	14	1	—	8	13	1	4	6
III Endog. Psychosen	4	—	1	1	4	1	1	3
IV Alterspsychosen	4	3	4	1	1	1	2	3
V Exog. Psychosen	4	2	—	3	2	—	1	3
VI-VII Suchten	11	10	11	—	1	—	1	2
insgesamt:	37	16	16	13	21	3	9	17
Gruppe 3: Aggressive Handlungen								
I-II Schwachsinn	2	1	1	—	1	—	—	1
III Endog. Psychosen	10	5	4	2	5	1	1	5
V Exog. Psychosen	1	—	—	—	1	—	—	—
insgesamt:	13	6	5	2	7	1	1	6
Gruppe 4: Tötungen								
III Endog. Psychosen	6	4	3	—	2	—	—	1
Gruppe 5: Brandstiftungen								
I-II Schwachsinn	3	1	—	1	2	—	—	1
III Endog. Psychosen	2	—	1	1	2	—	—	—
insgesamt:	5	1	1	2	4	—	—	1

Übersicht XVII

Kriminelle Geisteskranke: Familiäre Verhältnisse; Gliederung nach Psychosegruppen

Geisteskrankheiten Einzelne Gruppen	Zahl insgesamt	davon verheiratet	ledig	geschieden	verwitwet	Zerrüttete Ehen b. Verheirateten soweit Angaben vorhanden	Familiäre Belastungen m. Psychosen u. Psychopathien soweit Angaben vorhanden
I—II Schwachsinn	44	3	39	2	—	2	15
III Endogene Psychosen	25	6	17	1	1	4	5
IV Alterspsychosen	15	5	4	—	6	2	2
V Exogene Psychosen	7	2	3	2	—	2	2
VI—VII Suchten	11	10	1	—	—	5	1
insgesamt	102	26	64	5	7	15	25

Übersicht XVIII

Kriminelle Geisteskranke
Familiäre und soziale Verhältnisse,
gegliedert nach Delikts- und Psychosegruppen

Delikts- und Psychosegruppen	Zahl insg.	davon						
		verheiratet	ledig	geschieden	verw.	Mädchenbek. (a. m. Prost.)	Sex. Abartigk.	Beläst. v. Kindern u. Mädchen
Gruppe 1: Sittlichkeitsdelikte								
I-II Schwachsinn	24	2	22	—	—	1	5	6
III Endogene Psychosen	3	—	3	—	—	—	1	1
IV Alterspsychosen	11	4	4	—	3	—	2	—
V Exogene Psychosen	2	—	2	—	—	1	—	—
insgesamt:	40	6	31	—	3	2	8	7
Gruppe 2: Eigentums- und Vermögensdelikte								
I-II Schwachsinn	14	1	13	—	—	—	—	1
III Endogene Psychosen	4	1	3	—	—	—	—	—
IV Alterspsychosen	4	1	—	—	3	—	—	—
V Exogene Psychosen	4	1	1	2	—	—	—	—
VI-VII Suchten	11	10	1	—	—	—	—	—
insgesamt:	37	14	18	2	3	—	—	1
Gruppe 3: Aggressive Handlungen								
I-II Schwachsinn	2	—	1	1	—	—	—	1
III Endogene Psychosen	10	1	7	1	1	1	—	2
V Exogene Psychosen	1	1	—	—	—	—	—	—
insgesamt:	13	2	8	2	1	1	—	3
Gruppe 4: Tötungen								
III Endogene Psychosen	6	2	4	—	—	2	1	—
Gruppe 5: Brandstiftungen								
I-II Schwachsinn	3	—	3	—	—	1	—	—
III Endogene Psychosen	2	2	—	—	—	—	—	—
insgesamt:	5	2	3	—	—	1	—	—
Gruppe 6: Abtreibung								
I-II Schwachsinn	1	—	—	1	—	—	—	—

Übersicht XIX

Kriminelle Geisteskranke

Früheres kriminelles Verhalten, frühere Einweisungen

Geisteskrankheiten Einzelne Gruppen	Zahl insg.	Frühes kriminelles Verhalten								Frühere Einweisungen		
		Früher nicht kriminell	Früher kriminell (mehrfach Kriminelle nur 1x gezählt)	mehrfach Kriminelle		Vorstrafen		Entsch. nach § 51 I oder II o. Einstellung n. d. Erkrankung ohne nachf. Einweisung	Verletzung gleicher o. ä. Tatbest. wie z. Z. der letzten Einweisung	nach § 42 b	n. Landesrecht	freiwillig oder durch ges. Vertreter
				2—4 mal	mehr als 4mal	v. d. Erkrankung	nach der Erkrankung bei Verkennung der Geisteskrankh.					
I—II Schwachsinn	44	11	33	16	7	1	16	24	27	4	3	9
III Endog. Psychosen	25	14	11	7	4	4	7	5	8	-	4	2
IV Alterspsychosen	15	3	12	2	7	10	3	7	11	1	-	1
V Exogene Psychosen	7	1	6	3	3	3	4	3	6	-	1	1
VI—VII Suchten	11	7	4	4	-	3	2	2	3	-	1	1
insgesamt	102	36	66	32	21	21	32	41	55	5	9	14

Übersicht XIX a

Rückfälligkeit unter den gesamten Straftätern Schleswig-Holsteins in den Jahren 1956—1962

Straffällige	Jahr						
	1956	1957	1958	1959	1960	1961	1962
n. allg. Strafrecht Verurteilte insg.	14 081	15 964	14 513	15 735	16 605	17 705	18 696
davon: vorbestraft	5 137	6 071	5 334	5 733	6 303	6 602	6 894
darunter mehr als 4mal	905	1 170	1 055	1 115	1 285	1 394	1 545
n. Jugendstrafrecht Verurteilte insg,	2 489	2 976	3 135	3 940	3 786	3 896	3 954
davon: früher verurteilt o. gemaßregelt	386	474	619	815	866	1 019	1 010

Übersicht XIX b

Rückfälligkeit unter den gesamten Straftätern Schleswig-Holsteins in den Jahren 1956—1962

Zusammenfassung

Straffällige der Jahre 1956—1962	insg.		davon verurteilt nach				
	absol. Zahl	%	Allg. Strafrecht absol. Zahl	% d. Verurteilten	% d. Vorbestraften	Jugendstrafrecht absol. Zahl	%
Verurteilte	137 475		113 299			24 176	
davon: früher verurteilt bzw. gemaßregelt	47 263	34	42 074	36		5 189	21
darunter: mehr als 4mal			8 469	7	19	keine Angaben	

Übersicht XX

Kriminelle Geisteskranke
Früheres kriminelles Verhalten,
gegliedert nach Delikts- und Psychosegruppen

Delikts- und Psychosegruppen	Zahl insg.	davon: Früher nicht kriminell	davon: Früher kriminell (mehrfach kriminell nur 1x gezählt)	davon: früher nur 1x kriminell	davon: mehrfach kriminell 2–4 mal	davon: mehrfach kriminell mehr als 4mal
Gruppe 1: Sittlichkeitsdelikte						
I-II Schwachsinn	24	6	18	8	9	1
III Endogene Psychosen	3	—	3	—	3	—
IV Alterspsychosen	11	3	8	2	2	4
V Exogene Psychosen	2	—	2	—	2	—
insgesamt:	40	9	31	10	16	5
Gruppe 2: Eigentums- und Vermögensdelikte						
I-II Schwachsinn	14	1	13	2	5	6
III Endogene Psychosen	4	1	3	—	1	2
IV Alterspsychosen	4	—	4	1	—	3
V Exogene Psychosen	4	—	4	—	1	3
VI-VII Suchten	11	7	4	—	4	—
insgesamt:	37	9	28	3	11	14
Gruppe 3: Aggressive Handlungen						
I-II Schwachsinn	2	1	1	—	1	—
III Endogene Psychosen	10	7	3	—	2	1
V Exogene Psychosen	1	1	—	—	—	—
insgesamt:	13	9	4	—	3	1
Gruppe 4: Tötungen						
III Endogene Psychosen	6	5	1	1	—	—
Gruppe 5: Brandstiftungen						
I-II Schwachsinn	3	2	1	—	1	—
III Endogene Psychosen	2	1	1	—	—	1
insgesamt:	5	3	2	—	1	1
Gruppe 6: Abtreibung						
I-II Schwachsinn	1	1	—	—	—	—

Übersicht XXI

Kriminelle Geisteskranke
Sonstige soziale Auffälligkeiten

Geistes-krankheiten Einzelne Gruppen		Zahl insg.	Sonstige Auffälligkeiten									
			Unauf-fällig	Berufl. soziales Abgleiten, häufiger Berufs- u. Stellen-wechsel, Mißglückte Existenz-gründung — Verlust des Berufs o. d. Praxis	Arbeits-unlust, Herum-treiben m. Fahrrad u. Moped, Belästi-gung von Mädchen, Prostitu-tion	Ausge-prägtes Vagabun-dieren, Verwahr-losung, Alkohol	Mädchen-bekannt-schaften, Kontakt-fähigkeit, Umgang mit Prosti-tuierten	Sexuelle Abartig-keiten	i. d. Öffent-lichkeit: Aggressi-vität, Ran-dalieren, Alkohol, primit. Hobby's	Selbst-mordnei-gung bzw. -versuch	Sonstige krankheitsbedingte Auffälligkeiten: in der Familie oder Be-kannten-kreis	in der Öffent-lichkeit (soweit nicht vorher genannt)
I-II	Schwach-sinn	44	8	1	22	2	2	2	8	3	8	8
III	Endog.-Psych.	25	4	10	4	4	3	2	4	5	17	3
IV	Alters-psych.	15	6	3	3	7	-	1	-	1	-	-
V	Exog.-Psych.	7	-	-	6	-	1	-	-	2	1	1
VI-VII	Suchten	11	-	11	-	-	-	-	-	2	5	-
	insgesamt	102	18	25	35	13	6	5	12	13	31	12

Übersicht XXII

Kriminelle Geisteskranke
Bedingte Entlassungen, Widerruf, Todesfälle, gegliedert nach Psychosegruppen und Geschlechtern

Geisteskrankheiten	Zahl insgesamt			davon:								
				Bedingte Entlassungen			Widerruf			Todesfälle		
Einzelne Gruppen	m	w	insg.	m	w	insg.	m	w	insg.	m	w	insg.
I—II Schwachsinn	41	3	44	8	2	10	3	—	3	1	—	1
III Endog. Psychosen	25	—	25	4	—	4	1	—	1	—	—	—
IV Alterspsychosen	15	—	15	1	—	1	—	—	—	6	—	6
V Exogene Psychosen	5	2	7	3	1	4	1	—	1	—	—	—
VI—VII Suchten	7	4	11	4	2	6	2	—	2	—	—	—
insgesamt	93	9	102	20	5	25	7	—	7	7	—	7

Literatur- und Abkürzungsverzeichnis

Alexander	R. Alexander: Das verbrecherische Verhalten des Geisteskranken, in: Hamburgische Schriften zur gesamten Strafrechtswissenschaft, herausgeg. v. M. Liepmann, Heft 9, Mannheim, Berlin, Leipzig 1926.
Amelunxen	C. Amelunxen: Der Selbstmord, Ethik, Recht, Kriminalistik, Hamburg 1962.
Andersen	Chr. Andersen: Vgl. unter A. Mergen.
Aschaffenburg I	G. Aschaffenburg: Die Sicherung d. Gesellschaft gegen gemeingefährliche Geisteskranke, Berlin 1912.
Aschaffenburg II	G. Aschaffenburg: Das Verbrechen und seine Bekämpfung, 3. Aufl., Heidelberg 1923.
Baumann	J. Baumann: Strafrecht, Allg. Teil, 3. Aufl., Bielefeld
Beeck	In der Beeck: Zwangsunterbringung oder § 42 b StGB, in: NJW 1963, S. 2358.
BGHStr.	Entscheidungen des Bundesgerichtshofs in Strafsachen (amtliche Sammlung).
Binder	H. Binder: Die Geisteskrankheit im Recht, Zürich 1952.
Birnbaum I	K. Birnbaum: Die psychopathischen Verbrecher, Berlin 1914.
Birnbaum II	K. Birnbaum: Die psychopathischen Verbrecher, 2. Aufl., Leipzig 1926.
Birnbaum III	K. Birnbaum: Kriminalpsychopathologie, 2. Aufl., Berlin 1931.
Bleuler	E. Bleuler: Lehrbuch der Psychiatrie (umgearb. v. M. Bleuler), 8. Aufl., Berlin, Göttingen, Heidelberg 1949.
Böning	W. Böning: Die Unterbringung von psychisch Kranken und Süchtigen in Schleswig-Holstein, in: SchlHA, Teil A 1958, S. 253 ff.
BSHG	Bundessozialhilfegesetz.
Bumke	O. Bumke: Lehrbuch der Geisteskrankheiten, 2. Aufl., München 1924.
Burchhardt	H. H. Burchardt: Kriminalität i. Stadt u. Land, in: Abhandl. d. Kriminalist. Instituts a. d. Univ. Berlin, herausgeg. v. W. Gleispach u. E. Kohlrausch, Vierte Folge, Vierter Band, Erstes Heft, Berlin, Leipzig 1936.
Conrad	K. Conrad: Vgl. unter Psych. d. Geg.
Costa	H. L. Costa: Vgl. unter E. Rehwald.

Creutz — Creutz: Psychiatrische Erfahrungen mit §§ 42 b und 42 c des Gesetzes gegen gefährliche Gewohnheitsverbrecher, in: Allg. Zeitschrift f. Psychiatrie Bd. 111, 1939, S. 137 ff.

Doleisch — W. Doleisch: Vgl. unter A. Mergen.

Domning — G. Domning: Mit Strafe bedrohte Handlungen Schuldunfähiger, in: Neue Deutsche Forschungen, Abt. Strafrecht Bd. 4, herausgeg. v. E. Mezger, Berlin 1939.

Dreyer — R. Dreyer: Vgl. unter Psych. d. Geg.

Elsässer — G. Elsässer: Vgl. unter E. Rehwald.

Essen-Möller — E. Essen-Möller: Untersuchungen ü. d. Fruchtbarkeit gewisser Gruppen v. Geisteskranken (Schizophrenie, Manisch-depressives Irresein, Epilepsie), Copenhagen 1935.

Ewald — G. Ewald: Lehrb. d. Neurologie u. Psychiatrie, 4. Aufl., Berlin, München 1959.

Exner — Fr. Exner: Kriminologie, 3. Aufl., Berlin, Göttingen, Heidelberg 1949.

Faust — Cl. Faust: Vgl. unter Psych. d. Geg.

Frank — P. Frank: Unstet u. flüchtig ... Wesen und Ursache d. Nichtseßhaftigkeit (Bundesarbeitsgemeinschaft für Nichtseßhaftenfürsorge), 2. Aufl., Bethel 1962.

GG — Bonner Grundgesetz.

Glueck — Sh. Glueck: Vgl. u. A. Mergen.

Gottschick — Kom. z. BSHG, erläutert v. H. Gottschick, 3. Aufl., Köln 1966.

Gruhle — H. W. Gruhle: Selbstmord, Leipzig 1940.

GS — preuß. Gesetzessammlung, zitiert nach Jahr und Seite.

GVBl. — Gesetz- u. Verordnungsblatt für Schleswig-Holstein.

Hagen — F. W. Hagen: Statistische Untersuchungen über Geisteskrankheiten, nach d. Ergebnissen der ersten 25 Jahre d. Kreis-Irrenanstalt zu Erlangen, Erlangen 1876.

Hallermann — W. Hallermann: Gibt es eine Pyromanie?, in: Vorträge über Fragen der Brandermittlung. Bericht ü. d. IV Internat. Brandermittlertagung in Kiel v. 7.—12. 7. 1958, herausgeg. v. G. Helmer, Kiel 1958.

Hellenthal — W. Hellenthal: Die Regelung d. Zurechnungsunfähigkeit i. d. Rechtsordnung des deutschen u. des französischen Sprachkreises (Diss.), in: Schriftenreihe d. Inst. f. Europ. Recht a. d. Univ. d. Saarlandes, herausgeg. v. B. Aubin, Bd. 4, Stuttgart 1959.

Hellmer — J. Hellmer: Der Gewohnheitsverbrecher u. die Sicherungsverwahrung 1934—1945, in: Kriminolog. Forschungen, herausgeg. v. Prof. Dr. H. Mayer, Bd. 2, Berlin 1961.

Hirsch	H. Hirsch: Strafvollzug an Geisteskranken?, in: Würzburger Abhandl. zum deutschen u. ausländ. Prozeßrecht, herausgeg. v. F. Oether u. H. Schanz, Heft 20, Leipzig 1930.
Hoff I u. II	H. Hoff: Lehrbuch d. Psychiatrie Bd. I u. II, Basel, Stuttgart 1956.
Hoff III	H. Hoff: Die Verwahrung von kriminellen Geisteskranken, in: Kriminalbiolog. Gegenwartsfragen, herausgeg. v. Th. Würtenberger u. J. Hirschmann, Heft 5, S. 23—61, Stuttgart 1962.
Hübner	A. H. Hübner: Über den Selbstmord, Jena 1910.
JGG	Jugendgerichtsgesetz.
Kähler	O. Kähler: Das Schleswig-Holsteinische Landesrecht, 2. Aufl., Glückstadt 1923.
Kohlrausch-Lange	Kohlrausch-Lange: Kommentar zum StGB, 42. Aufl., neubearb v. R. Lange, Berlin 1959.
Kolle I	K. Kolle: Einf. i. d. Psychiatrie, Stuttgart 1960.
Kolle II	K. Kolle: Psychiatrie, ein Lehrbuch für Studierende und Ärzte, 4. Aufl., München, Berlin 1955.
Kretschmer	E. Kretschmer: Körperbau u. Charakter, 22. Aufl. 1955.
Kretschmer I	E. Kretschmer: Medizinische Psychologie, 11. Aufl., Stuttgart 1956.
Langelüddeke	A. Langelüddeke: Gerichtliche Psychiatrie, 2. Aufl., Berlin 1959.
Lemke	R. Lemke: Neurologie u. Psychiatrie, Leipzig 1956.
Leonhardt	W. Leonhardt: Vgl. unter E. Rehwald.
Lindenberg	W. Lindenberg: Vgl. unter E. Rehwald.
LK	Leipziger Kommentar zum StGB, begr. v. H. Jagusch, E. Mezger, H. Rohde, A. Schäfer, W. Werner, E. Ziegler, Berlin 1957.
Luxenburger	H. Luxenburger: Die Ergebnisse der Erbprognose in den vier wichtigsten psychischen Erbkreisen, in: Zeitschr. f. Psychische Hygiene 6, 1933, S. 131 ff.
Mayer	H. Mayer: Strafrechtsreform f. heute und morgen, in: Kriminolog. Forschungen, Berlin 1962.
MDR	Monatsschrift des Deutschen Rechts.
Mergen	A. Mergen: Kriminologie — Heute, mit Beiträgen v. 8 Autoren, Kriminolog. Schriftenreihe aus der Deutschen Kriminolog. Gesellschaft, Bd. II, Hamburg 1961.
Meyer I	H. H. Meyer: Vgl. unter Psych. d. Geg.
Meyer II	J.E. Meyer: Vgl. unter Psych. d. Geg.
Mezger I	E. Mezger: Probleme d. strafr. Zurechnungsfähigkeit, Sitzungsberichte d. Bayr. Akad. d. Wiss., Heft 2, München 1949.

Mezger II — E. Mezger: Strafrecht, Allg. Teil, 10. Aufl., München, Berlin 1963.

NJW — Neue Juristische Wochenschrift.

OLG — Oberlandesgericht.

Pfeiffer — H. Pfeiffer: Über den Selbstmord, — eine pathologisch-anatomisch u. gerichtlich-medizinische Studie. Aus d. Institut f. gerichtl. Medizin d. K. K. Karl-Franzens-Univ. Graz, Jena 1912.

Psych. d. Geg. — Psychiatrie d. Gegenwart, Forschung u. Praxis. Hrsg. v. H. W. Gruhle, R. Jung, W. Mayer-Gross, M. Müller, Bd. II (Klin. Psyiatrie), Berlin, Göttingen, Heidelberg 1960; Bd. III 1961.

Rehwald — E. Rehwald: Das Hirntrauma, Beiträge zur Behandlung, Begutachtung u. Betreuung Hirnverletzter, hrsg. i. A. d. AG. f. Hirntraumafragen, Stuttgart 1956.

RGBl. — Reichsgesetzblatt.

RGStr. — Entscheidungen des Reichsgerichts in Strafsachen (amtliche Sammlung).

Ringel — E. Ringel: Der Selbstmord. Abschluß einer krankhaften psychischen Entwicklung. Wiener Beiträge zur Neurologie und Psychiatrie, hrsg. v. H. Hoff u. O. Pötz, Bd. III, Wien, Düsseldorf 1953.

Rixen — P. Rixen: Gemeingefährliche Geisteskranke im Strafrecht, Strafvollzug u. i. d. Irrenpflege, Berlin 1921.

Rosenhagen — H. Rosenhagen: Vgl. unter E. Rehwald.

Rüdin I — E. Rüdin: Studien über Vererbung u. Entstehung geistiger Störungen. 1. Zur Vererbung u. Neuentstehung der Demtia praecox, in: Monographien aus dem Gesamtgebiet d. Neurologie u. Psychiatrie, hrsg. v. M. Lewandowsky u. K. Wilmanns, Heft 12, Berlin 1916.

Rüdin II — E. Rüdin: Über Vererbung geistiger Störungen, in: Zeitschr. f. Neurologie u. Psychiatrie 81, 1923 S. 459 ff.

Rüdin III — E. Rüdin: Empirische Erbprognose, in: Archiv. f. Rassen- und Gesellschaftsbiologie 27, 1933 S. 271 ff.

Scheid — W. Scheid: Vgl. unter Psych. d. Geg.

Schipkowensky I — N. Schipkowensky: Schwachsinn u. Verbrechen, Geistesschwäche u. Zurechnungsfähigkeit. Med.-jur. Grenzfragen, unter bes. Berücksichtigung d. Psychiatrie u. Neurologie, hrsg. v. H. Schwarz, Heft 6, Jena 1962.

Schipkowensky II — N. Schipkowensky: Schizophrenie u. Mord. Ein Beitrag zur Biopsychopathologie d. Mordes. Monographien aus dem Gesamtgebiet d. Neurologie u. Psychiatrie, hrsg. v. O. Bumke, O. Foerster, E. Rüdin, H. Spatz, Heft 63, Berlin 1938.

SchlHA — Schleswig-Holsteinischer Anzeiger.

SchlHPoG — Polizeigesetz für Schleswig-Holstein.

Schneider I — K. Schneider: Die Beurteilung d. Zurechnungsfähigkeit. Ein Vortrag, Stuttgart 1948.

Schneider II — K. Schneider: Die psychopathischen Persönlichkeiten, 9. Aufl., Wien 1950.

Schönke-Schröder — Kom. z. StGB, begr. v. A. Schönke, fortgef. v. H. Schröder, 12. Aufl., München, Berlin 1965.

Schorsch — G. Schorsch: Vgl. unter Psych. d. Geg.

Seelig — E. Seelig: Lehrbuch d. Kriminologie, neubearb. u. ergänzt v. H. Bellavić, 3. Aufl., Darmstadt 1963.

Statistiken — Statistisches Jahrbuch f. Schleswig-Holstein, Jahrgänge 1956—63. Hrsg. v. Statist. Landesamt Schleswig-Holstein,
Polizeiliche Kriminalstatistik,
Statistische Jahresberichte, 1956—1963, hrsg. v. Landeskriminalpolizeiamt Schleswig-Holstein.

StGB — Strafgesetzbuch.

StPO — Strafprozeßordnung.

Thoma — Thoma: Die Brandstiftung als sexuelle Triebhandlung, in: Brandermittlung, Bericht über die 7. kriminalist. Arbeitstagung d. Polizeiinstituts Hiltrup v. 3.—6. 11. 1953, hrsg. v. d. Bayer. Versicherungskammer, Abt. f. Brandversicherung, München 1954.

Thomas — Kl. Thomas: Handbuch d. Selbstmordverhütung, Stuttgart 1964.

Tönnis — W. Tönnis: Vgl. unter E. Rehwald.

Wechsler — D. Wechsler: Die Messung d. Intelligenz Erwachsener. Textband z. Hamburg-Wechsler-Intelligenztest für Erwachsene, hrsg. v. Psych. Inst. d. Univ. Hamburg (Dir. C. Bondy), 2. Aufl., Bern, Stuttgart 1961.

Weitbrecht — H. H. Weitbrecht: Vgl. unter Psych. d. Geg.

Welzel — H. Welzel: Das Deutsche Strafrecht. Eine systemat. Darstellung, 8. Aufl., Berlin 1963.

Wyrsch — J. Wyrsch: Gesellschaft, Kultur und psychische Störung, Stuttgart 1960.

Wyss — R. Wyss: Vgl. unter Psych. d. Geg.

FSC
www.fsc.org
MIX
Papier | Fördert gute Waldnutzung
FSC® C083411

Kolibri 360 GmbH
Ferdinand-Jühlke-Straße 7
99095 Erfurt, Deutschland
produktsicherheit@kolibri360.de

Druck:
CPI Druckdienstleistungen GmbH
im Auftrag der
Kolibri 360 GmbH
Ferdinand-Jühlke-Str. 7
99095 Erfurt